高等院校通识教育“十三五”规划教材

大学生创业与管理

主　编：余林
副主编：陈艳丽

人民邮电出版社
北京

图书在版编目（CIP）数据

大学生创业与创业管理 / 余林主编. -- 北京 : 人民邮电出版社, 2021.3
高等院校通识教育“十三五”规划教材
ISBN 978-7-115-55289-1

Ⅰ. ①大… Ⅱ. ①余… Ⅲ. ①大学生－创业－高等学校－教材 Ⅳ. ①G647.38

中国版本图书馆CIP数据核字(2020)第222399号

内 容 提 要

本书结合大学生创业的实际条件，从零基础创业到创业管理，全面介绍了大学生创业与创业管理的相关知识。本书主要内容包括创业概述、创业者与创业团队、创业机会与创业风险、商业模式与《商业计划书》、创业融资与创业投资、企业的设立与建设、创业决策与企业创新、新创企业激励机制、新创企业管理及新创企业的发展和扩张。

本书知识讲解全面，从概念、理论、作用、类别、原则、方法等方面详细讲解了相关知识点，能够让大学生全面、系统地了解创业和创业管理的相关知识。本书在每一章均设置了“课堂讨论”模块，以帮助大学生互相交流、共同进步；同时在每一章最后还设置了“课后思考”模块，以帮助大学生开阔眼界、巩固相关知识。

本书可作为高等院校大学生创业与创业管理相关课程的教材，也可供有志于创业的广大青年和社会人士阅读参考。

◆ 主　　编　余　林
　副 主 编　陈艳丽
　责任编辑　刘海溧
　责任印制　王　郁　马振武

◆ 人民邮电出版社出版发行　　北京市丰台区成寿寺路 11 号
　邮编　100164　　电子邮件　315@ptpress.com.cn
　网址　https://www.ptpress.com.cn
　涿州市京南印刷厂印刷

◆ 开本：787×1092　1/16
　印张：14　　2021 年 3 月第 1 版
　字数：305 千字　　2021 年 3 月河北第 1 次印刷

定价：49.80 元

读者服务热线：(010) 81055256　印装质量热线：(010) 81055316
反盗版热线：(010) 81055315
广告经营许可证：京东市监广登字 20170147 号

前言

近年来，大学生创业的势头逐年上升，创业已经成为新时代大学生毕业后的重要选择之一。创业不仅是大势所趋，而且是大学生实现自身抱负、追求梦想的重要手段。因此，了解创业知识、掌握创业管理技能对大学生而言很有必要。

目前，我国社会、科技发展趋势良好，创业氛围浓郁，大学生创业队伍日益壮大，针对这一情况，国家采取了很多措施扶持大学生创业，一些高校也开设了有关大学生创新创业的课程。为了更好地帮助大学生创业，帮助院校开设相关课程，我们精心编写了本书。

一、本书内容

我们编写本书的目的是希望能帮助大学生掌握创业和创业管理的相关知识，使大学生能够从一个创业想法开始，一步一步地建立创业团队、抓住创业机会、设计商业模式、获取创业资金，真正建立起一个企业并持续地经营和发展这个企业。本书的具体内容如下。

- **第1章（创业概述）**：本章主要介绍创业的基本理论、创业的一般过程、当代大学生创业环境及大学生创业准备，帮助大学生建立关于创业、创业活动的整体性认识。
- **第2章（创业者与创业团队）**：本章主要介绍创业者与创业者素养以及组建创业团队的相关知识，使大学生认识创业活动中“人”应满足的条件，帮助大学生进行自我锻炼、自我提升以及合理地组建创业团队。
- **第3章（创业机会与创业风险）**：本章主要介绍创业机会和创业风险的相关知识，帮助大学生抓住创业机会以及认识创业风险。
- **第4章（商业模式与《商业计划书》）**：本章主要介绍商业模式的设计、创业前的市场调查以及《商业计划书》的撰写等知识，帮助大学生掌握商业模式设计方法、市场调查方法和《商业计划书》的撰写方法。
- **第5章（创业融资与创业投资）**：本章主要介绍创业融资和创业投资的相关知识，帮助大学生认识融资活动、掌握融资方法，最终能够有计划地进行融资和投资活动。
- **第6章（企业的设立与建设）**：本章主要介绍企业设立、企业制度设计以及企业团队和文化建设等方面的知识，帮助大学生成功设立并运作一家企业。
- **第7章（创业决策与企业创新）**：本章主要介绍创业决策与企业创新方面的知识，帮助大学生掌握创业决策方法以及建立企业创新机制的方法。
- **第8章（新创企业激励机制）**：本章主要介绍新创企业的激励机制，帮助大学生认识激励机制、掌握激励手段并构建合理的激励机制。
- **第9章（新创企业管理）**：本章主要介绍企业管理的基础知识以及新创企业的资源管理和危机管理，帮助大学生掌握企业管理的各种方法和手段，通过管理优化企业经营、促进企业发展。
- **第10章（新创企业的发展和扩张）**：本章主要介绍新创企业发展和扩张的相关知识，帮助大学生认识企业发展、掌握设计企业发展战略的方法并初步认识企业并购与重组。

二、本书特色

作为大学生创业与创业管理的指导教材，与目前市场上的其他同类教材相比，本书具有以下特点。

◆**知识讲解全面：**本书从创业的概念开始，对大学生在创业活动中可能需要的知识进行全面介绍，覆盖从创业意识萌芽到最终企业的发展和扩张这一整个创业过程，能够帮助大学生建立起对创业和创业管理的全面、系统化、科学的认识。

◆**内容逻辑性强：**本书内容安排合理且条理性强。第1章作为概述，引入了创业、创业管理等基本概念并分析了当代大学生创业环境；第2章至第5章介绍了在建立企业前创业活动的相关知识；第6章至第10章介绍了企业建立与发展的相关知识。全书条理清晰、知识分布合理。

◆**体例结构新颖：**采用课堂讲解+课堂讨论+课后思考的教学结构进行讲解，课堂讲解部分穿插有"阅读"和"启示"栏目，可以帮助大学生更好地理解和运用知识；课堂讨论部分采用与创业相关的案例，帮助大学生拓展思维；课后思考部分提供有思考练习题，在帮助大学生巩固所学知识的同时，提高其对知识的运用能力。

◆**配套资源丰富：**本书配有丰富的资源，包括财务报表模板、《商业计划书》范文等，读者可以通过扫描书中的二维码来获取。此外，本书还提供PPT、教学大纲、教学教案、题库系统等教学配套资源，读者可以通过访问人邮教育社区（www.ryjiaoyu.com）进行下载。

三、本书编者

本书由余林担任主编，由陈艳丽担任副主编。本书在编写过程中得到了很多老师的帮助，在此向他们致以诚挚的谢意。

编　者

2020 年 9月

目　录

第1章

创业概述

《孟子·梁惠王下》中记载：“君子创业垂统，为可继也。”这是古人对“创业”这一概念的早期表达。这里的创业指“创立基业”或“开创事业”，并非特指商业意义上的创业。之后，创业逐渐被转化为商业概念并在近年频繁地出现在人们的生活中。作为大学生，想必不会对创业一词陌生，也多少会对创业产生一些憧憬。但创业不是尽如想象般美好，也不是只凭一腔激情就能成功的，本章将从当代大学生的角度出发，对创业的基础知识进行介绍，帮助大学生客观全面地认识创业。

1.1 什么是创业

什么是创业？这似乎是一个很简单的问题，但也是大学生创业者所需要明确的第一个问题，只有了解了创业的含义、类型以及企业管理的概念和原则等基础知识，才能形成对创业的科学认识，为后续的创业行动打下坚实的基础。

1.1.1 创业的含义与类型

近年来，随着我国经济转型进程的深化以及社会就业压力的不断加剧，创业成为越来越多大学生青睐的职业选择。要想成功创业，实现自己的人生价值与生活目标，大学生首先需要对创业有明确的认识，下面就具体介绍创业的含义与类型。

1. 创业的含义

创业是人类社会长久以来普遍存在的现象，自人类的交换行为产生，创业便也随之萌芽。无论是东方还是西方，无论是古代还是现代，创业活动都时刻存在于人们的生活中，并且对人类社会的维系与发展贡献了巨大的价值。在无数创业者积极投身创业活动的同时，也有大量的学者开展了关于创业的研究，希望能够从科学的角度来认识创业、理解创业，从而更好地指导未来的创业活动。

现在对于创业的定义大部分来源于西方的经济学家，杰夫里·蒂蒙斯（Jeffry Timmons）在其所著的《创业创造》一书中指出："创业是一种思考、品行素质，是杰出才干的行为方式，需要在方法上全盘考虑并拥有和谐的领导能力"。哈佛大学教授霍华德·斯蒂文森（Howard Stevenson）将创业表述为"在不拘泥于资源约束的前提下，追逐机会并创造价值的过程"。现代管理学认为，创业是创业者对自己拥有的资源或通过努力对能够拥有的资源进行优化整合，从而创造出更大经济或社会价值的过程，本书也采用这一说法。

作为大学生，可以从以下4个方面来理解创业的含义。

- **创业是一种生活方式：**对初入社会的大学生而言，创业充满魅力，同时又高深莫测、困难重重。实际上，褪去神秘华丽的外衣，创业就只是一种生活方式而已。不同于从事朝九晚五工作的普通生活方式，创业这种生活方式需要创业者付出更多的时间与精力，具备更多更全的技能，也要求他们勇于面对创业过程中的困难和挫折。对个体而言，创业成功，可以积累大量的财富、受人尊敬，甚至能够在历史上书写传奇；而创业失败，也许会与富足的生活擦肩而过，也许就此颓废不振，也可能在经历失败后东山再起。要想创业成功，就需要承担相应的风险、责任和压力。当然创业只是人生的一种选择，如果认为创业太辛苦、太劳累，可以选择过普通的、平静的、轻松的生活，也同样可以度过充实愉快的人生。
- **创业是实现梦想的一个途径：**每个人都有属于自己的梦想，而创业是实现梦想的重要途径之一。创业可以为创业者带来优质的人脉关系，增长见识并积累大量的财富。在财富的支持下，创业者可以更容易地实现自己的梦想，无论是环游世界，还是进行某种公益事业，或者是让自己和家人生活得更加幸福，甚至帮助更多的人等，这些梦想都需要以大量的金钱作为基础，这正是创业活动可以收获的成果。其实创业者在不断发展企业的过程中，本身就能够在更大的范围、更深的程度上影响社会，甚至改变世界。

- **创业过程充斥着矛盾：**创业需要做充足的准备工作，如资源收集、市场调查、资金筹措等，也需要进行周全的考虑和战略规划。即使在今天，创业的过程依然是充满不确定性、无法完全掌控的。创业的矛盾首先体现在创业者明知创业无法完全把控，仍然需要不断地为创业付出心血以及积蓄。其次，创业者希望过上舒适轻松的生活，但是创业活动又往往会让创业者事务缠身、忙碌终日。最后，创业者希望有更多的空闲时间，但是创业往往需要付出大量的时间，无暇顾及家人与朋友。
- **创业是一个复杂的系统：**创业可能涉及金融学、管理学、工程学、心理学、经济学等学科知识，而且这些知识也只是创业所需知识中的一部分，实际上创业还需要面对项目的选择、产品的开发研制，需要和顾客、销售人员、供应商、代理商进行沟通交流，还会涉及资金的管理、人力资源管理，以及与工商、卫生和税务部门等打交道，同时也要求创业者具备一些法律常识。要想发展壮大企业，创业者就需要掌握更多的知识和技能。要成就一番事业，创业者不仅需要对自己和家人负责，还应对客户、合作伙伴及其他社会组织负责。

2．创业的类型

在漫长的历史中，创业表现出了不同的形式，呈现出了不同的特点。按照创业动机的不同以及创业对市场和个人影响的不同，可以将创业分为不同的类型。

（1）根据创业动机的不同分类

根据创业动机不同，可将创业分为生存型创业和机会型创业。

- **生存型创业：**生存型创业是指创业者对当前现状不满，受到一些非创业因素的推动而从事创业的行为，可用“逼上梁山”来形容。
- **机会型创业：**机会型创业是指创业者在创业本身的吸引下，利用自身的个人特质和商业机会而从事创业的行为，可用“自动自发”来概括。

目前在我国，在金融、保险、房地产等行业中，创业的主要形式是机会型创业；而在零售、汽车、租赁、个人服务、保健、教育服务、社会服务等领域中，生存型创业相对较多。

（2）根据创业对市场和个人影响的不同分类

经济学家克里斯汀（Christian）认为创业对市场的影响在于创造新价值的多少，对个人的影响则表现在个人改变的多少，由此将创业分为复制型创业、模仿型创业、安居型创业和冒险型创业，如图1-1所示。

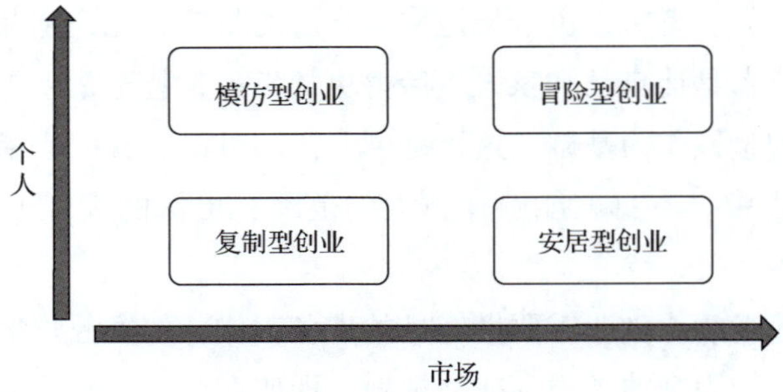

图 1-1　创业的类型划分

- **复制型创业：** 复制型创业是指复制原有公司的经营模式，创新的成分很低。如某人原本在餐厅里做厨师，在离职后自行创立一家与原餐厅类似的新餐厅。由于创业者在前期积累了一定的相关经营经验和社会关系，因此该类创业在初期容易走上正轨。这种创业类型被很多创业者青睐，新创公司大多数属于复制型创业。但是复制型创业往往缺乏核心竞争力，因此很难做大做强。
- **模仿型创业：** 模仿型创业是指创业者模仿一种成功的创业模式自主开展创业活动，如一个白领看到互联网行业火爆便辞职自己开设互联网公司。这种创业形式创新成分很低，但与复制型创业不同的是，其创业过程对创业者而言具有很大的冒险成分。模仿型创业具有较高的不确定性，学习过程长，很可能会犯错，试错的代价也较高。
- **安居型创业：** 安居型创业是指创业者在自己熟悉的行业内进行创业，这种创业形式对于创业者个人命运的改变不大，但是依然可以为市场创造新的价值，为消费者带来实惠。这种类型的创业强调的是创业精神的实现，而非对原有组织结构进行重新设计和调整，如某开发团队脱离原企业独立开发新项目。
- **冒险型创业：** 冒险型创业是指创业者从事一项全新的产品或服务的经营，这能够极大地改变创业者的个人境遇，也能够创造独特的新价值。冒险型创业不确定因素很多，创业者面临较高的创业风险，但是一旦创业成功，收益将相当可观。这种类型的创业必须在创业者能力、创业时机、创业精神发挥、创业策略研究拟定、经营模式设计、创业过程管理等各方面都有很好的表现的情况下才可能成功。

了解创业活动的类型，比较不同的创业活动的特点，有利于大学生创业者把握创业的本质，更好地指导创业实践。

1.1.2　创业管理的概念及原则

创业是很多大学生的梦想，而创业活动中难免涉及大量的管理工作，可以说管理的成效在很大程度上影响着创业活动的成效。对每一个大学生创业者来说，创业管理都是必须要学习的技能。下面就具体介绍创业管理的相关知识。

1．创业管理的概念

创业管理是工商管理中的一个专门领域，是指在企业产生过程中以及孵化期间的企业管理活动，也是企业管理中最具风险性的管理活动。

创业管理的对象是新创企业，新创企业自身资源积累薄弱，各种不确定性因素较多，因此呈现相对不稳定的特征。创业管理的核心要义就是运用管理手段尽量降低企业风险，维持企业的正常经营，并且积累经营管理经验和知识、资产、人力等各种资源，为日后企业的发展奠定基础。

企业的创业管理期可细分为创业构思决策期、创业准备期、创业启动期、创业经营期4个阶段，每一个时期的创业管理工作都各有侧重。

- **创业构思决策期：** 其是指创业者从产生创业冲动、萌发创业热情到形成创业决定的时期。这一阶段的创业管理主要是创业者的自我管理，主要工作是决定创业方向、创业领域及创业方式等。
- **创业准备期：** 其是指创业者在做出创业决定后对正式创业进行各种准备的时期。这一阶段的主要工作包括筹措资金、募集人员、市场调查、撰写《商业计划书》、寻找生产经营场所等。
- **创业启动期：** 其是指创业者从无到有正式建立企业的时期。在这一阶段，创业管理主要围绕企业设立以及初步运转展开，包括设立各种岗位、人员安排、企业行政登记、开展业务等。
- **创业经营期：** 其是指新创企业正式运转，开始经营之后的时期。这一阶段企业很脆弱，需要持续投入且无稳定收益，同时对于市场、政策、行业变化等风险的抵抗力较弱，因此风险较高，要求创业者具有较高的管理水平。

综合来讲，创业管理是针对新创企业的特点而专门化的企业管理活动。新创企业在初创期的特点表现为组织上的不完备、生产上的无规模、战略上的不确定、技术上的不成熟以及企业外部关系不稳定，而创业者的管理能力、观念与方法能够对企业的运作产生决定性的影响，对企业来说至关重要。

同时，对创业者来说，创业管理同时是其自我成长与学习的阶段，此时创业者需要将自己的创业冲动与热情通过具体行动一步步落实为一个全新的企业。创业者将自己的理念融入企业的决策机制、管理制度、企业文化与发展策略中，创造出一个有生命力、独一无二的企业，这本身就是创业者的一场自我锻炼，对创业者自身的成长同样至关重要。

2．创业管理的原则

创业管理是企业产生过程中以及孵化期间的企业管理，即针对企业创意时期的特殊化的企业管理，任何将成熟企业管理方法套用到新创企业上的做法都是违背市场规律、无法满足新创企业内部要求的。因此，创业管理有自己的基本原则，主要包括以下6项。

- **生存重于发展原则：** 创业期的企业比较脆弱，处在企业运营的高风险期，对于来自市场以及自身的经营风险的抵抗能力较差，因此，生存是此时的第一要务。创业者应该放弃一些高风险高收益的商业行为，而着重降低企业的经营风险。

◆**领导权威原则**：新创企业没有完善的组织构架，也没有充分的资源积累，这就决定了新创企业不能学习成熟企业的分权制衡或集体决策，而只能依靠创业者的核心领导，实施集权管理，这样才能够将企业有限的资源尽量用在“刀刃”上，同时有效地缩短决策时间，对各种环境变化做出及时反应。

◆**利益共享、风险共担原则**：创业者自身的资源少，能力也有缺陷，此时可以让渡部分利益，吸引专业人才、合作伙伴或者研究机构等加入创业活动，这样既可以利用他们的资源，也能够让他们分担一部分风险。

◆**低成本原则**：在创业之初，企业的资源有限，因此应坚持成本优先原则，尽可能地降低企业的运营成本。低成本能够使产品价格更低，便于抢占市场；也可以提高利润率，快速积累资金；还可以提高企业的抗风险能力，使企业在没有资金入账的情况下能够维持更长的时间，获得更多的发展机会。需要注意的是，降低成本的前提是保证产品与服务质量，否则将会面临失败。

◆**自己动手原则**：自己动手原则是指创业者在企业中亲力亲为，这能够让创业者在自己动手的过程中，营造企业的精神内涵，将创业者的理念渗入企业的方方面面。同时，自己动手也能够让创业者在数据之外真切地了解企业的经营状况，真正地掌握企业情况。这也是创业者锤炼自己管理能力的重要手段。

◆**及时转变管理方式原则**：创业管理是针对初创企业的管理模式，当企业发展到一定程度后，管理事务大量增加，创业者自己已经无法再管理企业的方方面面，也无法事事亲力亲为了，这时候依然坚持创业管理就不利于企业的发展，而应适时建立完备的管理层和科学的决策机制。

情景模拟

小陈在一所大学旁开设了一家烤肉店，原本想趁着学校开学迅速展开营业，尽快回笼资金。但是由于特殊原因，今年学校的开学时间推迟了半个月，现在小陈的烤肉店生意很差，但是仍然要维持房租、工资、原材料等成本，小陈手中剩余的现金已经不多，现在压力非常大。

在这种情况下，你认为小陈的以下哪些做法是恰当的？请说明原因。

（1）考虑到近期营业不景气，决定暂时停止营业，让员工无薪休假，尽量节省开支，直到临近学校开学再正常营业。

（2）召开员工大会，向员工们说明情况，提出暂时减薪或停薪，日后补齐再加一定额度的补偿，而对于不同意该方案的员工则结算工资并解聘。同时与供应商沟通，争取延期支付货款，尽量减少近期支出。

（3）为了弥补客源不足，决定大力开展线上外卖服务，将营业的主要对象转变为周围社区的居民，等到学校开学后再将营业的主要对象转为学校师生。

（4）开展促销活动，向周围居民发放优惠券，吸引客源，既能够获得一定的收入，又能够积累店铺的人气。

点评：以上4种做法，第2种最为恰当。小陈的韩式烤肉店初创就由于学校延迟开学而陷入了客源不足的困境。如果要暂时停止营业，那么这段时间里将失去所有收入，哪怕停止发放薪水，其他支出也一样需要负担，同时烤肉店的原材料大都不耐储存，因而会造成不小的损失，同时停薪会使员工与企业对立，很可能会有员工离职甚至产生纠纷，待开业时可能还需要重新招募人手，所以第一种方法不合适。韩式烤肉这种餐饮并不适合外卖，被消费者接受的可能性较低，而且开展外卖业务还需要额外的成本，因此，第3种方法也不合适。烤肉店面向大学师生，而周边社区距离大学有一定距离，仅依靠优惠券无法大量获得客源，而上座率不足就无法摊薄店铺单位成本，因此，发放优惠券作用有限，而且优惠会压低企业利润率，故第4种方法也不适用。第2种方法能够在维持店铺基本经营的情况下尽量压低当前的成本，有助于企业渡过难关，在学校开学、客源充足的情况下，店铺能够轻松地补齐相应的损失。

1.2 创业的一般过程

创业的过程可以看作一系列复杂商业活动的集合，并且这种活动呈现出一定的规律性与阶段性。大学生在创业之前，应该对整个创业过程有清醒的认识，整体性地把握创业这一活动。

1.2.1 选定创业项目

所有的创业活动最开始都只是创业者头脑中的一个想法，创业活动按照动机可以划分为“生存型创业”与“机会型创业”两类，可见创业者要么具有强烈的创业念头，主动寻找可供创业的机会；要么偶然间发现了创业的机会，然后萌生创业的念头。但此时创业者并没有实际行动。

创业行动的真正开端是选定创业项目。创业项目是指创业者为了达到商业目的具体实施和操作的工作，也就是说创业的想法可以天马行空、千奇百怪，但是创业项目一定要能够具体到每一步商业操作。可以将创业项目理解为对创业机会的具体化，使创业机会具备可行性。

要想将自身的想法转化为具体可行的创业项目并非易事，通常情况下，可以参照以下的5项原则来选择创业项目。

- **选择具有前景的行业：**大学生创业者在正式创业前应该详细考察行业的前景，弄清楚自己想要投身的行业是确实具有持续发展的前景，还是只是一时的热门，只有具有持续发展前景的行业才可以长久经营。

◆**利用自身优势与长处**：俗话说“隔行如隔山”，大学生创业者应尽量选择与自己的专业、经验、兴趣、特长相匹配的项目。一则大学生创业者在资源积累和商业素养上没有优势，而兴趣和特长是其区别于一般创业者的优势；二则选择了自己感兴趣的创业项目，即便遭遇困难也能够坚持，更能长久地做下去。

◆**满足市场需要**：市场的供求关系处于不断变动之中，如果创业项目能够选择市场上供小于求的产品或服务，那么不但不用担心产品销路，还可以争取更大的市场空间，但是切忌盲目跟随热点。

◆**量力而行**：大学生创业者应该从小做起，在资源不充分的情况下，尽量避免孤注一掷追求高利润的项目。而应把为数不多的资金投资到风险较小、规模较小的创业项目当中，积少成多，滚动发展。

◆**把握好行业的发展阶段**：大学生创业者在创业之前需要评估行业处在发展的哪个阶段，处在成熟期的行业往往市场和利润空间较小，而处在衰落期的行业则无利可图，创业者需要结合自身判断找到“朝阳行业”或复兴的行业。

以上的原则仅供参考，大学生创业者需要结合自身实际来选择创业项目，如果是手握核心技术或者填补了某一市场空白的创业项目，则大可追求高利润、大市场。

1.2.2 整合创业资源

麻省理工学院管理科学教授伯格·沃纳菲尔特（Birger Wernerfelt）在1984年提出了资源基础理论，该理论认为企业是各种资源的集合体，资源是企业的基础。很显然，再好的创业项目也需要相应的资源作为支撑，否则就是空中楼阁。

1. 创业资源的含义

所谓创业资源，是指所有对创业项目以及对新创企业经营发展有所帮助的要素及其组合。这些资源在企业间是不可流动且难以复制的，互相组合作用即可变成产品或服务，从而产生新的价值。

大学生创业者在选定了创业项目之后，就需要具体分析该项目需要投入哪些资源，以及哪些是必要资源、哪些可以用其他资源代替，自己现有哪些资源、缺乏哪些资源、如何补齐缺乏的资源等。

2. 创业资源的分类

按照性质的不同，可以将创业资源分为以下5类。

◆**人力资源**：人力资源是指企业所拥有的用以制造产品和提供服务的人力，是新创企业最关键的资源，是获取、利用和转化其他资源的基础。人具有主观能动性，创业者、创业团队拥有的技能、知识、洞察力、视野、期望等都会深刻而持续地影响企业的运营和发展。人力资源的获取分为两个方面：一方面是高技能、高素质人才的获取；另一方面在于高数量的合格产业工人的获取。二者都对企业发展至关重要。

- ◆**财务资源**：财务资源是指企业所拥有的所有以货币形式存在的资源，包括固定资产和流动资源两种。固定资产如厂房、机器设备、原料等；流动资源包括现金存款以及可以变现的债券、股票、基金、期货等。财务资源是衡量企业价值的标准，扩大财务资源是企业经营的主要目标，同时财务资源尤其是流动资源还能够灵活地转化为其他资源，在企业的经营活动中发挥重要作用。
- ◆**物质资源**：物质资源是指企业所拥有的各种有形资源，如房屋建筑、生产设备、原料等，还包括自然资源，如土地、矿山、林地等。
- ◆**技术资源**：狭义的技术资源是指企业在产品生产加工、储存、运输的过程中特有的关键技术和工艺流程等，广义的技术资源还包括应用这些技术的专业设备。技术资源是企业的核心资源，它决定着新创企业的市场竞争力以及盈利能力。缺乏技术的企业最终只能沦为代工厂，无法成为贯通产业链的行业巨头。
- ◆**社会资源**：社会资源属于广义的资源范畴，主要指由人际和社会关系网络而形成的关系资源，社会资源不会直接作用于产品的开发、生产、运输和销售这一整套流程，却能够帮助企业获取、利用其他的资源，间接作用于企业的方方面面。同时，丰富的社会资源还能够使企业获得或抢先获得一些其他组织难以获得和接触到的资源，如一些隐秘的商业信息、市场变化的征兆等。企业的品牌与知名度也属于社会资源。

1.2.3 设计商业模式

大学生创业是一种商业行为，其主要目的是赢利，因此需要商业模式。而商业模式就是商人用以获取利润的模式，通俗地说，就是解决“怎么赚到钱”的问题。“怎么赚到钱”这个问题实际是一系列问题的集合，包括“怎样生产出产品”“怎样让消费者认同自己的产品”“怎么让消费者愿意为自己的产品付费”“怎样让消费者一直为自己的产品付费”等，而每一个问题又可以继续拆分。商业模式就是这一切问题的答案，它是企业整合资源与能力进行战略规划，以充分开发创业机会并且实现利润目标的内在逻辑；是所有企业与企业之间、企业的部门之间、企业与消费者之间、企业与渠道之间存在的各种各样的交易关系和联结方式的总和。

下面介绍人类商业史上3种典型的商业模式。

- ◆**店铺模式**：店铺模式是最古老也是最基本的商业模式，它是指在具有潜在消费者群的地方开设店铺并展示产品或服务。店铺模式赚取的利润主要来自于产品购入与卖出之间的差价，后来开始依靠广告收入、服务收入等盈利。
- ◆**“饵与钩”模式**：“饵与钩”模式也称为“剃刀与刀片”模式，或“搭售”模式。在这种模式里，基本产品（饵）的售价很低，但与之相关的消耗品或者服务（钩）的价格却十分昂贵。其核心是通过廉价（甚至亏本）的基本产品获取消费者，然后通过后续的消耗品或服务来赢利，如吉列曾经通过免费送剃须刀获取了大量消费者，占据了拥有绝对优势的市场份额，随后吉列通过卖刀片赚取了巨大的利润。

◆ **硬件+软件模式**：硬件+软件模式是指将硬件制造和软件开发进行有机结合，通过提供高质量的软件增加消费者对硬件使用的黏性，同时软件也成了企业产品的技术壁垒，消费者在更换硬件时会由于对软件的依赖而继续使用该系列产品。

阅读

360公司的“3级火箭”模式

360公司的产品“360安全卫士”“360电脑管家”等软件在我国的个人计算机软件市场占据了相当大的份额。360的成功正是其商业模式的成功。在360出现之前，杀毒软件还处于收费时代。

360公司“无视”行业规则，推出“360安全助手”。该软件可供用户免费下载和使用，并且其性能可靠。凭借免费优势，“360安全助手”很快拿下几个亿的安装量，震惊了所有对手。但由于软件免费，360公司一分钱也没赚到，而且为了维护好这几个亿的免费用户，还要大量花费投资人的资金。

紧接着，360公司又推出了“360软件管家”。当时的网络环境很差，计算机非常容易中毒，而下载的软件许多是“流氓软件”，附加各种捆绑安装软件，而且难以完全卸载，令广大网民深受其扰。“360软件管家”免费提供经过净化的软件给用户下载，其中包括360公司自己研发的软件（比如“360浏览器”）。360公司此举让用户终于用上了干净的软件，360公司也获得了海量的用户，然而“360软件管家”和它提供下载的软件都是免费的。

360公司赚钱的任务最终落在了“360浏览器”上，依靠“360软件管家”，“360浏览器”的用户数多达数亿。“360浏览器”默认的首页是“360网址导航”，而“360网址导航”上面布满了密密麻麻的广告位。基于海量的用户数，这些广告位产生了巨大的价值，被各大广告商青睐。360公司不仅借此扭亏为盈，而且创造了巨额财富。

启示：完美世界控股集团董事张云帆将360公司的这种商业模式称为“3级火箭”，意思是像火箭发射一样，前两级火箭的存在是为了给最后一级火箭提供动力，将最后一级火箭助推送入太空。360公司的商业模式是用“360安全助手”（第1级火箭）吸引巨大流量，然后用“360软件管家”（第2级火箭）增加用户黏性，最后用“360浏览器”的广告位（第3级火箭）实现变现。前两级火箭不仅为第3级火箭提供了用户，同时也是第3级火箭的商业壁垒，直接扼杀了其他公司想与360公司争夺用户的可能性。

1.2.4 选择创业途径

创业活动是一项复杂且具有悠久历史的活动，在创业史中涌现出了各式各样的创业者，这些创业者通过各种途径完成了创业活动。选择适合自己的途径创业有助于企业的开设与运营，最终成功创业。大学生创业的主要途径有以下5种。

- **个人创业：**个人创业即大学生创业者依靠自己的力量进行创业活动，适合于个体工商户、私营企业和自由职业3种类型。个人创业的优势是利益驱动力强、工作效率高、营运成本低、灵活性强，但也有经营规模小、经营方式单一、决策随意性大、大学生创业者常处于孤军奋战的境地等劣势。
- **团队创业：**团队创业即大学生创业者与具有互补性或者有共同兴趣的成员组成团队进行创业。团队创业成功的概率要远远高于个人创业。一个由研发、技术、市场、融资等各方面组成的优势互补的创业团队，是创业成功的法宝，特别是对高科技创业企业而言。
- **大赛创业：**大赛创业是指大学生创业者利用各种创业大赛获得资金提供平台。创业大赛不仅为大学生创业者提供平台，还为其提供了锻炼能力、转变思想观念的宝贵机会。通过创业大赛，可熟悉创业的流程，积累创业经验，储备创业相关的知识。现在我国具有较高知名度与影响力的大学生创业比赛有中国“互联网+”大学生创新创业大赛、“创青春”全国大学生创业大赛和全国大学生电子商务“创新、创意及创业”挑战赛等。
- **兼职创业：**兼职创业是指大学生创业者在学习之余创业，如会计专业学生可兼职代理做账等。一般来说，大学生兼职创业能够锻炼自己的专业技能，也能提前涉足管理方面事务，同时还能掌握一些行业信息，这样就能为后续相关行业的正式创业积累经验与社会关系。
- **概念创业：**概念创业是指凭借创意、点子或想法进行创业。该途径要求创业概念必须标新立异，只有这样才能抢占市场先机，吸引投资者的眼球。概念创业适合具有强烈创新意识但缺乏资源的大学生创业者，可以通过独特的创意来获得包括资金、人才等方面的资源。

1.3 当代大学生创业环境

创业不仅仅是创业者依靠自己的智慧、勇气与坚持就能独立完成的活动，而是创业者综合运用各种资源产出价值的活动，因此，创业活动必然与环境产生密切的交互。可以说创业环境是创业活动的存在基础，大学生在创业之前需要先了解当前的创业环境，并对其进行评估，为创业决策提供重要依据。

1.3.1 当代大学生创业的形势

所谓创业形势，是指创业者在创业之初所面对的经济、政策、市场、环境、文化等所有对创业活动有影响的外部条件的总和。

大学生创业者普遍表现出不同于一般创业者的特质，即大学生普遍拥有较高的文化素养，更加富有冒险精神与创新精神，也更加能够接受新鲜事物；但同时也普遍缺乏社会经验，少于经历磨炼和挫折。这样的特质使大学生创业者往往面临特殊的创业形势。

1．大学生创业的有利因素

在最近几年，自主创业逐渐成为大学生就业的流行选择，各地也为支持大学生自主创业开展了各种工作，因此，大学生创业的整体形势逐渐向好，具体体现在以下4个方面。

- **政策支持：** 近年来，我国政府不断出台有关扶持大学生创新创业的政策，采用经济、行政和立法等手段为大学生自主创业提供全方位的支持，具体包括减税、降费、资金扶持、低息或无息贷款、简化行政审批程序等。政策支持减轻了大学生创业者的负担，节约了大学生创业者的资金和精力支出，切实地改善了大学生创业的环境。
- **创业培训：** 我国的大部分高校与一些社会组织在近年里纷纷开设了形式多样的创业培训课程，创业培训可以在一定程度上弥补大学生缺乏社会经验的短板。同时大学生还能通过创业培训了解创业的相关知识，与其他创业者沟通交流等，切实提高自身的创业能力，提高创业活动的成功率。
- **社会环境：** 在过去很长一段时期里，大学生创业被认为是“不务正业”“瞎折腾”，大学生创业者也因此承受了很大的家庭压力与社会压力。但是近年来，大学生自主创业逐渐为人们所接受甚至支持。同时，对于大学生创业失败的，有关机构审查其非人为故意造成的，可以免除其所贷资金的利息，并可相应延长还款期限；对于希望再创业并有提交可行计划的大学生创业者，甚至可以在其未还清贷款的情况下，相关机构再次为其提供无担保贷款。这样的社会环境有利于大学生抛下包袱投身创业，或者在创业失败后再次创业。
- **时代背景：** 目前，我国正处在由工业经济向知识经济转型的阶段，社会产业结构面临重大的调整和再造，此时会涌现出无数的创业机会，是创业的大好时机。而在知识经济时代，知识作为重要生产力，其影响力不断上升，而大学生正是掌握着前沿科学技术和知识并且容易接受新事物的群体，比较能适应知识经济时代下的创业背景。而传统企业的资源优势在知识经济时代会被相对削弱，因此，此时正是大学生创业者实现“弯道超车”的良机。

2．大学生创业的不利因素

除了有利因素，当下大学生创业者还面临一些不利因素，这些不利因素既是创业的绞索，也是创业所必须面对的挑战，越是有能力克服这些不利因素的大学生创业者越容易在激烈的竞争中脱颖而出，做强做大。大学生创业的不利因素主要有以下4个方面。

- **融资困难：** 资金是商业活动的血液，创业活动必须有资金支持，然而绝大多数大学生创业者本身没有足以支撑其创业活动的资金储备，也没有可供抵押或质押的资产，因此很难从银行获取大额贷款。而风险投资基金则往往青睐于技术或管理较强的创业团队，通常也不会投资大学生创业者。资金问题使很多大学生创业项目被迫夭折，或者选择利率高且供应不稳定的民间借贷。

◆**知识产权被侵犯：**虽然我国现已建立了完善的知识产权保护体系，但是社会上很多人的知识产权保护观念仍然较为淡薄，且侵犯知识产权成本低而维权成本较高，同时由于消费者往往不会特别注意产品的品牌信息，使市场上仍然有制假、贩假的情况出现。新创企业一般无法承担高昂的知识产权维权的时间、金钱和人力成本，一旦被侵权，损失极大。

◆**创业风险管理缺位：**创业是高风险活动，对初涉社会的大学生创业者来说更是如此。部分大学生创业者对创业抱有理想化、乐观化的态度，在创业遇到困境甚至失败的情况下其生理和心理都会受到影响，甚至会引发严重的不良后果；而社会缺乏对于创业风险的管理防护机制，如相关的保险等。

◆**社会偏见与误解：**目前社会上仍有一部分人，尤其是部分老一辈人，仍然对创业怀有偏见，认为大学生应该考公务员、考事业单位，进国企或者其他大型单位，而不应该自主创业。社会公众对于大学生仍带有不稳重、靠不住的刻板印象，甚至有的企业不愿意与大学生创业者合作，这导致大学生创业者无形中失去了很多机会。

阅读

知识产权维权困局

武汉科技大学学生李恒在校期间研发出“高空喷淋降尘系统”，该系统通过将水雾化进行高空喷淋，吸附工地现场空气中的灰尘颗粒和杂质，能够达到润湿地面和防止尘土重新扬起的效果，实现改善城市环境的目的。武汉市建设科学技术委员会曾专门组织评审，认为该技术成果属于首创。李恒依托该成果申请到国家专利，并在校开始了创业。

李恒创立了武汉霾雨环保科技有限责任公司（以下简称霾雨公司），将高空喷淋降尘系统商业化。但是该专利却频频遭遇侵权，2015年8月，霾雨公司发现武汉某环保公司制造了模仿本公司专利技术的塔吊喷淋装置，并销售给两家公司共6套设备，非法获利近30万元。为此，霾雨公司向武汉市科学技术局（市知识产权局）（以下简称武汉市科技局）反映了专利权被侵害一事。经调查，武汉市科技局认定对方侵权成立，但是赔偿金仅为2.8万元。且这笔赔偿款被对方长时间拖欠，直到2015年底才拿到。此事件入选2016年武汉市保护知识产权十大典型案例。

事实上霾雨公司前后被侵权多次，但是每次维权都异常艰难，原因在于武汉市科技局只具备行政权，只能认定是否构成侵权，而无权核定具体金额并判赔。通过法院走司法程序维权并强制索赔，则至少需要6个月，时间长，成本高，根本不是小企业所能负担的。

启示：武汉霾雨环保科技有限责任公司专利权被侵犯却维权困难是广大新创企业知识产权维权困局的一个缩影，通过起诉方式进行专利维权成本高、时间长，而通过行政手段进行专利维权赔偿低、强制力弱。目前我国地方各级人民政府已经着手强化知识产权保护，如湖北省就建立了大学生创新创业知识产权维权援助中心，支持大学生创业者维护自身知识产权。

1.3.2 大学生创业的扶持政策

为支持大学生创业，各级人民政府纷纷出台了相应的帮扶政策，这些政策涵盖创业的方方面面，对大学生创业者而言是非常有用的优势。大学生创业者应该了解相关的扶持政策，并尽量利用相关优惠，增加创业成功率。

1．国家级大学生创业扶持政策

我国一贯重视大学生创新创业工作，2018年9月，国务院印发《关于推动创新创业高质量发展打造“双创”升级版的意见》，共涉及8大方面、32项政策举措。这标志着我国的创新创业工作发展到了一个新阶段。

现阶段，我国出台的国家级大学生创业扶持政策主要有以下7大项。

- **创业担保贷款：** 2015年，《国务院关于进一步做好新形势下就业创业工作的意见》宣布将小额担保贷款调整为创业担保贷款，针对有创业要求、具备一定创业条件但缺乏创业资金的就业重点群体和困难人员提供创业担保贷款。同时鼓励金融机构参照贷款基础利率，结合风险分担情况，合理确定贷款利率水平，对个人发放的创业担保贷款由财政在一定范围内给予贴息。
- **整合发展就业创业基金：** 整合发展高校毕业生就业创业基金，完善管理体制和市场化运行机制，实现基金滚动使用，为高校毕业生就业创业提供支持。
- **税收减免：** 高校毕业生、登记失业人员等重点群体创办个体工商户、个人独资企业的，可依法享受税收减免政策。同时全面清理涉企行政事业性收费、政府性基金、具有强制垄断性的经营服务性收费、行业协会商会涉企收费，落实涉企收费清单管理制度和创业负担举报反馈机制。
- **众创空间税收优惠：** 落实科技企业孵化器、大学科技园的税收扶持政策，对符合条件的众创空间等新型孵化机构适用科技企业孵化器税收扶持政策。有条件的地方可对众创空间的房租、宽带网络、公共软件等给予适当补贴。
- **优先转移科技成果：** 鼓励利用财政性资金设立的科研机构、普通高校、职业院校，通过合作实施、转让、许可和投资等方式，向高校毕业生创设的小微企业优先转移科技成果。
- **支持举办创新创业活动：** 支持举办创业训练营、创业创新大赛、创新成果和创业项目展示推介等活动，搭建创业者交流平台，培育创业文化，营造鼓励创业、宽容失败的良好社会氛围，让大众创业、万众创新蔚然成风。对劳动者创办社会组织、从事网络创业符合条件的，给予相应创业扶持政策。
- **大力加强创业教育：** 把创新创业课程纳入国民教育体系。从健全创新创业教育课程体系、创新人才培养机制、改进创业指导服务等9个方面促进大学生创新创业。

国家级大学生创业扶持政策涵盖了创业的方方面面，不仅有实际的资金上的支持和税费减免等各种优惠，还动员了高校、众创空间、研究机构等相关组织为大学生创业提供支持，真正做到了全方位、多角度、有深度的创业帮扶，是大学生创业的巨大助力。

2．各地的大学生创业扶持政策

地方各级人民政府积极响应中央号召，深入贯彻相关文件精神，结合地方实际推出了一系列大学生创业扶持政策，这里选取部分典型进行讲解。

（1）北京市大学生创业扶持政策

北京市不仅拥有全国顶尖的学府与大量大学生，还吸引了各地人才与归国留学生到北京发展。北京人才资源丰富，发展机会很多，但同时房价、薪资水平、物价水平等都处于全国领先行列，创业成本很高且竞争激烈。为此，北京市人民政府出台了一系列大学生创业扶持政策。

- **大学生创业税收优惠：**持中华人民共和国人力资源和社会保障部核发的《就业创业证》（注明“毕业年度内自主创业税收政策”）的高校毕业生在毕业年度（指毕业所在自然年）内创办个体工商户、个人独资企业的，可在一定金额范围内免缴城市维护建设税、教育费附加和个人所得税。对高校毕业生创办的小型微利企业，按国家规定享受相关税收支持政策。
- **免收有关行政事业性收费：**毕业两年以内的普通高校学生从事个体经营（除国家限制的行业外）的，自其在工商部门首次注册登记之日起3年内，免收管理类、登记类和证照类等相关行政事业性收费。
- **享受培训补贴：**对大学生创办的小微企业新招用毕业年度高校毕业生，签订1年以上劳动合同并缴纳社会保险费的，给予1年社会保险补贴。对大学生在毕业学年（即从毕业前一年7月1日起的12个月）内参加创业培训的，根据其获得创业培训合格证书或就业、创业情况，按规定给予培训补贴。
- **免费创业服务：**有创业意愿的大学生，可免费获得公共就业和人才服务机构提供的创业指导服务，包括政策咨询、信息服务、项目开发、风险评估、开业指导、融资服务、跟踪扶持等“一条龙”创业服务。

（2）上海市大学生创业扶持政策

上海市是我国的经济中心和金融中心，2019年上海常住人口人均生产总值超15万元，位居我国前列。上海市商业活动活跃，对外联系密切，机会众多，也是我国大学生创业的热点地区，上海市大学生创业扶持政策如下。

- **开办手续费补贴：**由毕业5年内的上海市大中专院校毕业生、持有《上海市居住证》的本科以上毕业生创办的创业组织，正常开展经营且创业者本人和从业人员缴纳社会保险满3个月的，给予创业组织每户一次性开办手续费补贴。

◆**大学生注册公司零首付政策：** 上海市毕业两年内的高校毕业生带上身份证和大学毕业证，就可以到上海市各区县工商部门申请注册登记，以“零首付”的方式创办一家属于自己的公司。“零首付”是指工商部门取消了所有的收费，包括营业执照的成本费。在市场准入的时候，登记公司需要注册资本，大学生创办公司可以没有注册资本，在两年当中逐步到位。

◆**创业房租补贴：** 由毕业5年内的上海市大中专院校毕业生、持有《上海市居住证》的本科以上毕业生创办的创业组织，在创业园区、大学生创业基地或其他经济新区人力资源和社会保障部门认定的场所开展创业的，按其吸纳本区户籍劳动力的人数及稳定就业情况，给予房租补贴。房租补贴最高不超过其实际支付的租金总额。

◆**创业财税补贴：** 上海市大学生创业在18个月的初创期内，符合条件的给予有关房租补贴、社会保险费补贴、贷款担保及贴息的扶持。对从事农业创业的高校毕业生，可根据吸纳就业情况，给予专项创业补贴。高校毕业生从事个体经营的，自工商登记之日起3年内可免交登记类、管理类和证照类的各项行政事业性收费。上海市高校的非上海生源毕业生在沪创业并吸纳本市劳动者就业的，在申请户籍时予以政策倾斜，有关服务部门免于收取人事代理等服务费用。

◆**免费评估创业潜质：** 上海市毕业两年内的高校毕业生凭本人身份证可在上海市各区的创业指导服务中心预约创业能力在线测试评估系统的免费测验，该测验可帮助创业意向者了解其创业胜任能力、信息需求、培训需求，为创业者创业的前期准备提供参考。

◆**青年创业见习补贴：** 上海市高等院校和中等职业学校应届离校未就业全日制毕业生可申请参加创业见习，按规定参加创业见习的学员，可申请见习学员生活费补贴，并统一办理见习学员综合保险。

上海市为大学生创业者提供了全方位的补贴，涉及企业经营的方方面面，能够有效地降低创业企业的运营成本，减轻企业负担。

（3）广东省大学生创业扶持政策

广东省是我国经济强省，拥有广州、深圳等全国性大城市，对外开放程度高，同样是我国大学生创业的热点地区。广东省在2020年推出的大学生创业帮扶政策如下。

◆**创业培训补贴：** 有创业需求和培训愿望并具备一定创业条件的毕业学年大学生及高校毕业生，参加创业培训并取得合格证书的，可给予创业培训补贴。

◆**一次性创业资助：** 在校及毕业5年内的高校毕业生成功创业（在广东省领取工商营业执照或其他法定注册登记手续，本人为法定代表人或主要负责人）的，或经营乡村驿道客栈、民宿、农家乐6个月以上的创业者（经营主体），可申请创业资助。

◆**租金补贴：** 在校及毕业5年内的高校毕业生创办新创企业并担任法定代表人或主要负责人的，或经营乡村驿道客栈、民宿、农家乐的创业者（经营主体），可申请租金补贴，珠三角地区每年最高6 000元，其他地区每年最高4 000元，补贴期限累计不超过3年。

◆**创业带动就业补贴：**新创企业吸纳就业并按规定缴纳社会保险费的，按其吸纳就业（签订1年以上期限劳动合同）人数（法定代表人或主要负责人除外）给予创业带动就业补贴。

◆**创业担保贷款：**法定劳动年龄内的在校和毕业大学生自主创业资金不足的，可申请创业担保贷款，其中个人贷款额度最高30万元；合伙经营或创办小企业的可按每人最高30万元、贷款总额最高300万元实行"捆绑性"贷款；对符合条件的劳动密集型和科技型小微企业，贷款额度最高为500万元。个人创业担保贷款在贷款基础利率上浮3个百分点标准（即贷款基础利率+3%）内据实贴息，小微企业贷款按贷款基准利率的50%给予贴息，每次贴息期限最长不超过3年。对获得市级以上荣誉称号以及经金融机构评估认定信用良好的大学生创业者，原则上取消反担保；对还款积极、带动就业能力强、创业项目好的借款人和小微企业，可继续提供创业担保贷款贴息，累计次数不得超过3次。

◆**优秀创业项目资助：**被省级人力资源和社会保障部门评定为省级优秀创业项目的，可享受一次性财政资助。优秀项目可通过以下3种途径产生。

① 大赛选拔。在广东省人力资源和社会保障厅牵头举办的创业创新大赛获得特定奖项的优秀项目。

② 落地注册。获得省级以上创业创新大赛前3名，并于获奖后两年内在广东省行政区域内登记注册的优秀项目。

③ 社会征集。通过公开征集、社会推荐、专家评审等方式确定的优秀项目。

除了以上3地，其他地方人民政府也纷纷出台了相应的大学生创业扶持政策，大学生应该对自己所在地区或者预备创业的地区的相关政策保持关注，注意新政策出台与旧政策的变动，争取更好地借助当地人民政府的力量，提高创业成功的概率。大学生创业者可以通过全国大学生创业服务网或者中国政府网的双创政策汇集发布解读平台来查询相关的法律法规，也可以通过当地人民政府的官网、政务平台、微信公众号等了解当地的相关政策。

1.3.3 大学生创业的现状及问题

过去几年大学生创业的现实情况无疑是当下大学生创业最好的参考资料，往年的大学生创业情况反映了大学生创业的整体趋势并且呈现出了一定的规律性，大学生了解往年大学生的创业情况有利于全面、客观认识创业活动。

1. 大学生创业现状

麦可思数据是一家高等教育管理数据与咨询的专业公司，是高校、社会大众、用人单位公认的第三方权威性数据机构。该公司每年发布的中国大学生就业报告数据翔实，是了解大学生就业情况的重要数据来源。

图1-2所示为《2019年中国大学生就业报告》中关于本科毕业生的去向分布情况，涵盖

2014届至2018届共5届毕业生。从该图可以发现，这5届大学生选择自主创业的比例分别为2%、2.1%、2.1%、1.9%、1.8%，可见当前选择自主创业的大学生所占份额仍然较小，自主创业仍然不是大学生的主要选择。而且在近两年选择自主创业的大学生所占份额小幅下跌，跌落到了2%以下，这说明大学生自主创业的热情稍有下降。但报告同时指出共有6.2%的2015届大学毕业生在3年内选择自主创业，这说明有更多大学生是在工作一段时间后投身自主创业的。

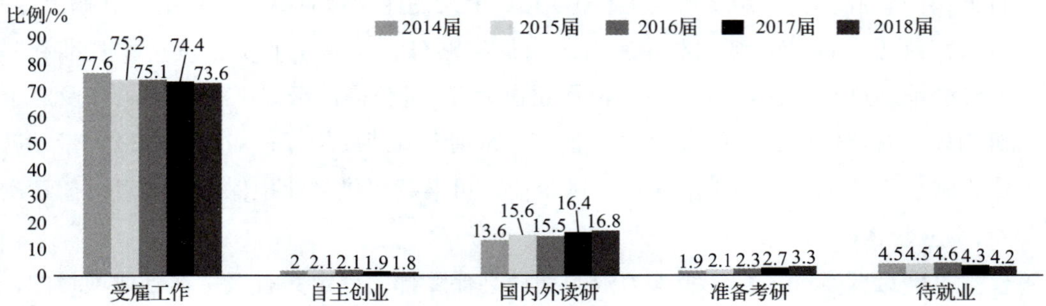

图 1-2　2014 届至 2018 届本科毕业生去向分布

同时，报告追踪了2015届毕业生工作3年内的情况，显示出大学生创业存在高风险、高回报的特点。

- **高风险**：大学生创业存活率较低。2015 届毕业即自主创业的大学毕业生中，3年后有44.8%的人仍坚持自主创业（即存活率为44.8%），比2014届的46.2%低1.4个百分点。这说明创业的高风险性客观存在，半数以上大学生创业者坚持不到3年就失败了。
- **高回报**：相对于其他大学生，大学生创业者的收入优势明显。报告显示2015届大学毕业生半年后，自主创业的大学生月收入为4 601元，毕业3年后则达到9 726元，涨幅达111%，相较于同届大学生的平均收入水平（毕业半年后为3 409元，3年后为6 005元，涨幅为76%）有明显的优势。

2．大学生创业存在的问题

当前大学生创业的风险较高，大部分大学生创业企业在3年内夭折。大学生创业失败的原因各异，但是其中仍然反映出很多具有共性的问题，这些问题值得大学生创业者警醒。

- **缺乏资源**：大学生创业者由于自身资源积累不充分，同时缺少社会经验，社交技能不足，往往在创业中会面临资金、人脉和人力等资源短缺的情况。而创业的本质就在于获取、整合、配置资源并获得更大的价值，缺乏资源的大学生创业者很难成功。
- **竞争激烈**：大多数大学生创业者在创业初期并没有核心技术，从而不可避免地陷入残酷的市场竞争中。相关数据表明大学生自主创业高度集中在中小学教育辅导、零售、综合餐饮等行业，这些行业都是饱和度高、竞争激烈的行业，淘汰率也很高。
- **欠缺能力**：部分大学生创业者在创业时只有一腔热情，而没有进行相应的培训和规划，导致在经营过程中出现专业知识、基本技能、管理能力、心理承受力等不足的情况，企业经营一遇困境就无从突破，只能遗憾收场。

- **行业选择盲目**：一些大学生创业者受到高收益的诱惑，盲目进入当下热门的、赚钱的“风口”行业，而并不具备从事该行业所需的必要专业知识和技能，最终导致创业失败。
- **眼高手低**：不少大学生不屑于从事服务业或技术含量较低的行业，而希望投身互联网、科技等领域。虽然大学生在知识水平上有优势，但这些行业的起点较高、盈利周期较长、创业风险和压力非常大，很容易遭到失败。
- **前期调查不足**：部分大学生创业者在创业前没有进行充分的市场调查，没能准确地认识到产品和服务面向的受众和消费者群体，在此情况下贸然地推出新产品或服务，容易导致创业失败。
- **准备不充分**：创业是一项复杂且精细的工作，在正式创业前，需要进行诸如制订创业计划、选择场所、装修店面、添置设备、招聘人员、设计工作流程、招徕业务等相关准备，如果前期准备不够充分，那么企业经营就会遭遇困境。

1.4 大学生创业准备

“凡事预则立，不预则废”，在创业之前，大学生创业者需要进行相应的准备。只有做足了准备，大学生创业者才能做出正确的判断和选择，在正确的道路上创业，由此才能最终收获创业的成功。

1.4.1 树立正确的创业观念

大学生创业者首先需要树立正确的创业观念，正确地、科学地认识创业活动。要树立正确的创业观念，大学生创业者可以从以下3个方面入手。

- **做好创业心理准备**：大学生创业者创业前要认真思考、反复评估、考虑成熟，创业并不是一件轻松的事情，要妥善地想好关于创业的各个问题，尤其要多思考创业遇到挫折甚至困境时应该如何应对，以及在什么情况下需要及时止损甚至退出。只有做好了这些方面的思想准备，大学生创业者才能在创业活动中冷静沉着地面对困难，带领企业走出危机。
- **诚信守法经营**：“君子爱财，取之有道”，大学生创业者依靠创业获取利益的前提条件是遵守国家法律与市场规则，哪怕面临经营危机，也不可做出制造假冒伪劣产品、以次充好等行为，这样就算短时间取得了利润也必将面对法律与市场规则的制裁，从长远来看得不偿失。
- **保持平和的心态**：很多大学生创业者仅凭一股冲动与热情就投入了创业大潮，然而冲动和热情会很快消散，只有保持对创业活动的长久专注和平和的心态才能最终创业成功。

1.4.2 创业知识的储备

在20世纪后半叶，我国的创业者大多是“草莽英雄”，没有经过专业的知识培训便投身商海，这样的创业模式成就了我国早期的一批企业家。但是时移物换，现在的创业环境已和当时有了很大的差异，新时代的创业者只有拥有足够的知识，才能在创业活动中游刃有余。具体来说，大学生创业者需要进行以下6个方面的知识储备。

- **专业知识：**专业知识是指与创业项目的产品或服务直接相关的知识。专业知识是创业的基础，不具备相应的专业知识，就无法产出相应的产品和服务，自然也就无从实现盈利。
- **管理知识：**在市场经济已经较为健全的今天，市场竞争日益复杂，大学生创业者不可能仅凭经验和直觉来管理企业，而需要用专业的管理知识来武装自己，科学、规范地管理企业，让企业能够发挥出更大的作用，创造出更多的财富。
- **金融知识：**资金是企业经营发展的重要资源，大学生创业者应该学习并掌握相应的金融知识，为企业的经营和发展寻找更多的资金。
- **商业知识：**创业不是孤立的活动，在创业过程中企业必然会与各种机构，如银行、供应商、经销商等，发生各种商业关系。大学生创业者只有掌握相应的商业知识才能够顺利进行商业活动，与其他组织进行良好的合作，以期能够降低企业成本、扩大产品销路、获得资金支持等。
- **税收知识：**税收是国家为了向社会提供公共产品、满足社会公共需要，按照法律规定参与社会产品的分配，强制、无偿取得财政收入的一种规范形式。企业的经营活动必然面临着纳税。税收是企业经营的一项重要成本，照章纳税是企业应尽的义务，大学生创业者应该了解相关的税收知识，依法缴税，在尽量减少企业成本的情况下避免可能的税收风险。
- **法律知识：**我国有一套完备的法律法规，其中和企业经营相关的主要是经济法，包括《中华人民共和国公司法》《中华人民共和国民法典》《中华人民共和国反不正当竞争法》等。同时，企业经营还会涉及《中华人民共和国商标法》《中华人民共和国专利法》等。大学生创业者学习法律知识，不仅可以防范自己的经营活动触及法律红线，还能够在自身合法权益被侵犯的情况下使用法律武器维护自身权益。

1.4.3 创业信息的搜集

大学生创业者在创业前应该广泛搜集创业信息。创业信息是一个笼统的概念，泛指一切对创业活动有帮助的信息，主要包括以下4个方面。

- **行业信息：**行业信息是指描述行业的整体情况的信息，其中包括行业的发展趋势、行业的市场细分、行业中的领先企业及其市场份额、行业未来的发展方法。行业信息展示了该行业当前的基本态势，是大学生创业者的重要参考信息。

◆**政策信息**：政策的变动可能会带来无数的机会，也会让很多行业受到影响。大学生创业者应该留意政策的更新，积极投入政策利好的行业。

◆**金融信息**：创业企业离不开金融行业，金融信息就是描述资金来源与资金获取成本变化的信息，如2020年2月17日，中国人民银行宣布贷款降息；3月13日，又宣布于2020年3月16日定向降低法定存款准备金率，一共释放的长期资金约5 500亿元，这直接导致企业贷款更容易且成本降低。

◆**市场信息**：市场信息是指描述市场供求变化的信息，包括产品的价格变化、销量变化、货源变化等，市场产品的供求关系变化频繁，且产品价格互相作用，会对企业经营产生巨大影响，如燃油价格的变化就会对大量产品的成本产生影响。

课堂讨论

高学历的“草根”创业者

近年来，逐渐有一些高学历的创业者走进人们的视野，但是他们出名的原因却是其创业领域的“草根”特性。如从事食品行业的北京大学毕业生陆步轩、经营快递网点的吉林延边大学历史系博士谭超等。其学历与从事行业的鲜明对比引起了人们的热论，甚至被各路媒体竞相报道，社会上有些人借此宣扬“学历无用论”，而另一些人则认为这只是个人选择，属于正常现象。

这些创业者毫无疑问属于我国的高级知识分子，在大学生中也是顶尖的，但是却从事与其学历“不相称”的“草根”职业，这种现象的出现正不正常？这样的创业方式你能否接受?

活动说明：提出自己的观点，如“高学历创业者从事‘草根’行业无可指摘”“这种创业是对自身知识优势的浪费”等，并进行论证。

活动人数：分小组进行讨论，4~6人为一组，共4个小组。

讨论方式：各小组自行搜集相关的案例与资料，提炼出观点，然后将讨论结果进行整理。之后各小组推选出代表提出观点，轮流进行发言，并通过辩论的方式进行小组间的观点讨论。

课后思考

1. 创业的概念不包括（　　）。

A. 创造价值　　B. 资源优化　　C. 投入资源　　D. 获取利润

2. 对个人改变巨大，但创造的新价值低的创业类型是（　　）。

A. 复制型创业　B. 模仿型创业　C. 安居型创业　D. 冒险型创业

3. 下列关于当代大学生创业形势的说法中，错误的是（　　）。

A. 社会产业结构调整和再造期间会涌现出无数的创业机会，是创业的大好时机

参考答案

B．社会上下都对大学生创业行为表现出了支持与理解

C．部分大学生创业者对创业抱有理想化、乐观化的态度

D．创业形势是指创业者在创业之初所面对的所有对创业活动有影响的外部条件的总和

4．搜集你所在市（县）的大学生创业扶持政策，并将其汇总，然后向你的同学分享。

5．阅读下面材料，谈谈材料中创业者整合创业资源的方法与成果。

牛根生和几个伙伴创立蒙牛时，面临着没有奶源、没有工厂、没有品牌的局面。他先是通过人脉关系找到哈尔滨一家乳制品公司，这家公司设备都是新的，但是生产的乳制品质量有问题，同时营销渠道没有打通，所以产品一直滞销。牛根生提出让该公司进行生产，为该公司提供技术并承担多种产品的销售铺货，该公司欣然同意。之后牛根生又打出“蒙牛甘居第二，向老大哥伊利学习”的宣传，借助伊利提高了自己品牌的知名度。之后又联系了奶农、农村信用社和奶站，让奶农从信用社贷款购买良种奶牛，蒙牛做担保；奶牛产出的牛奶由奶站收购，由蒙牛负责销售。就这样，牛根生从无到有地建立了包括奶源、运输、生产加工、销售的整个产业链。

第2章

创业者与创业团队

对进行创业活动的大学生而言，创业的过程也就是将自己的身份变为创业者的过程。那么创业者这一身份有什么魅力？从大学生转变为创业者又是一个怎样的过程呢？这些问题引人深思。同时，创业者的周围往往围绕着一个创业团队，创业团队成员们分工合作，共同建立并经营着创业企业。本章就将对创业者及创业团队的相关知识进行讲解。

2.1 创业者与创业者素养

大学生创业者要想成功进行创业活动，首先就需要将自己的角色转变为“创业者”。只有做一个合格的创业者，才有可能取得创业的成功。为此，大学生要先了解创业者的相关知识，并培养自己的创业者素养。

2.1.1 创业者界定

创业者这一词似乎特别好理解，只要是正在创业的人，不依靠工资薪水而自己获取报酬的人，都属于创业者。但是仔细思考就会发现，如小商贩等似乎不能算是严格意义上的创业者，因为他们的事业不具备发展性，他们只是把做生意当成了一种职业，并没有创立“基业”并壮大的念头。那么大家所认可的创业者是什么样的呢？

1. 创业者的含义

法国经济学家让·巴蒂斯特·萨伊（Jean-Baptiste Say）为创业者下了定义：创业者是在某一项经济活动过程中，同时协调着资源的分配、资金的使用和劳动力的雇佣的代理人。经济学家约瑟夫·熊彼特（Joseph Schumpeter）认为创业者应为创新者，由此创业者概念中增加了一条，即能抓住市场潜在的盈利机会，通过研发、技术引进等将新的知识、工艺或技术引进企业的人。

国内学者也对创业者这一概念提出了自己的观点。王树声认为：创业者就是自主创业，在追求个人富足和自身价值实现的同时，创造社会财富和吸纳劳动力，切实为国家经济发展和社会进步做出积极的贡献的群体。刘先明认为：创业者是指发现某种信息、资源、机会或掌握某种技术，利用或借用相应的平台或载体，将其发现的信息、资源、机会或掌握的技术，以一定的方式转化并创造出更多的财富、价值，实现某种既定目标的行为人。

这些观点各有侧重，从各个角度剖析了创业者这一概念。创业者并没有严格的科学意义上的准确定义，在本书中，创业者可以被定义为“具有完全权利能力和行为能力的，具有创办一个新企业，并能时刻抓住市场潜在的盈利机会，维系这个企业的运营与管理，从而使企业获取收益的领导者”。

2. 创业者的特征

创业是一项特殊的工作，创业者往往具备某些平常人所不具备的特征，事实上很多成功的创业者身上都表现出了一些非凡的特质。杭州娃哈哈集团有限公司创始人宗庆后曾言：“我认为做企业要有这些素质，特别在中国市场上，那就是诗人的想象力、科学家的敏锐、哲学家的头脑、战略家的本领。”下面从心理、行为和能力3个方面来具体分析创业者的特征。

（1）心理特征

在成功的创业者身上往往具有一些特别的心理特征，这些心理特征使他们具有强烈的创业倾向并且能长久坚持创业活动。

- ◆**自信：**对大多数创业者来说，创业并不是一帆风顺的，创业路上充满了艰辛和坎坷。但不管怎样，创业者必须坚信自己的产品、服务正是消费者所需要的，即使面对风险，只要进行过充分的市场调查就有足够的信心将事业进行到底。
- ◆**风险意识：**创业需要靠胆识和谋略。它更像是一种理性的风险投资，集融资与投资于一体，因此，创业者必须有一定的风险意识。这就要求创业者判断一定要准确、合理，充分考虑自身实力及风险承受能力，时刻关注环境的变化，最终把创业风险控制在最小的范围内。但是创业者也绝不是一个保守主义者，相反他们乐于冒险并且做好了失败的准备。
- ◆**敢于突破：**成功的创业者往往具有一种"敢为天下先"的气概，敢于做"第一个吃螃蟹的人"，创业者能够深刻地认识到现状中存在的问题，并且以新思路、新方法来改变现状，应对挑战。
- ◆**成就需要：**创业者几乎都有很强的"自我证明"的需要，通常对现状表现出强烈的不满足，并且热衷于为了自己的选择而付出时间精力忘我工作。创业者依靠创业活动获取价值并以此证明自己的价值，这种成就感是驱动创业者进行创业活动的重要因素。
- ◆**心态开放：**创业者通常具有开放的心态，能够认识并接受新鲜事物，并更加容易适应事物的动态变化，接受事物的不确定性。这种开放的心态让创业者能够从多元化的角度来看待事物，从而发现更多的机会。

（2）行为特征

创业者在行为上也往往表现出明确的特征，主要包括以下4个方面。

- ◆**勤学好问：**创业者通常拥有一颗善于学习的心，当然不只是书本上的知识。社会是创业者最好的课堂，生活是创业者最好的老师。在生活中，创业者时刻留意着任何学习和进步的机会。
- ◆**坚定执着：**创业就像一场马拉松，整个过程充满了不确定性，只有排除万难，才能摘取成功的果实。创业者具有坚定的信念和执着进取的心态，专心致志、锲而不舍，顽强地克服创业路上的一个个障碍。
- ◆**雷厉风行：**创业者往往具备高效的行动力，认定了一件事就会立即付诸行动。
- ◆**灵活应变：**创业者在创业初期需要面对的往往是一个千头万绪的"烂摊子"，创业者需要利用有限的时间与资源处理各种事务，这就使创业者身上普遍体现出灵活应变的特点，创业者总是能根据环境和自己手头已有的条件使用各种方法来达成目标。

（3）能力特征

能力是完成一项目标或者任务所体现出来的综合素质，创业能力则体现了创业者完成创业活动的综合素质，成功的创业者必然具备很强的创业能力。创业者所具备的能力特征通常包括以下4点。

- **具备创新能力：** 创新是企业发展的动力，企业管理学之父彼得·德鲁克（Peter F. Drucker）曾经说过："对企业来讲，要么是创新，要么是死亡。"创业者往往无思维定式，不墨守成规，能根据客观情况的变化，及时提出新目标、新方案，同时能够对企业组织形式进行改良。
- **具备经营管理能力：** 经营管理能力是指创业者对人员、资金及企业的内部运营的能力。它涉及人员的选择、使用、组合和优化，也涉及资金的聚集、核算、分配和使用。作为创业者，只有学会效益管理、知人善用，最大化且合理地进行资源整合，才能形成市场竞争优势。
- **具备领导决策能力：** 领导决策能力是指创业者对企业事务拿主意、做决断、定方向的综合性能力，是创业者综合能力的体现。一个创业者首先要成为一个领导决策者，就像战场上的指挥员一样具有感召力和决策力，以及统揽全局和明察秋毫的能力。
- **具备交往协调能力：** 交往协调能力是指创业者处理与公众（新闻媒体、消费者等）之间的关系以及协调员工之间关系的能力。交往协调能力实际上是一种社会实践能力，需要创业者在实践活动中学习，并不断积累和总结经验。

从以上对创业者特征的描述可见，创业活动对创业者的要求较高，甚至单个个体无法满足以上的全部特征。但是大学生创业者也不必灰心，创业活动在每一个阶段对创业者的要求都不同，创业者只要能够不断学习、不断锻炼，就可能成长为一个合格的创业者。

3．创业者与商人、职业经理人的区别

创业活动是一项商业性活动，而在商业领域中，还有两个耳熟能详的角色，那就是商人与职业经理人。他们与创业者一样，同样通过商业行为来追求利益，那么应该如何科学地区别他们呢？

（1）创业者与商人的区别

商人是指通过商业行为获取利润的人，因此可以说商人这一概念包括了创业者，创业者属于特殊的商人，但是创业者有其自身的特点。

- **额外的价值诉求：** 商人的核心价值诉求是利润，而创业者除了追求利润，往往还具有更高的价值诉求，最常见的就是要建立一份基业，一个长久存在的企业，并且希望通过自己的创业活动深刻地影响世界。1982年，26岁的乔布斯邀请时任可口可乐公司总裁的约翰·斯卡利担任苹果公司的首席执行官，约翰·斯卡利一开始拒绝了，但乔布斯只用了一句话就打动了对方，他说："你究竟是想一辈子卖糖水，还是希望获得改变世界的机会？"约翰·斯卡利具备创业者改变世界的雄心，自然无法拒绝这种诱惑，于是毅然跳槽到苹果。
- **企业组织建设：** 商人习惯于通过控制生产要素、获取市场牌照以及交易等短线操作来获取利润，较少考虑企业的长远发展和壮大，而创业者往往为企业倾注了更多心血，通过组织成长、培养人才、规范化管理、企业文化建设等手段来不断壮大企业本身，

可以说商人关注的重点在“取利”，而创业者关注的重点在“创业”。

（2）创业者与职业经理人的区别

职业经理人是一种以管理为本职工作的人，与创业者一样，职业经理人全面负责企业经营管理，对企业具有经营权和管理权。因此，在管理企业上，二者的职能是高度一致的，但是创业者与职业经理人具有本质的区别。

- **企业所有权**：创业者拥有企业的所有权，而职业经理人是受雇者，凭借其专业知识来管理企业。创业者为自己工作，而职业经理人则仍然是雇员，这是创业者与职业经理人的本质区别。
- **工作倾向**：创业者所从事的是开拓性工作，从无到有地建立一个企业，而职业经理人则是受雇管理一个已经建立的企业，可以理解为企业在创业者手中完成了从0到1的建立，而在职业经理人手中则是从10发展到100。创业者创立企业，职业经理人维持企业。
- **风险承担**：创业者拥有企业，因此企业所面临的风险都需要创业者承担，而职业经理人只是一名雇员，不用承担企业的财务风险。

综合看来，创业者、商人和职业经理人三者在职能与工作内容上存在重叠之处，创业者拥有商人以获利为目标的特点，在职能上与职业经理人较为相似。

2.1.2 创业者的创业精神

在古往今来的众多成功的创业者身上，我们可以发现某些共同的精神特质，这些精神特质支撑着创业者不断地发展自己的企业，带领企业克服一个又一个困难并最终取得常人难以企及的成就，因此，创业精神是创业者必备的素养。

1. 创业精神的本质

创业精神是创业者开展创业活动的心理基础，是创业者在创业过程中所表现出的主观思想，它并不是单指一种精神，而是由诸如拼搏精神、创新精神、合作精神、坚持精神等有助于创业活动的各种精神的组合。创业精神是促成新企业形成、发展和成长的原动力。

创业精神的本质是创新意识和主动精神。

- **创新意识**：创新意识使创业者能够意识到社会经济中的创业机会以及需求，能够通过创新意识来找到满足市场需要、有盈利空间的产品或服务，没有创新意识的创业者只是个经营者。
- **主动精神**：主动精神能够驱动创业者实际地进行创业行动，主动去获取创业需要的资金、人员、技术等资源，从而走上创业之路，并且主动抓住机会让企业发展得更好。诸如拼搏精神、合作精神等，实际是主动精神在不同侧面的体现。

阅读

沃尔玛创始人山姆·沃尔顿的精神遗产

山姆·沃尔顿是沃尔玛的缔造者。他用50年的时光，将一个小杂货店打造成为强盛的贸易帝国。

山姆·沃尔顿不仅创立了沃尔玛，还成了沃尔玛的精神支柱，他留下的沃尔玛哲学是每个商家都奉为珍宝的经营宝典。山姆·沃尔顿对自己坚定不移的信念做了如下概括。

信念1：敬业。山姆·沃尔顿认为："如果你酷爱工作，你每天就会尽自己所能力求完美，而不久后，你周围的每一个人也会从你这里感染到这种热情。"

信念2：所有同事都是合伙人，要与合伙人分享你的利润，只有当同事都把他自己当作合伙人时，他们才能创造出超乎想象的业绩。

信念3：激励你的合伙人。仅仅用金钱和股权是不够的，要经常想一些新的、有趣的办法和措施来鼓励你的合伙人。比如，设置更高的销售和盈利目标，鼓励竞争；让经理们相互更换工作以保持挑战性；让每个人都参与猜测你下一步的决策等。

信念4：坦诚沟通。尽可能地同你的合伙人进行交流，他们知道得越多，理解得就越透彻，对事物也就越关心。情报就是力量，你把这份力量给予你的同事后所得到的益处，将远远超出消息泄露给竞争对手所带来的风险。

信念5：感谢你的同事为公司做的每一件事。支票与股票或许可以拉拢人心，但任何东西都不能替代几句精心措辞、适时而真诚的感激之词，它们不花一分钱，却珍贵无比。

信念6：成功要大肆庆贺，失败也不用耿耿于怀。如果不幸失败，也不妨穿上一身戏装，唱一首歌曲，其余人也会随着你一起演唱。要随时随地设计出你本人的新噱头，所有这一切将比你想象的更重要、更有趣，而且它会迷惑对手。

信念7：倾听公司每一位员工的意见，广开言路。第一线的员工才是最知晓实际情形的，你要尽量了解他们所知道的事件。为了组织下放责权，激发建设性意见，你必须倾听同事们告知你的一切。

信念8：要做得比消费者期望的更好。假如你这样做了，他们将成为你的回头客。妥当处理你的差错，要诚恳道歉，不要找借口，要记住消费者永远是对的。

信念9：为消费者节省每一分钱，这能为你创造新的竞争优势。如果是高效经营，你可以在犯许多不同的错误后依然能恢复元气。但如果运作效率低下，那么你可能显赫一时，却会最终败北。

信念10：逆流而上，另辟蹊径，蔑视传统观点。如果每个人都在走老路，而你选择一条不同的路，那你就可能会有绝好的机会。

启示：山姆·沃尔顿提出的10条信念正是其创业精神的具体体现，沃尔玛创新性地将普通员工引入企业管理，并且主动地提高员工的收益、倾听员工的诉求，这使沃尔玛员工的工作效率和工作主动性大大提升，成本则大幅下降，沃尔玛也因此得以快速扩张。

2. 创业精神的要素

创业精神具有丰富的内涵，各个创业者身上所表现出来的创业精神也有所不同。创业精神包括以下6个要素。

- **充沛的创业激情：** 创业的过程总是充满困难、艰辛曲折，创业者需要具备极大而持久的创业激情，将整个企业凝聚在一起，克服困难，走向成功。马云在讲述自己的创业经历时特别讲到："创业需要激情，而且只是有短暂的激情还远远不够，它需要持久地支持着创业者的灵魂。"
- **鲜明的创业个性：** 大凡创业成功者，一般有鲜明独特的个性品质。一是敢冒风险，敢于走别人没有走过的路，这样更容易抓住创业机会，创造出独特的东西。二是执着，全身心融入创业活动中。三是能独立自主地解决生活及创业过程中遇到的困难和问题，不受各种外来因素的干扰。
- **顽强的意志：** 创业者要拥有顽强的创业意志，百折不挠地将创业行动坚持到底以达到目的。创业意志主要包括创业目的明确、决断果敢、具有恒心和毅力。
- **批判精神：** 批判精神是一种宝贵的创业精神，是创业者需要具备的精神品质。如果创业者没有强烈的自我批判精神和强大的自我批判能力，不把一些陈旧的、不能适应当前和未来企业需要的思想观念去除，也就无法带领企业冲破现有运营模式的桎梏，无法获得长足的发展。
- **合作精神：** 个人的力量是有限的，单打独斗难以成功创业，只有具备合作精神才能够充分发挥团队力量，同时积极进行外部合作可以获得更多的商业机会和创业资源。如大众汽车股份有限公司与保时捷汽车控股公司于2012年正式合并，双方强强联合影响了整个家用车市场的格局。
- **诚信精神：** 不管创业者做的是小生意还是大买卖，都要具备诚信精神，一个创业者或一个创业企业若没有诚信就无法在竞争残酷的市场中立足。

3．创业精神的培育

创业精神对创业者来说至关重要，或许有天生的创业者，他们的创业精神与生俱来。但是创业精神是可以通过后天的培育而拥有的，创业者可通过模仿、历练、实践和培训这4种途径来培养自己的创业精神。

- **模仿：** 模仿是自我培养创业精神最便捷的方法，创业者需要选择一个模仿的榜样，然后揣摩他的行为，分析他的言论，从而向其靠拢。很多创业成功者都有这样一个感受：他们在创业过程中会有一个"偶像"，自己会自觉不自觉地按这个偶像的言行来要求自己、鞭策自己。大学生创业者应该从创业成功者身上吸取经验，学习他们的创业精神，让自己更快成熟起来。
- **历练：** 创业是艰辛的，创业环境中处处充斥着竞争和困难，培养创业精神最有效的方法就是让创业者在真正的创业环境中磨炼意志，培养创业精神。优秀的创业者不仅不会被压力压垮，反而会在压力之下创造惊人的事业。例如，李嘉诚在年少时挣扎在社会底层，在这个过程中他养成了坚忍不拔、勇于冒险的性格，这让他收获了丰硕的成果。对大学生来说，可以通过兼职等途径来历练自己。

- **实践**：实践是培养创业精神最直接的方法，积极的实践能带来及时的反馈，实践经验的积累能够让创业者对创业形成逐渐深入、全面的认识。实践途径对创业者的作用是其他途径都不可替代的。当然，大学生由于时间和资金等条件的限制，开始时大都是从事一些零碎的小生意，但从这些小生意中也能锻炼出合格的创业精神。总之，只有通过创业实践，创业者才能在以后更加清晰地明确创业目标、制订创业计划，才会更加坚定创业信念，创业精神也才能更加强大。
- **培训**：创业精神培训活动往往会邀请成功的企业家或者经验丰富的职业经理人来担当讲师，大学生参加创业精神培训可以得到专业化和科学化的指导，这是其他方式所难以实现的。通常大学和地方人民政府都会开设创业精神培训活动，一些社会机构也提供相关服务，大学生可以选择这些渠道来参与创业精神培训。

2.1.3 创业逻辑与创业思维

除了创业精神，创业逻辑与创业思维也是创业者必须具备的素养。只有理解了创业逻辑，创业者才能有的放矢地进行创业活动；只有具备了创业思维，创业者才能在纷乱的市场环境中找到正确的道路。

1. 创业逻辑

逻辑是指思维的规律，创业逻辑就是创业者对创业这一复杂问题的理解思路，也是创业者开展创业活动的思路。因果逻辑、效果逻辑与精益创业逻辑是3种典型的创业逻辑，下面分别进行介绍。

（1）因果逻辑

因果逻辑是最直观的创业逻辑，其核心思路是将未来看作过去的延续，认为未来是可以预测的，因此，只要预测到了未来的需求，就有了一个明确的目标来为之持续努力。

基于因果逻辑，创业者的创业活动应该发现潜在的商品市场，然后通过市场调查和数据分析确定创业的整个计划，根据计划组织相关的资源，最后进入市场以获得收益。在这样的思路中，创业者需要关注创业过程中的各种不确定性，尽力规避意外，而对于无法控制和改变的环境，创业者则需要不断进行自我调整来适应环境。

在相对成熟、创新度较低的行业里，因果逻辑往往能起到不错的效果。

（2）效果逻辑

弗吉尼亚大学达顿商学院教授萨阿斯·萨阿斯娃斯（Saras Sarasvathy）开展过一项针对成功创业者的研究，她选取了销售额为2亿~65亿美元的一些企业的27位创始人开展了实验研究，得到了以下结果。

- **手段驱动**：成功创业者并非在创业伊始就有明确的愿景或产品创意，而是首先思考自身的条件与资源，然后联系潜在利益相关群体，寻找合作机会。随着新的资源组合被发掘和设计出来，创业者会产生愿景，但推动发展的并不是愿景，而是手段、机会和利益相关人。

- **考虑可承受的损失**：成功创业者在评估机会时更多考虑的是“可承受损失”，将潜在损失降低到自己可以接受的程度。这样即便没有成功，他们的损失相对那些凭借猜测潜在收益而进行大胆投资的创业者来说也要小得多。这种基于可承受损失的创业增加了创业成功的概率。
- **设法利用意外**：成功创业者会设法利用意外而非回避意外，他们会保持灵活性，利用突发事件重新审视手段和目标。每遇到一个无法预料的事件，他们都会自问：“这个意外是否开启了新的机会？”即使面对的是负面意外，他们的热情也绝不会因此而熄灭。
- **建立大量合作关系**：成功创业者会召集一些愿意加入自己团队的人，如把最初的客户变成合作伙伴，把最初的供应商变成投资者，把最初的投资者变成员工等。这些利益相关的群体可以携手共创事业并营造相应的环境。

基于这样的结果，萨阿斯·萨阿斯娃斯提出了效果逻辑理论，效果逻辑理论认为环境中充满不确定性，因此，未来也是不可预测的。在这样的情况下，因果逻辑将会失效，创业者身处在不确定性极强的环境下，目标会随着时间与环境中的突发变化而不断变化。此时创业者最好的策略是利用手头的资源以及可利用的手段来进行创业实践，采取试错的方式摸索前进，并依赖相关利益者的同盟来降低风险。

效果逻辑适用于不确定性强、市场波动大的行业。必须明确的是，因果逻辑与效果逻辑虽然具有相反的思路，但其实并无明确的分界，在创业实践之中，创业者往往会将两种逻辑混合使用。

（3）精益创业逻辑

精益创业是由埃里克·莱斯（Eric Ries）在丰田公司“精益生产”的哲学思想和理论的基础上发展而来的创业方法论，其核心含义是以最低的成本制作最简可行产品（Minimum Viable Product，MVP），从每次实验的结果中学习，快速迭代，在资源耗尽之前从迷雾中找到通往成功的道路。其具体方法如下。

- **确定待验证的假设**：待验证的假设是指那些认为理所当然的、一厢情愿的需求。但其实这些需求可能并不是必需的，精益创业要求把这些不确定的主观臆断全部罗列出来，然后按照优先性有针对地去解决。
- **制作MVP**：用最低的成本制作一个用于检验假设的产品，MVP可以是经过开发的产品原型，也可以是一段故事描述。只要能够让待测的用户感受到这个产品所能带来的价值即可。
- **确定衡量指标，检验假设系**：分析哪些客观指标可以确定之前规划的需求是否存在于用户内心之中，这样的指标即是“衡量指标”。然后召集目标用户，向他们展示

MVP，测量衡量指标，用以验证之前的假设。

◆**坚持或者转型**：根据获得的结果，决定是坚持最早的规划，还是转变方向。

精益创业的核心思想如图2-1所示，通过不断学习，提出想法，开发出MVP，通过对用户的测量数据学习到新的知识，进一步开发。如此往复循环，最终做出优秀的产品。

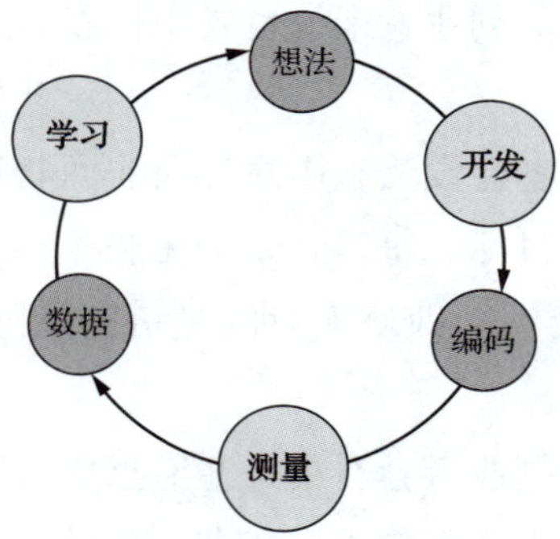

图 2-1　精益创业的核心思想

精益创业所引申出的创业逻辑如下。

◆创业者应该认为在创业初期只有一系列未经检验的假设，而创业者的工作是总结其假设，而不需要花费大量时间去构思一个完备的商业计划。

◆创业者需要邀请潜在的使用者、购买者和合作伙伴提供反馈并以此来测试之前的假设，这些反馈应涉及各个方面的假设，包括产品功能、定价、分销渠道以及可行的客户获取战略。新创企业要快速生产出最简可行产品，并立即获取客户的反馈，然后根据消费者的反馈对假设进行改进。不断重复这个循环，对重新设计的产品进行测试，并进一步做出迭代，或者对行不通的想法进行转向。

◆创业者在产品开发上应该通过快速迭代和渐进的方式，预先避开无关紧要的功能，避免浪费资源和时间。

2. 创业思维

创业具有高度的不确定性，创业者需要凭借创业思维来规划自己的行动。创业思维是指创业者利用不确定的环境来创造商机的思考方式。同时，创业思维也是创业逻辑在具体事物上的体现，效果逻辑和精益创业逻辑衍生出的创业思维主要包括以下6方面的内容。

◆**从拥有的资源出发**：创业活动并非起始于预先设定的目标，而是起始于创业者对自身拥有的资源和可用手段的分析，创业者应该运用各种已有手段或手头资源来创造新企业，而不是在既定目标下寻找新手段。

◆**从自己能做的事情做起**：创业应该从自己能做的事情做起，采取小步快走的方式来开展创业活动，而不能设想着一步到位。从自己能做的事情做起，以循序渐进的方式行动能够提高成功的概率，并且显著降低失败所带来的损失，这就使创业者可以有更多的机会进行尝试。

◆**拥抱不确定性**：创业者需要以积极的心态，主动接纳和巧妙利用各种意外事件和偶发事件。在创业过程中，行动很可能不会得到期望的结果，这样的不确定性无法避免，创业者需要理性看待这些情况并尝试从中发现新的机会。

◆**建立广泛的合作：**创业者应该寻找那些愿意为创业项目实际投入资源的人，建立广泛的合作并缔结创业联盟，建立一个利益相关者网络。这个网络的构成决定了创业目标，而随着网络的扩大，创业目标也会不断发生变化。

◆**根据可承受损失采取行动：**创业者应该根据自己可以承受的损失以及愿意承担的损失额度来投入相应的资源，而非根据创业项目的预期回报。这是因为预期收益具有不确定性，而失败造成的损失上限则是确定的，根据预期回报来投入资源的行为如同赌博。

◆**以激情为动力：**创业过程中难免遭遇失败和挫折，再加上环境的不确定性，创业者难以看到光明的未来。在创业的低谷期，创业者需要保持激情，激情有助于驱动创业者的创造力，有助于驱散创业者对不确定性的焦虑，最终帮助创业者渡过低谷期。

以上是根据效果逻辑和精益创业逻辑衍生出的创业思维，这是一种行动导向的方法，体现了实用主义的哲学思想，对创业者具有重要指导作用。当然，创业者应该树立什么样的思维方式这一问题的答案并不唯一，创业者还需要在创业实践中进行具体的思考。

2.2 组建创业团队

在创业的历史中，我们也可以发现，许多成功的创业者并非单打独斗，而是“一个好汉三个帮”式地带领着一支优秀的团队在商海中拼搏。那么创业团队是什么？创业者为什么要选择以这样的形式进行创业活动呢？

2.2.1 认识创业团队

一旦选择创业，就要面对生产、管理、销售等大量的工作以及频繁波动的市场环境、错综复杂的人际交往、复杂的财务往来。而单个创业者自身的能力、精力都很有限，所以难以独自处理所有问题。因此，为了更好地开展创业活动，创业者就需要寻找优秀的合作者，组建创业团队共同创业。

1. 创业团队的概念

创业活动是创业主体通过对资源进行优化整合，从而创造出更大价值的过程。而创业团队是指为了进行创业活动而形成的集体。狭义上的创业团队是指具有共同目的、共享创业收益、共担创业风险的一群经营新成立的营利性组织的人；而广义的创业团队在此之上还包括与创业过程有关的各种利益相关者，如风险投资人、供应商和智库等。

创业团队中的成员才能互补、责任共担，各自在创业活动中扮演不同的角色，并最终提供一种新的产品或服务，为社会提供新的价值。

2. 创业团队的特征

创业团队不是一个松散的群体，也不同于大学生之前经历过的实践团队、社群团队和课程团队等，其具有鲜明的特征。一个完整的创业团队需要具备以下5项特征。

- ◆**有共同的价值观**：共同的价值观是创业团队成立和存在的基石，对创业团队具有导向、凝聚、约束和激励作用。如果团队成员有共同的价值观，那么在创业初期，团队成员就会团结一致，齐心协力向创业目标迈进。
- ◆**有共同的目标**：创业团队需要有一个共同的既定目标，为团队成员指引方向。在创业初期，目标常体现为创业企业的愿景、战略等形式。
- ◆**有能干的团队成员**：团队成员是创业团队成功的关键因素，只有适合创业、能力较强的成员加入创业团队，并使成员充分发挥自己的能力，创业企业才能稳健经营。
- ◆**有明确的定位**：创业团队的定位有两层含义，一方面指创业团队在创业企业中所处的位置、创业团队对谁负责等；另一方面指个体成员在创业团队中所扮演的角色等。只有拥有明确的定位，创业团队才能够发挥应有的力量。
- ◆**有合理的计划**：计划是创业团队的行进指南，能够保证创业活动有序开展。只有团队成员按照计划执行，才能够不断接近并达成创业目标。

3．创业团队的作用

相较于个人单独创业，组建创业团队进行创业具有无可比拟的优势，创业团队的作用主要包括优势互补、风险共担、辅助决策以及增强竞争力。

- ◆**优势互补**：个人的能力是有局限的，一个人无法兼顾所有事情。只有找到可以取长补短、彼此协助的人，才能够更容易达成目标。通过优势互补建立起来的创业团队，能够充分发挥每个人的特点，将个体能力运用到极致，最终达到整体效益大于个人效益之和的效果。
- ◆**风险共担**：创业团队是一个整体，具有一荣俱荣、一损俱损的特点。团队成员共同对企业运营过程中可能出现的问题负责，当资金不足时，团队成员可以平均分担；当技术出现问题时，可以共同协商解决。每个人分工合作又互相关怀、帮助，使企业维持正常运转。这种共同努力、奋斗的精神，减轻了个人创业的压力，分散了创业的风险。
- ◆**辅助决策**：所谓“一人计短，二人计长”，创业者自身的认识和判断总是有缺陷的，需要具有判断能力和识别能力的合作伙伴来提出建议，而这些建议对决策具有参考价值，能帮助创业者做出正确的决定。
- ◆**增强竞争力**：个人的力量往往比不上团队，企业发展到最后，比拼的不再是创业者个人的能力，而是创业企业的人才储备、合作伙伴和资源。创业团队中拥有越多的人才，越能够构建一个团结向上、乐观进取的氛围，使企业在激烈的竞争中始终处于有利的地位。

4．创业团队的类型

创业团队是一个集体，其各个成员的话语权及成员之间的关系各不相同，据此可以将创业团队分为“核心型”创业团队、“圆桌型”创业团队和“虚拟核心型”创业团队。

（1）“核心型”创业团队

“核心型”创业团队又被称为星状创业团队，在“核心型”创业团队中，一般由一个核心人物充当领袖的角色。通常情况下，“核心型”创业团队一般是核心人物先有了创业的想法，然后自行组建了创业团队。“核心型”创业团队具有以下4个显著的特点。

◆组织结构紧密，向心力强，核心人物对团队中的其他成员影响巨大。

◆决策程序相对简单，组织效率较高。

◆容易形成权力过分集中的局面，出现“一言堂”，从而增加决策失误的风险。

◆当组织内发生冲突时，核心人物的特殊权威往往使其他团队成员在冲突发生时处于被动地位；在冲突较为严重时，其他成员无法抗衡核心人物，一般会选择离开团队。

（2）“圆桌型”创业团队

“圆桌”一词来源于英国传说，相传在5世纪，英国国王亚瑟在与他的骑士们共商国是时，大家围坐在一张圆形的桌子周围，骑士和君主之间不排位次。后来“圆桌”被用以代指平等的成员关系。

“圆桌型”创业团队亦称网状创业团队，其成员通常在创业之前就有密切的关系，如同学、亲友、同事、朋友等。一般是各个成员在交往过程中，就创业达成了共识以后，才开始进行创业。在团队初创时，没有明确的核心人物，各成员根据各自的特点进行自发的组织角色定位。这种团队有以下4个明显的特点。

◆团队没有明显的核心人物，整体组织结构较为松散。

◆一般采用集体决策的方式，通过团队成员的沟通和讨论达成一致意见，决策效率相对较低。

◆由于团队成员在团队中的地位相似，因此容易在组织中形成多头领导的局面。

◆当团队成员之间发生冲突时，一般采取平等协商、积极解决的态度消除冲突，团队成员不会轻易离开。但是一旦团队成员间的冲突升级，某些成员撤出团队，就容易导致整个团队的涣散。

（3）“虚拟核心型”创业团队

“虚拟核心型”创业团队又称虚拟星状创业团队，由“圆桌型”创业团队转化而来，是前两种创业团队类型的中间形态。在“虚拟核心型”创业团队中，由团队成员协商确定一名核心成员，核心成员是整个团队的代言人，但并非主导型人物，其在团队中的行为必须充分考虑其他团队成员的意见，权威性低于“核心型”创业团队中的核心人物。

2.2.2 组建创业团队的原则与程序

建立一个优秀的创业团队无疑是创业者的梦想。但并非所有人都乐意作为创业团队成员，也不是所有创业团队都能发挥正面的价值。要想组建起一支自己中意的创业团队，创业者应该了解组建创业团队的原则与程序。

1. 组建创业团队的原则

创业团队的素质高低是决定创业企业能否成功的重要因素，创业者应对组建创业团队的工作高度重视。按照以下原则开展创业团队的组建工作可以使团队构成相对合理，切实地发挥团队的正向作用。

- **目标明确合理原则：**创业目标必须明确、合理、切实可行，这样才能使团队成员清楚地认识到共同的奋斗方向，才能真正达到激励的作用。
- **能力互补原则：**组建创业团队的目的在于弥补创业目标与自身能力之间的差距。只有当团队成员相互间在知识、技能、经验等方面实现互补时，才有可能通过相互协作发挥出协同效应，因此，团队成员之间要做到诚实守信、志同道合、取长补短、分工协作、权责明确。
- **精简高效原则：**创业初期往往资金与资源有限，不足以支撑起一个庞大的专业团队，创业团队应该保持“麻雀虽小，五脏俱全”的模式，在人员构成可以保证企业高效运作的前提下尽量精简。
- **动态开放原则：**创业是一个充满了不确定性的过程，团队中有成员可能由于能力、观念等方面的原因离开，同时也会有新成员加入。在组建创业团队时，创业者应注意保持团队的动态性和开放性，使真正适合的成员留在创业团队中。

阅读

强强联合的小米团队

北京小米科技有限责任公司（以下简称小米）是我国智能手机行业的知名企业，该公司拥有一支非常优秀的创业团队，只用了短短几年时间就在手机领域开创了一片天地。

小米的董事长兼首席执行官是雷军，雷军同时是国内老牌软件公司——金山软件股份有限公司的董事长，并且他还是一位业界知名的投资者。创业做手机时，雷军毫无疑问是小米团队的核心人物，但围绕在他身边的团队成员也都大有来头。

小米团队成员都是各个专业的佼佼者，小米公司总裁林斌之前在知名互联网公司工作，是互联网行业专家；副总裁周光平是前摩托罗拉北京研发中心的高级总监，对手机具有丰富的行业经验；副总裁刘德则是北京科技大学工业设计系主任，具有国内一流的设计水平。团队内还有些成员曾经是知名互联网企业的开发总监、产品经理等。这些高水平的团队成员具有过硬的专业能力和在各个领域内广泛的社会关系，与雷军正是强强联合，他们共同组成了一支优秀的创业团队。

小米在初创时，就提出了成为世界500强公司的期望，并明确了“让手机取代计算机”的愿景。各个团队成员都被这样的愿景所打动，凝聚一心，共同奋斗。同时小米团队成员之间没有严格的等级界限，他们构造了一种轻松的伙伴式的工作氛围，可以自由地交换意见，传递信息，共同解决问题，这使团队的运作非常高效，从而能够对市场做出及时且有效的反应。

在如此优秀的创业团队的带领下，小米很快适应了新的行业和新的市场需求，取得了惊人的增长，在智能手机领域占据了一席之地。

启示：小米创业团队目标明确、优势互补，团队成员分工明确，在轻松的工作氛围中各自发挥才华，最终帮助团队取得了成功。

2．组建创业团队的程序

在不同的现实条件、不同的创业模式下，组建创业团队的程序并不相同，但是概括来讲，组建创业团队的程序应该包括以下6个步骤。

- **明确创业目标：**创业目标是创业者希望通过创业活动达成的预期结果，只有拥有了一个明确的、鼓舞人心的创业目标，使各成员对于未来拥有共同的愿景，创业团队才会向着共同目标努力奋斗。
- **制订创业计划：**创业计划是向创业目标迈进的蓝图，是对创业活动构想的全面说明，一份周密的创业计划需要确定在创业不同阶段中应完成的任务，并通过逐步实现阶段性目标最终实现创业总目标。
- **充实团队成员：**充实团队成员是组建创业团队的核心步骤，在寻找团队成员时，首先需要确保志同道合、目标一致，共同的目标和经营理念可以将团队成员凝聚在一起。同时，还要考察团队成员的性格、技能、知识能力，选择有互补性特点的成员，这样有助于加强团队成员间的合作。此时创业者一定要注意控制团队规模，团队规模对团队运作有非常重要的影响，规模过小无法发挥团队的功能和优势，规模过大则会导致团队交流障碍甚至团队分化，影响团队的工作效率。
- **团队职权划分：**合理的职权划分是创业团队共同执行创业计划的前提，需要具体确定每个团队成员所担负的职责和享有的权限。团队成员之间职权的划分必须明确，既要避免重叠和交叉，又要避免遗漏。
- **构建创业团队制度体系：**创业团队制度体系体现了创业团队对成员的控制和激励，可以分为约束制度和激励制度两类。约束制度主要包括纪律条例、组织条例、财务条例、保密条例等，其作用是约束团队成员行为，保证团队的秩序稳定；激励制度主要包括利益分配方案、奖惩制度、考核标准、激励措施等，其作用是充分调动团队成员的积极性，最大限度发挥团队成员的作用。
- **团队整合：**强大的创业团队并非一开始就能建立起来，很多时候创业团队是在企业创立一段时间之后才逐步形成的。随着团队的运作，创业团队在人员安排、制度设计、职权划分等方面的不合理之处会逐渐暴露出来，这时就需要对创业团队进行整合。

2.2.3 组建创业团队应避免的误区

一支优秀的创业团队能够提高创业活动的成功率，但创业团队本身也会出现各种问题，可能反而会阻碍创业活动的进行。创业者在组建创业团队时需要有意识地避免一些常见误区。

◆**排斥竞争**：有些创业者认为竞争是负面的，团队内部不能有竞争。这种观点是错误的。在团队内部引入竞争机制，不仅可以在团队内部形成“学”“赶”“超”的积极氛围，推动每个成员不断自我提高，保持团队的活力，而且可以通过竞争筛选，发现更能适应某项工作的人才，保留最好的，剔除最弱的，从而实现团队结构的最优配置，激发出团队的最大潜能。

◆**兄弟主义**：不少创业团队在组建过程中，过于追求团队的人情味，认为“团队之内皆兄弟”，而严明的团队纪律是有碍团结的。这就导致了管理制度的不完善，或出现虽有制度但执行不力的情况。实际上，严明的纪律不仅可以维护团队整体利益，在保护团队成员利益方面也有积极的意义。

◆**宣扬牺牲**：很多创业者认为，培育团队精神就是要求团队的每个成员都要牺牲小我，换取大我，放弃个性，否则就违背了团队精神，是个人主义在作祟。其实，团队精神的实质不是要团队成员牺牲自我，而是要充分利用和发挥团队每个成员的个体优势去做好这项工作。一味地鼓励牺牲可能会导致团队的分化或者疏离。

◆**依赖思想**：每个人都有惰性，在单独一个人的时候或许还能克制自己，但是在团队中就容易滋生依赖思想，在工作中滥竽充数，影响工作效率。而且这种浑水摸鱼的思想具有传染性，很容易扩散开，导致成员互相推诿。

◆**成员同质化**：很多创业者会以同一个标准来寻找团队成员，导致团队成员在性格、处事方式等方面相同或相近，这样的成员看待问题的切入点和角度相似，往往无法发挥团队成员的互补作用，出现了问题也没有人能够发现并弥补。

2.2.4 选择团队成员

创业团队由各个成员组成，团队成员的能力和素质决定了创业团队在创业活动中的实际表现。因此，组建创业团队的核心任务就是选择合适的成员。创业者应该着力去发掘、选择符合团队要求的人才，并将其吸纳进团队。

1. 团队成员的角色

创业团队需要哪些人才？各个成员如何有机结合才能形成一个集体？这样的问题困扰着每一个创业者。梅雷迪思·贝尔宾（Meredith Belbin）博士和同事们经过多年在澳大利亚和英国的研究与实践，提出了贝尔宾团队角色理论。该理论的核心要义是“没有完美的个人，但有完美的团队”，认为利用个人的行为优势创造一个和谐的团队，可以极大地提升团队和个人绩效。

贝尔宾团队角色理论认为一支结构合理的团队应该由9种不同的角色组成，如图2-2所示，而这9种角色又可分为3个不同的导向，分别为行动导向型角色、人际导向型角色和谋略导向型角色，下面分别介绍。

图 2-2　贝尔宾团队角色理论中的 9 种团队角色

（1）行动导向型角色

鞭策者（Shaper）、执行者（Implementer）和完成者（Completer Finisher）属于行动导向型角色，主要负责执行团队任务活动。

- ◆**鞭策者**：鞭策者是充满干劲、精力充沛、渴望成就的人，通常表现为有进取心、性格外向、拥有强大驱动力，在行动中遇到困难的时候，他们会积极找出解决办法。但是鞭策者容易出现好争辩、不善交际的缺点。
- ◆**执行者**：执行者具有强烈的自我控制力及纪律意识，偏好努力工作，并系统化地解决问题，往往将自身利益与团队紧密相连，从而较少体现个人诉求。执行者可能因缺乏主动而显得呆板。
- ◆**完成者**：完成者通常会坚持不懈地追求细节的完美，他们勤恳尽责，希望将事情做到最好，因而无法容忍那些态度随意的人。

（2）人际导向型角色

外交家（Resource Investigator）、协调者（Co-ordinator）和凝聚者（Teamworker）属于人际导向型角色，主要负责协调团队内外部人际关系。

- ◆**外交家**：外交家沟通能力强，善于和人打交道，能够挖掘新的机遇、发展人际关系，从而发掘那些可以获得并利用的资源。外交家为人随和，好奇心强，但是他们的热情往往不能长久保持。
- ◆**协调者**：协调者成熟、值得信赖并且自信，能够凝聚团队的力量向共同的目标努力。协调者拥有快速发觉对方长处的能力，能够将人安排到合适的位置，从而更好地达成团队目标。
- ◆**凝聚者**：凝聚者性格温和、观察力强，善于交际并关心他人，能够适应不同环境和人。凝聚者是团队中的最佳倾听者，既是团队中最受欢迎的人，也是给予其他成员最大支持的成员。

（3）谋略导向型角色

智多星（Plant）、专业师（Specialist）和审议员（Monitor Evaluator）属于谋略导向型角

色，负责发掘创意以及提供专业意见。

- ◆**智多星：**智多星拥有极强的创造力，是团队中的创新者和发明者，为团队的发展和完善出谋划策。智多星运用自己的想象力完成任务，其想法可能会很激进，甚至会忽略这些想法的可行性。
- ◆**专业师：**专业师是专注于某一领域的研究者，他们会专注于专业领域，不断提升自己的专业技能和拓展专业知识。然而由于将绝大部分注意力集中在自己的专业领域，专业师往往对其他领域没有足够的认识。
- ◆**审议员：**审议员非常具有批判性思维，往往态度严肃、谨慎理智，对言语和装饰具有高度免疫力，执着于客观规律和事实。审议员倾向于考虑周全之后做出明智的决定，是团队的“保险丝”。但是其通常看待问题较为消极，不能忍受风险。

以上9种角色共同组成一支优秀的创业团队，当各角色成员发挥自己的专长时，团队也就能够顺利地运转起来。但是值得注意的是，并非每一种角色的人数在团队中都要一致，也不是同一团队成员只能担任一种角色，同一个人也能够通过学习和成长变换自己的角色。事实上，一些团队成员可以肩负两种甚至更多种角色，而有的角色也需要多人来共同担当。

2. 选择团队成员需要注意的问题

在选择创业团队成员的过程中，大学生创业者应该注意以下问题。

- ◆**团队成员加入的目的：**根据马斯洛的需要层次理论，人的需要可以分为生理需要、安全需要、社交需要、尊重需要和自我实现的需要。团队成员基于哪个层次的需要而加入团队，其在团队中的行为也必然符合该层次需要的特征。创业者选择成员时需要因人而异，如不能够要求出于生理需要加入团队的成员放弃当前的切实收益而去考虑团队的长久发展。
- ◆**团队成员的角色结构：**根据贝尔宾团队角色理论，团队中需要拥有各种角色的成员，创业者一定要注意团队角色结构的主体性，如纯粹的技术人员组成的公司容易形成技术为王、产品为导向的情况，从而使产品的研发与市场脱节，不利于企业发展。不同角色的缺失会对团队的运转和企业的经营造成不同的影响。
- ◆**团队成员的性格、个性、兴趣：**创业者在选择团队成员的时候需要关注其性格、个性和兴趣。这些要素能够影响团队的稳定与和谐，同时也会对该成员今后的发展方向和发展潜力产生影响。如果想要成员长久地停留在团队中，就需要对其性格、个性和兴趣等进行充分了解。
- ◆**团队成员的价值观念：**在创业团队中，成员的价值观念和道德品质决定了今后的企业文化，甚至可以说企业文化的最初源头就是创业团队原始成员的价值观念和道德品质。一个人的价值观念往往比较稳定，因此，在组建创业团队之前，创业者需要深入了解成员的价值观念，判断其能否顺利融入团队并发挥自己的作用。

课堂讨论

招聘难题

在某大学的商学院，有一个由4名大学生组成的创业团队，团队核心人物为魏江。魏江带领这个团队成立了一家公司，将公司定位为考证培训服务类企业。由于缺乏经验，他们只能进行一些英语四六级方面的培训。为了改善师资力量匮乏的局面，魏江打算再找一些有能力、想创业的同学加入他们的团队。

应聘的同学不少，有两位应聘者引起了魏江的注意。其中一位应聘者取得了雅思考试高分，专业能力突出，但是她性格腼腆，与人交流都不敢对视，魏江觉得她不具备课堂掌控力。另一位应聘者口若悬河，交际能力很突出，同时口语能力较强，但是魏江发现其英语不太注重语法，多使用口语，这样的英语适合日常交流但不适合笔试。

试讨论魏江应不应该招聘这两位应聘者。如果招聘，那么应该怎样弥补其缺点呢？

活动说明：提出自己的观点，如“这两位应聘者不适合站上讲台，不应该招聘”“这两人都具有核心优势，其劣势可以弥补”等，并进行论证。

活动人数：分小组进行讨论，6~8人为一组，共4个小组。

讨论方式：每个小组选择提出一个观点；各小组内部讨论后，推选出一位代表发表全组的观点；4个小组分别就本小组的观点进行发言，发言完毕后各小组可对其他小组的观点进行有针对性的辩论。

课后思考

1．创业者的心理特征不包括（　　）。

A．敢于突破　B．自信　C．坚定执着　D．心态开放

2．下列关于创业精神的表述不恰当的是（　　）。

A．创业精神的本质是创新精神和主动精神

B．大学生创业者可通过模仿、历练、实践和培训这4种途径来培养自己的创业精神

C．创业精神是创业者开展创业活动的心理基础，是创业者在创业过程中所表现出的主观思想

D．创业精神单指一种固定的精神

参考答案

3．下列关于创业团队的表述正确的是（　　）。

A．创业团队是指具有共同目的、共享创业收益、共担创业风险的一群经营新成立的营利性组织的人

B．创业团队包括“核心型”创业团队、“圆桌型”创业团队和“虚拟核心型”创业团队3种类型

C．一个完整的创业团队需要具备共同的价值观、明确的定位和尽量多的能干成员

D．创业团队的作用有优势互补、风险共担和辅助决策

4．结合贝尔宾团队角色理论的相关知识，完成表2-1的填写。

表2-1　团队角色剖析

角色	具备的素质	可能的缺点
鞭策者		
执行者		
完成者		
外交家		
协调者		
凝聚者		
智多星		
专业师		
审议员		

5．阅读下面的材料，分析李小双和黄波创业成功的原因。假如你想创业，你会选择什么样的成员来组成创业团队?

李小双和黄波在大学毕业后合伙创办了一家园林绿化公司。李小双在大学所学专业是园林绿化，公司成立后，他负责园林景观设计工作。而黄波则负责日常管理，虽然他没有行政管理专业知识背景，但他在大学社团活动中表现出的管理能力让李小双很钦佩。就这样，两个人分工合作，开始为这家公司的发展共同努力。

经过两年的努力，李小双带领设计团队为多家房地产开发公司、园林设计院等单位成功设计了不同风格和样式的景观，得到了客户的认可。而黄波也在实践中不断学习，逐渐提升自己的管理能力，虽然他不苟言笑，但却能够以独到的管理方式把公司管理得井井有条。经过两人的不懈努力，现在他们的公司年收入已经超过100万元。但他们并未就此停止前进，年收入突破1 000万元成了他们的新目标。

第3章

创业机会与创业风险

古往今来，成功的创业者总是少数，创业本就是充满不确定性的冒险活动，而识别出有潜力、有价值的创业机会是第一步。创业者需要找到一个机会并且利用这个机会建立自己的事业，这个过程中的每一步都伴随着风险，创业活动需要不断在收益与风险中进行平衡和抉择，创业机会、创业风险与创业活动息息相关，创业者应该了解相关知识。

3.1 抓住创业机会

谁能够敏锐地察觉到创业机会，并将项目变现，谁就能在行业内拔得头筹。寻找和识别创业机会是创业者必须具备的能力，一个好的创业机会是创业成功的基石，可以帮助创业者一步一步实现自己的创业计划，建立创业企业。

3.1.1 创业机会概述

每一次成功的创业活动都是一个或多个创业机会的具体实现。很多创业者在创业之前便绞尽脑汁地思考自己创业应该做什么、从事什么行业、提供什么产品或服务，其实这就是在寻找创业机会。下面就具体介绍创业机会的概念、特征和来源。

1．创业机会的概念

目前学界主要从机会的产出以及机会的来源角度来界定创业机会这一概念。从机会的产出角度，英国雷丁大学经济学教授马克·卡森（Mark Casson）指出创业机会是“在新的生产方式、新的产出或新的生产方式与产出之间的关系形成过程中，引进新的产品、服务、原材料和组织方式，得到比生产成本更高价值的情形”。奥地利经济学派的伊斯雷尔·柯兹纳（Israel Kirzner）则指出“（机会的最初状态是）未精确定义的市场需求或未得到充分利用的资源和能力”。从机会的来源角度，埃克哈特（Eckhardt）和尚恩（Shane）将创业机会定义为一种情境，指社会经济、政治、技术等环境发生了变化，使新的产品、服务、新原材料和组织方式能够以创新的方式重新整合。

站在创业者个体的角度，所谓创业机会，就是指创业者能够通过投入和组织资源来获取价值的有利情况。创业的过程可以视作创业者识别创业机会，然后按照创业机会来匹配相应的资源，实现创业机会并最终获取收益的过程。

2．创业机会的特征

很多创业者将创业机会简单地理解为能够赚钱的想法和点子，这固然是创业机会的核心，但是仍然只反映了创业机会的一个方面，真正具有潜力的创业机会，通常具有以下4个特征。

- **隐蔽性：**创业机会具有隐蔽性，机会出现在每个人面前但不会被大众所认识，而隐蔽性也正是其价值所在，如果一个非常优秀的创业机会被大众所普遍认识，那么其潜在的利润空间也会被压缩得很低，其价值就被削弱了。
- **偶然性：**虽然创业机会的出现是市场、需求、技术等因素联系的必然产物，并且普遍存在于生活中，但是对创业者而言，发现创业机会往往不是刻意追寻的结果，而是偶然的灵光一现。
- **时限性：**创业机会不是一个常态的、确切的存在，而是随时在变化，随着市场、技术、需求等因素的变化，会不断产生新的创业机会、湮灭旧的创业机会。只有在时限内抓住创业机会才能产生效益。

◆**可开发性：**创业机会的价值不是立即可变现的，而需要创业者通过创业活动来开发，如果不具备可开发性，那么再大价值的创业机会也不过只是一条商业信息罢了。创业机会的开发需要许多条件，如创业者所面对的创业环境和其所能整合的资源。同时，创业机会也并非一成不变，而是需要依赖创业者的开发而不断产出新的潜在价值。

3．创业机会的来源

创业机会具有很强的不确定性，很多创业者都希望有一种方法能够帮助其快速发现创业机会。其实虽然一些学派将创业机会描述为独立于创业者主观意识外的孤立事物，但创业机会更像是创业者主观因素与客观环境因素相结合的产物，而这些客观环境因素即是创业机会的来源，主要包括以下4种。

◆**潮流趋势：**潮流趋势反映了消费者的需求，是最常见的创业机会来源，很多企业就是依靠紧跟潮流，满足消费者需要而创业成功的，如计算机浪潮下的IBM、国内电子商务浪潮下的阿里巴巴等。

◆**创新改良：**创新是创业之本，通过提供新产品、新服务，或针对现有的产品与服务，重新设计改良，可以满足甚至创造消费者的需求，获取价值。

◆**个人实践：**在实践中可以得到更直观、更深入的认识，从而有助于创业者发现隐蔽的、被人所忽视的需求或者改进的空间，这些都是有利可图的创业机会。

◆**研究：**研究对于创业机会的产生具有重要意义，一方面，科学研究能够创造新技术、新材料、新能源等，有巨大的价值；另一方面，对现有事物进行系统的研究和分析，也可以发现新的创业机会。

阅读

松元的终点站旅馆

21岁的松元是一名在日本东京市区上班的普通职员，但由于无力负担市区的高昂房租，他只能住在距公司80多千米的郊区。他也没有轿车，于是只能每天长时间乘坐地铁或公交车往返于两地。

由于日本特殊的职场文化，松元跟几乎所有的日本上班族一样，每天下班后都会约上几个同事，去单位附近的酒吧喝上几杯，然后带着几分微微的醉意，赶末班地铁或公交车回家。

由于回到住处的车程长达1个多小时，碰到意外情况时时间更长，松元又带着些酒意，所以常常会在车上不知不觉就睡着，等醒来后才发现自己早已错过了目的地，车子已经到了终点站。

每次下车后，松元都非常懊恼，因为此时已没有任何返程车了，要想回到住处，唯一的办法只能是打出租车。但问题是，在日本打出租车非常贵，东京的出租车起步价为660日元，两千米后就按每274米增加80日元计费，过了晚上11点，所有的出租车费还会上浮30%，松元曾咬牙发狠坐过几次出租车回住处，每次坐出租车要花费数千日元，根本吃不消。

由于怕坐过站，每次在末班车上，松元都极力让自己保持清醒，不敢轻易睡着，这让他感到非常痛苦。后来，松元发现具有同样遭遇和处境的人，远不止他一个，很多家离办公室较远的上班族都有同样的苦恼。

一次，松元在坐车时突然想，如果自己能在地铁和公交车的终点站附近盖一些旅馆，让那些坐过站的上班族能有一个地方住，问题不就解决了吗?

说干就干，于是松元开始找合伙人，然后贷款购买了地皮，由于地铁和公交车的终点站都很偏远，荒凉得很，因此它们附近的地价非常便宜，建旅馆的费用就比在东京便宜很多，日常运营上的开销也很低。可松元的旅馆每晚的收费却不低，跟东京市区的差不多，但即便如此，依然有很多人前来住宿，因为跟吓人的出租车费用相比，旅馆住宿的费用相对比较划算。现在松元已经开了近70家“终点站旅馆”，年收入高达420万美元，松元也从一个昔日连车都买不起的人，摇身变成了一个富翁。

启示：机会无处不在，缺少的只是能发现机会的眼睛，松元根据自己的亲身体验，找准了人们的需要，并且创造性地解决了人们的困扰，这让他成功收获了大笔财富。所以想要成功创业的人，一定要有一双善于观察的眼睛，能发现并抓住商机。

3.1.2 识别创业机会

创业机会客观存在于生活之中，而且取之不竭，所以理论上每个人都有可能发现并把握创业机会，并产出巨大价值。但是事实上，能够发现并开发创业机会的人凤毛麟角，如何识别出转瞬即逝的创业机会成了每个创业者都需要考虑的问题。

1. 在变化中寻找机会

现代管理学之父彼得·德鲁克将创业者定义为能“寻找变化，并积极反应，把它当作机会充分利用起来的人”，充分肯定了变化对于创业者的重要性。创业机会是多种因素变化联系的产物，会随着环境变化而变化，在变化中寻找创业机会是一种有效的手段。

蕴含创业机会的变化主要包括以下4种。

- **市场环境变化：**市场环境直接影响着所有企业的经营，生产材料、人工、交通等因素都会引起市场环境的变化，这其中很可能蕴藏着新的创业机会。
- **社会经济变化：**社会经济的发展或倒退会带来需求以及潜在需求的变化，如社会经济发展，人们的收入提高，人们对于产品的品牌、外观等属性要求就会提高；反之，人们则会关注产品的价格和耐用性等属性。
- **人口结构变化：**个人的需求是多样的、变化的，但是一个固定人群的需求是相对稳定的，如我国人口老龄化加剧，则养老、养生、疗养等方面的需求就会旺盛。
- **生活观念变化：**生活观念引导人们的行为，满足消费者生活观念的产品和服务能够得到消费者认可，如随着人们对食品健康的重视，拥有有机、无公害、无添加等标签的产品迅速占据了市场。

除了以上的变化，诸如产业结构的变化、个性化服务的追求、科技通信的进步、政策的出台等变化都能够产出新的创业机会，每一次创业热潮都或多或少地依赖于变化带来的契机。

2．寻找消费者需求

从消费者身上寻找创业机会是一个极为有效的方法，创业者销售的产品或服务，最终面对的是消费者。分析调研消费者的需求，可从中识别出创业机会。

想要从消费者身上识别创业机会，需要观察消费者的生活和工作轨迹。由于每个人的需求不同，创业者应将消费者分类，从消费者分类群体中研究各类人群的需求特点，如父母注重子女的教育，儿女则担心父母的健康。值得注意的是，如果创业者能够发掘出消费者隐藏的需求并率先提供能够满足其需求的产品或服务，往往能够开辟竞争小而单位利润较高的新兴市场，取得较大的收益。

3．发现并解决问题

问题是令人们“烦恼的事”“困扰的事”，也是市场的痛点。如果创业者能着眼于人们的苦恼、困扰，有效提供人们迫切希望解决的问题的解决办法，实际上就是找到了创业机会。如外卖平台的出现解决了消费者无法便捷地获得食物的问题，快递解决了人们无法快速而便捷地传递物品的问题，因而都获得了消费者的认可，提供了大量的创业机会。

阅读

牛仔裤传奇

牛仔裤的发明人是李维·斯特劳斯（Levi Strauss），他创立了享誉全球的品牌“Levi’s”（李维斯）。该品牌演绎了100多年的“牛仔裤”神话，至今仍深受人们欢迎。

1850年，“淘金热”十分盛行。淘金的美梦很多人都在做，20多岁的李维·斯特劳斯也想去碰碰运气。于是，他凑足路费，也来到旧金山淘金。

当李维·斯特劳斯来到旧金山后，才发现曾经荒凉的旧金山现在到处都是淘金的人群和帐篷，这么多的人蜗居在一个个帐篷里，能实现发财梦吗？他陷入深深的思考之中。

李维·斯特劳斯为人机灵，他发现淘金者离市中心很远，买东西十分不方便，于是灵机一动，开了一家日用品小店。不出他所料，这家小店的生意很不错，来光顾的人络绎不绝。很快，他因此发了一笔小财。

有一天，他又乘船外出采购了许多日用百货和一大批搭帐篷、马车篷用的帆布。由于船上旅客很多，那些日用百货没等下船就被人们抢购一空，但帆布却无人问津。

李维·斯特劳斯本来以为帐篷是人们的必需品，所以帆布应该很快就会销售一空，却没想到竟然无人理会，为此他感到十分沮丧。但是一位注视着帆布的淘金者为李维带来了良机。淘金者告诉他，自己不需要再搭一个帐篷，需要的是像帐篷一样坚硬耐磨的裤子，因为淘金的工作很艰苦，衣裤经常要与石头、砂土摩擦，棉布做的裤子不耐穿，几天就磨破了。淘金者的这番话提醒了李维·斯特劳斯。他想：“如果用这些厚厚的帆布做成裤子，肯定又结实又耐磨，说不定会大受欢迎呢，反正这些帆布也卖不出去，何不试一试做裤子呢？”于是，他找来一个裁缝，让他把这些既结实又厚的帆布缝制成各种不同尺码的裤子，向矿工们出售。

1853年，第一条日后被称为“牛仔裤”的帆布工装裤在李维·斯特劳斯手中诞生了，当时它被工人们叫作“李维氏工装裤”。到后来，一传十、十传百，这种本来是专门为矿工设计的劳动裤子，很快在整个旧金山流行开来，人们普遍接受了它。此后，这种裤子便拥有了“牛仔裤”这样一个新名字。

后来，经过对款式、颜色和布料的改进，李维·斯特劳斯设计出了既结实又柔软且样式美观、穿着舒适的牛仔裤，牛仔裤开始流行起来。1871年，李维·斯特劳斯为自己的牛仔裤申请了专利，专门制作销售牛仔裤的“Levi’s”公司从此成立。牛仔裤逐渐成为一种流行文化象征，“Levi’s”这个公司后来也发展成为国际性的大公司，如今世界各地都能看到该公司生产的牛仔裤。

启示：李维·斯特劳斯从广大矿工的实际需要与现实困难出发，创造性地发明了牛仔裤。牛仔裤不仅解决了淘金者的现实需要，更在后来发展成为一种流行时尚，到今天更是变成了人们的经典穿搭品，李维·斯特劳斯也凭借生产、改进牛仔裤成功创业。

3.1.3 评价创业机会

并非所有创业机会都适合大学生创业者，创业机会需要投入资源进行开发，并且需要足够的时间才能完成开发产生价值。在创业初期，大学生创业者所掌握的资源往往既不够多，也不够全面，因此能够把握并利用的创业机会很有限。下面具体介绍评价创业机会的方法。

1. 定性分析法

创业机会评估是指对创业机会的主要内容以及配套条件进行分析和研究，并最终对项目的开展、运行和效益产出情况等做出预测。经济学家、科隆大学教授托马斯·齐默尔（Thomas Zimmer）等学者提出了简单分析创业机会的方法，具体步骤如下。

- **分析产品或服务本身：**判断新产品或服务将怎样为消费者创造价值；判断新产品或服务在应用上的障碍；根据前面的结果判断新产品或服务的市场需求、早期消费者群体以及创造收益的预期时间。
- **分析产品或服务的投放：**分析新产品或服务在目标市场投放的技术风险、财务风险，由此判断新产品或服务进入市场的最佳时机。
- **分析产品和服务的供应：**考虑新产品在制造过程中能否保证足够的生产批量以及产品质量；考虑新服务的提供者能否批量进行培训并保证服务的质量，衡量培养服务提供者的周期与投入。
- **分析初始成本：**估算新产品或服务的初始投资额，判断是否能获取足够的资金与稳定的资金来源。
- **分析其他风险因素：**在更大的范围内考虑风险程度以及如何控制和管理这些风险因素。

上述定性分析法简单易行，但是其方法较为简单，并不能深入解释创业活动所涉及的各具体影响因素，也无法定量诊断评价各要素的具体状态。因此，仅凭定性分析法并不足以全面、科学地评估创业机会。

2．SWOT分析法

SWOT分析法是对自身的优势（Strengths，S）、劣势（Weaknesses，W）以及外在的机会（Opportunities，O）和威胁（Threats，T）进行分析判断的方法。因其兼顾内外因素（S、W为内部因素，O、T为外部因素），所以能够很好地将企业内部资源和外部环境有机结合起来进行分析，其分析方式如图3-1所示。SWOT分析法可以帮助创业者发现企业构思可能存在的优势和机会，以及可能存在的问题和威胁；有助于创业者正确判断创业项目的可行性，以及自己建立的企业是否具备竞争能力和盈利能力等。

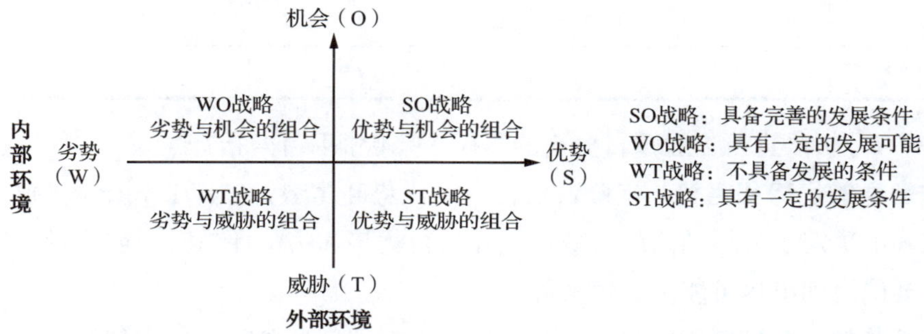

图 3-1　SWOT 分析示意

（1）SWOT分析法的要素

SWOT分析法需要分析优势、劣势、机会和威胁共4个因素，其中优势和劣势是存在于企业内部的可以调整的因素，机会和威胁是存在于企业外部的自己不能加以影响的因素。

- **优势：**优势是指创办企业有利的因素。如企业资金充足、资源丰富、成本比同行更低、员工素质和技术优于同行等。
- **劣势：**劣势是指创办企业不利的因素。如知名度不如竞争对手、自己的阅历没有其他创业者丰富、促销方式不佳、产品类型少等。
- **机会：**机会是指外部环境存在对创办企业有利的因素。如行业政策扶持力度大、周边开通了地铁、周边人流量增大等。
- **威胁：**威胁是指外部环境存在对创办企业构成潜在威胁的因素。如周边有新的企业加入、原材料价格上涨等。

（2）运用SWOT分析法评估创业项目

SWOT分析法可以分为分析企业自身条件与分析外部条件两个部分。利用SWOT分析法可以从内外条件的优劣势中直观地找出对企业有利的因素，以及对企业创办不利的、应避免的因素，从而快速地发现机会与优势的契合点，然后对契合点进行相应的分析，明确企业以后的发展方向。总的来说，SWOT分析法在实际运用中具有明显的科学合理性，因此，可以将分析结果作为企业决策的主要依据。

根据SWOT分析法的分析结论，创业者还可以将问题按轻重缓急分类，明确哪些是急需解决的问题，哪些是可以稍微拖后的事情，哪些属于战略目标上的障碍，哪些属于战术上的问题。将这些需要研究的对象一一列举出来，按照矩阵形式排列，然后用系统分析的方法把各种因素组合起来进行分析，形成表3-1所示的SWOT矩阵分析表。

表 3-1　SWOT 矩阵分析表

存在的优势（S）	存在的劣势（W）	实际的机会（O）	潜在的威胁（T）

运用SWOT分析法进行创业项目分析的程序主要包括以下4个步骤。

- **评估自身的优势和劣势**：正确评估自身的优势和劣势是SWOT分析的基础，其完成度与准确度决定了分析结果的有效性。在进行优势和劣势评估时，创业者一定要尽量全面且准确地列出尽可能多的优劣势。
- **找出面临的机会和威胁**：找出机会和威胁是对外部环境的考量，创业者应该将所有对企业经营有影响的因素都进行考量，并找出有利条件与不利条件。
- **评估创业项目的潜力**：评估创业项目潜力是指分析前面找出的各种条件，并且综合分析哪些劣势可以填补以及各种威胁的应对方法，最后再评估项目的投入、成功率、产出等具体情况，判断其是否可行。
- **根据项目设定工作计划**：在评估创业项目为可行的情况下，创业者就需要考虑如何实现创业项目，包括组织人员、调度资源、寻找投资等，优势越大、机会越多的创业项目越容易取得成功。

3．Timmons创业机会评价体系

杰弗里·蒂蒙斯（Jeffry Timmons）团队提出了蒂蒙斯创业机会评价体系，该评价体系共8大类53项指标，具体内容如表3-2所示。创业者可以利用这个评价体系对创业机会的各个方面做出判断，进而评价创业机会的投资价值。

表 3-2　蒂蒙斯创业机会评价体系

行业与市场	① 市场容易识别，可以带来持续收入
	② 消费者可以接受产品或服务，愿意为此付费
	③ 产品的附加价值高
	④ 产品对市场的影响力高

续表

行业与市场	⑤ 将要开发的产品生命长久
	⑥ 项目所在的行业是新兴行业，竞争不完善
	⑦ 市场规模大，销售潜力达到 1 000 万～ 10 亿元
	⑧ 市场成长率在 30% ～ 50% 甚至更高
	⑨ 现有厂商的生产能力几乎完全饱和
	⑩ 在 5 年内能占据市场的领导地位，市场占有率达到 20% 以上
	⑪ 拥有低成本的供货商，具有成本优势
经济价值	① 达到盈亏平衡点所需要的时间在 2 年以下
	② 盈亏平衡点不会逐渐提高
	③ 投资回报率在 25% 以上
	④ 项目对资金的要求不是很大，能够获得融资
	⑤ 销售额的年增长率高于 15%
	⑥ 有良好的现金流量，能占到销售额的 20% ～ 30% 甚至更高
	⑦ 能获得持久的毛利，毛利率达到 40% 以上
	⑧ 能获得持久的税后利润，税后利润率超过 10%
	⑨ 资产集中程度低
	⑩ 运营资金不多，需求量是逐渐增加的
	⑪ 研究开发工作对资金的要求不高
收获条件	① 项目带来的附加价值具有较高的战略意义
	② 存在现有的或可预料的退出方式
	③ 资本市场环境有利，可以实现资本的流动
竞争优势	① 固定成本和可变成本低
	② 对成本、价格和销售的控制较高
	③ 已经获得或可以获得对专利所有权的保护
	④ 竞争对手尚未觉醒，竞争较弱
	⑤ 拥有专利或具有某种独占性
	⑥ 拥有发展良好的网络关系，容易获得合同
	⑦ 拥有杰出的关键人员和管理团队
管理团队	① 管理团队是优秀管理者的组合
	② 行业和技术经验达到了本行业的最高水平
	③ 管理团队的正直廉洁程度能达到最高水准
	④ 管理团队知道自己缺乏哪方面的知识
致命缺陷	不存在任何致命缺陷

续表

创业者的个人标准	① 个人目标与创业活动相符合
	② 创业者可以做到在有限的风险下实现成功
	③ 创业者能接受薪水减少等损失
	④ 创业者渴望进行创业这种生活方式，而不只是为了赚大钱
	⑤ 创业者可以承受适当的风险
	⑥ 创业者在压力下状态依然良好
理想与现实的战略性差异	① 理想与现实情况相吻合
	② 管理团队已经是最好的
	③ 在客户服务管理方面有很好的服务理念
	④ 所创办的事业顺应时代潮流
	⑤ 所采取的技术具有突破性，不存在许多替代品或竞争对手
	⑥ 具备灵活的适应能力，能快速地进行取舍
	⑦ 始终在寻找新的机会
	⑧ 定价与市场领先者几乎持平
	⑨ 能够获得销售渠道，或已经拥有现成的网络
	⑩ 能够允许失败

3.2 认识创业风险

机会往往和风险相伴而生，只有战胜了风险才能够获得收益。大学生创业者要想成功创业，除了寻找到一个可行的创业机会，还必须对创业过程中的风险有足够的认识。

3.2.1 创业风险概述

创业具备高风险性，创业计划总是很完美，但实际上很多创业者都只能付出创业失败的高额代价。整个创业过程中创业者都需要与风险搏斗，只有扛过了风险的创业者才能获得收益，下面介绍创业风险的相关知识。

1. 风险与创业风险

所谓风险，就是指活动目的与实际结果之间的不确定性，或者说实际结果无法达成活动目的的概率。风险一词历史悠久，根据普遍的说法，该词来源于渔业活动，在长期的捕捞实践中，远古时代的渔民深深地体会到“风”给他们带来的无法预测、无法确定的危险，便在每次出海前都要祈祷风平浪静。“风”等于“危险”就这样存在于古人的思想之中，并由此演化为了“风险”一词。

随着社会的发展与时代的进步，“风险”一词的含义也逐渐变化，被赋予超越了以前的抽象定义。只要一件事情的发生存在两种或两种以上的可能性，那么该事件就存在风险。现代意义上的风险有广义和狭义之分。

- **广义风险：** 风险将产生收益不确定性，即风险产生的结果可能带来损失或无法取得预期获利。
- **狭义风险：** 风险将产生损失不确定性，即风险只表现出损失，没有从风险中获利的可能性。

可见不管是广义风险，还是狭义风险，其核心含义均是“未来结果具有不确定性或可能产生损失”，因此，也有人进一步地将风险定义为“个人和群体在未来遇到伤害或损失的可能性，以及对这种可能性的判断与认知”。如果采取适当的措施使破坏或损失的概率趋近于零，或者采取及时而有效的应对措施，则风险也可能带来机会。

创业风险是风险的一种，是指由于创业环境的不确定性、创业机会与创业企业的复杂性以及创业者、创业团队与创业投资者的能力与实力局限等因素，使创业活动具有偏离预期目标的可能性。

2．创业风险的特征

了解创业风险的特征可以帮助创业者科学认识创业风险，以便更好地应对创业风险。创业风险具有以下特征。

- **客观必然性：** 创业风险是客观存在的，是不以人的主观意志为转移的，是市场波动、经济运转、供需变化等因素作用下产生的必然结果。每一个创业者都要面对创业风险，每一家企业都要面对创业风险。
- **相对性：** 创业风险是绝对会出现的，但是由于时间、空间、对象的差异，不同的企业承担的创业风险也不尽相同，而且随着外部条件的变化，创业风险自身也会随之增强或消解。因此，对单独一个企业来说，创业风险是相对的。
- **不确定性：** 影响创业活动进行以及成功的因素很多，如资金、人力、技术、市场等，而这些因素都在不断变化，所以创业风险也在不断变化。各种不确定的因素都会导致创业风险产生，因此，对单独的企业来讲，创业风险是不确定的，是不可预测的。
- **二元性：** 创业风险是风险与机会的对立统一，呈现出损益一体的特点，在利用机会谋取利益时一定会冒风险，而战胜风险后则会获得收益。商业史上有很多化风险为收益的精彩案例。

3．创业风险产生的原因

在创业者开发创业机会，进行创业活动的过程中，创业风险往往直接来源于企业本身的一些缺口。在创业过程中，常见的缺口有以下5种。

（1）融资缺口

融资缺口是大学生创业者创业过程中最常见的缺口，在创业过程中，融资缺口往往会给新创企业带来一定的风险。

融资缺口带来的风险包括以下3个方面。

◆**资金不足**：资金不足是最显性的风险，启动资金不足将导致项目无法开展，或者创业中途资金链断裂导致项目无法继续，都是非常容易出现的风险。

◆**负债过高**：大学生创业者普遍自身资金积累不多，主要依靠借贷来获得资金开展业务，不仅要背负高额的利息，而且一旦遭遇断供就会导致创业失败。

◆**股权旁落**：部分企业会选择接受投资入股，以股权换取资金，但是这样会导致投资者获得企业的话语权，创业者对企业的控制力减弱，甚至失去在企业的话语权与决策权，企业完全沦为投资方的附庸。

（2）研究缺口

创业者在创业之初往往只有一个主观的想法和判断，而具体创业实践中却需要将想法和判断进行市场验证，这一过程需要大量复杂而且可能耗资大、耗时长的研究工作。如果创业者和新创企业无法负担这样的研究工作，这种研究缺口就会演变成创业风险。

（3）资源缺口

创业过程是将资源转化为价值的过程，缺乏必备的外在或内在资源，创业项目将无从实现。资源缺口一般包括原材料缺口、设备缺口、运输缺口、存储缺口以及人脉缺口、消息缺口等。

（4）管理缺口

创业者天然担负着管理企业的职能，若管理能力缺乏就会导致企业运转不良，造成创业风险。管理缺口的出现主要是由于以下两种情况。

◆创业者是技术方面的专业人才，他们利用某一新技术进行创业，但不一定具备专业的管理才能，从而形成管理缺口。

◆创业者有很多“奇思妙想”的商业点子，但可能不擅长管理具体的事务，从而形成管理缺口。

（5）信息和信任缺口

创业项目的实现通常需要多种角色的参与，如领导项目进行的创业者、负责将产品具体化的技术人员、提供资金并希望获利的投资者等，他们之间可能会有观念和想法的冲突，如果各方不能妥善地协调和沟通，就可能造成创业风险。

◆**创业者**：创业者往往要对创业项目进行长期的、通盘的考量，但也会有一些大胆的、新奇的想法。同时创业者承担着更大的责任和压力，对于创业项目有期待和要求。

◆**技术人员**：技术人员只需考虑技术，不对企业财务问题负责，通常希望能够生产出尽量完美的产品，他们会要求投入很多的资源和时间来使产品更好。而创业者有时会给技术人员安排“不可能的任务”且要求“又快又好”，令技术人员很头疼。

◆**投资者**：投资者的目的非常简单，那就是效益产出，尽量快、尽量多的效益产出。投资者往往执着于降低成本、减少支出、缩短盈利周期，而被其他人认为“杀鸡取卵”“短视”等。

不同的企业存在不同的缺口，这也就导致在面对同样的外部风险时，有些企业会倒闭，有些企业则能够化风险为机遇获得发展。而要控制创业风险的根本办法就是使自己的企业强大，减少这些缺口。

4．创业风险的类型

创业风险的具体表现较为多样化，根据不同的标准，可以将创业风险划分为各种类型，创业者应该对各种创业风险进行有针对性的把握。

（1）按风险来源划分创业风险

创业风险最显著的差别就是主客观的差别。按风险来源的主客观性划分，可将创业风险划分为主观创业风险和客观创业风险两个类别。

- **主观创业风险：**主观创业风险是指在创业阶段，由于创业者的身体与心理素质等主观方面的因素导致创业失败的可能性。
- **客观创业风险：**客观创业风险是指在创业阶段由于客观因素导致创业失败的可能性，如市场的变动、政策的变化、竞争对手的出现、创业资金缺乏等。

对于主观创业风险，创业者可以通过自我调整来克服；而客观创业风险则往往需要高超的洞察力才能提前发现。

（2）按风险的内容划分创业风险

根据创业风险内容不同，可将创业风险分为以下6种类型。这些风险是创业风险的具体表现，创业者掌握这6种风险的概念对于企业的稳定经营与发展具有重要意义。

- **技术风险：**由于技术方面的因素及其变化的不确定性而导致创业失败的可能性。
- **市场风险：**由于市场情况的不确定性导致创业者或创业企业受到损失的可能性。
- **政治风险：**由于国际关系变化或有关国家政策改变而导致创业者或创业企业蒙受损失的可能性。
- **管理风险：**因创业企业管理不善产生的风险。
- **生产风险：**创业企业提供的产品或服务在从小批试制到大批生产的过程中产生的风险。
- **经济风险：**由于宏观经济环境发生大幅度波动或调整而使创业者或创业投资者蒙受损失的风险。

（3）按风险对投入资金的影响程度划分创业风险

创业投资的投资方包括投资者与投入自身财产的创业者，他们同时也是创业企业利润的拥有者。根据风险对所投入资金的影响程度，可将创业风险分为安全性风险、收益性风险和流动性风险。

- **安全性风险：**安全性风险是指从创业投资的安全性角度来看，不仅预期实际收益有损失的可能，而且投资者与创业者投入的财产也可能蒙受损失，即投资方财产的安全存在危险。

◆**收益性风险**：收益性风险是指投资方的资本和其他财产不会蒙受损失，但预期实际收益有损失的可能性。

◆**流动性风险**：流动性风险是指投资方的资本、其他财产以及预期实际收益不会蒙受损失，但资金有可能不能按期转移或支付，造成资金运营的停滞，使投资方蒙受损失的可能性。

除此之外，还有很多其他的划分方法，如按照创业与市场和技术的关系，可以将创业风险划分为改良型风险、杠杆型风险、跨越型风险和激进型风险；按创业中技术因素、市场因素与管理因素的关系划分，可以将创业风险划分为技术风险、市场风险和代理风险。

3.2.2 创业各阶段面临的风险

创业风险始终与创业活动相伴，但是在创业的不同时期，创业风险也有不同的表现形式，大学生创业者应该认识创业各阶段的高发风险，这样有利于创业者及时警惕和预防相关风险，增加创业成功的概率。

1．创业前期的风险

创业前期是指从萌生创业想法到成立创业企业之间的这一时段。这一阶段是创业的准备期，创业者可能刚接触创业，对于创业风险没有太多的认识，所以多学习他人的经验就尤为重要。创业前期典型的创业风险主要有以下5种。

◆**临渊羡鱼**："临渊羡鱼，不如退而结网"。创业也是如此，很多大学生羡慕成功创业者的功成名就，但又害怕创业的辛苦以及失败的损失，于是就表现出对于创业的徘徊和游移，这样其实无形中付出了大量的时间成本和机会成本。一旦认准了创业就应该坚定地行动，瞻前顾后无法成功创业，只会蹉跎岁月。

◆**悲观主义**：创业过程中难免遇到挫折和困难，如果创业者是一个悲观主义者，一碰到暂时难以解决的问题就灰心丧气，再无当初的激情和雄心壮志，失去了面对现实的勇气，那么失败就难以避免。曾经有科学家专门对一些成功人士的心理做过研究，研究显示成功者大多具有以下特点：有积极的人生态度，有赚钱动机，内部冲突很少，勇于为结果承担责任，同时还具备风险控制和耐心这两个关键的素质。而失败的人则普遍具有悲观主义倾向，具体体现为当事情转坏时，失败者总爱责怪别人，遇挫折容易灰心丧气。

◆**方向不明**：方向即创业的道路、思路，这是创业活动总体的走向与原则，在创业实践中，"做正确的事情"要比"正确地做事情"更重要。如果经营方向或投入产业错误，那么创业活动也就大概率化为泡影了。

◆**合伙人选择不慎**：企业运营中除了最重要的业务活动，还有一项必不可少的关乎成败的因素——合伙人。在创业过程中，创业者除了需要不断学习，还需要找到真正能屈能伸的高素质合伙人。与合伙人建立信任感不是一件容易的事，不仅需要充分的交流与时间的累积，而且需要彼此志同道合，拥有共同的目标和一致的方向。

◆**融资不谨慎：**融资是创业必须面对的问题，只有创业者具有足够的实力，才能吸引投资者，资本也才有可能进驻创业企业。所以，创业者首先应做好产品，增强产品和企业的竞争力，能让资本市场看到企业的未来，才能获得比较好的估值。此外，融资时，不能为了融资而融资，因为资本最终要与企业分离，所以，从长远来看，选择投资者应当谨慎。如创业者的确有很好的项目，有多项融资可供选择时，可有条件地选择投资者，除了投资的金额，还应考虑对方的经验、资源以及对于企业后期的帮助等。

阅读

“烂”在手里的专利

南京某大学的学生姜益波花费数年时间，成功研制了一套有助于中学生数学学习的“新概念尺规”，历经了两年多的专利申请、公示、批复阶段后，姜益波这项名为“新概念尺规”的研究成果终于顺利获得了国家知识产权局的专利资质认证，被确认为实用新型专利。这一专利成果的市场前景被多方商家看好，一些有意投产的商家很快闻讯而来，希望能尽早地将“新概念尺规”真正引入市场。

姜益波预测他的“新概念尺规”至少可以达到8亿元人民币的产值，因此对这项专利期望的“出手价”高达1 600万元。而相关的商家则认为这一“新概念尺规”虽然是好东西，但技术含量并不高，市面上很快就会出现仿品，其收益不像姜益波预测的那么好，因此出价远低于姜益波的期望。

见并无商家愿以此高价接下这一专利，姜益波开始设想自己投产并进行推广。他咨询了一些相关的营销人员，但之后就止步不前。姜益波不懂市场推广的窍门，如果这东西操作得好，可能赚的比1 600万元还要多，但也有可能赚不到那么多，所以他还是希望把专利卖给别人，让那些懂生产销售的人去做这方面的工作。

就这样，“新概念尺规”专利依然留在姜益波手里，姜益波为此付出了很多的时间和精力，但最终没能使专利变为收益。

启示：姜益波陷入了临渊羡鱼的风险之中，他拥有一项具有市场价值的专利，本来在创业活动中占据了先机，无论是与商家合作还是自己开发都具有相当高的成功率，但他自己的患得患失和游移不定使他没能获益。

2．创业中期的风险

创业中期是指企业成立到企业稳定之间这一时段，通常是企业成立的3年内，这是创业企业大规模倒闭的时期，是一个企业成功与失败的重要拐点，处在创业过程中的人往往会在不知不觉中走入一些误区。下面将分析创业中期的一些共性风险。

（1）战略性风险

企业的战略性风险是指创业中期由目标、战略、决策带来的风险。企业战略取决于创业者及核心团队的意志，因此，创业者应该了解企业的战略性风险，尽可能做好企业决策。企业的战略性风险主要表现在以下5方面。

- **目标不定：**人的精力有限，频繁更换目标会使人无法投入任何一个目标。事实上，无论是公司领域、管理风格还是产品设计，都没有绝对正确的选择，只有适合自己的选择。频繁更换目标不仅会消耗创业企业并不充裕的资源，还会使企业错失宝贵的发展时间，很容易导致创业失败。
- **业务领域不明：**每个企业在初创时几乎都只有单一的业务，但在企业经营过程中也可能会因为有利可图而发展一些“副业”，试图开展多样化经营，拓展盈利渠道，造成业务领域不明。其实新创企业往往没有足够的实力多业并举，这样反而会使核心领域衰退。
- **急功近利：**在企业刚刚成立的一段时间里，一般处于只见投入不见产出的情况，而创业者可能还背负着债务且急于实现理想，这就导致急功近利的现象出现。过于追求利润削减开支可能会导致产品质量下降、开发投入下降、营销投入下降等，为企业发展埋下隐患。
- **孤军奋战：**现代社会中人与人之间的联系越来越紧密，社会专业化程度越来越高，人与人之间、公司与公司之间的相互依存性也越来越强，独行侠式的创业者已经不适合这个时代了。在创业中期，企业得到了一定的发展，生产经营也会越来越多地和外界产生联系，创业者无法靠自己解决所有问题，需要有一个良好的社会关系网络，需要合适的合作伙伴、供应商、经销商等。
- **遇难即退：**任何成功的创业者都必须具备坚韧不拔的创业精神，这是成功的必要条件。创业中期由于企业的业务、供销、团队都不太稳定，容易遭遇一些突发的、无法预料的问题，创业者如果没有强大的内心，而是遇难即退，就永远无法成功。

（2）管理风险

在创业中期，企业管理成为绕不开的问题，此时企业组织在各个层面都具有一定的不确定性，对于刚刚建立的管理体系是一个很大的考验。由此也产生了相应的风险，管理风险分为以下两种。

- **管理人员的选择风险：**管理人员对企业来说，就像一个部件的核心因素，只有核心因素起到作用了，整个部件乃至整台机器才可能良好地运行。管理人员是公司整体管理制度、管理方案的编制者及执行者，创业者选择与自己观念匹配的核心管理人员，其重要程度不亚于生产一种畅销产品。否则，就会给企业运营和团队建设带来不良影响，甚至造成创业失败。
- **管理制度风险：**管理制度是企业正常运行的核心，建立一套符合企业文化、适合企业长远发展的管理制度对企业来说是非常重要的。管理制度一方面重在制定，另一方面重在执行，仅有制度而将其束之高阁等于空设。在创业初期，创业者可能已制定了管理制度，在不断发展的创业中期，要更好地完善并落地实施制度，减少管理制度缺陷给企业带来的危害，不断加强企业自身的规避风险能力。

（3）财务风险

财务系统是企业的核心，创立企业的出发点与落脚点都是为了经济效益。因此，财务系统的良好运行对企业发展至关重要。而财务领域由于其自身的专业性和复杂性，往往存在以下两种风险。

- **无财务记账意识：**一些创业者并不具备财务记账意识，他们的想法是自己的企业、自己的钱，多或少、赚或赔都是自己的。这实际上是一种错误的观念，没有记账，企业领导人就无法了解自己企业的经营状况，无法直观了解核心关键点，也就找不到企业症结，同时也会对企业的财税管理产生影响。
- **无成本管理观念：**成本是生产和销售一定种类与数量的产品所耗费的资源用货币计量的经济价值。这些消耗用货币计量，就表现为材料费用、折旧费用、工资费用、销售活动费用以及为了管理生产所发生的费用等。一些创业者没有成本管理观念，因此无法通过控制成本来提高企业的核心竞争力。

3．创业后期的风险

创业后期是指企业经营进入稳定期之后的时间段，此时企业通常已经有了较为稳定的市场份额与核心消费人群，在营收上有了一定的保证，同时内部的组织构架和制度也趋于稳定，能够平稳运作。但此时企业仍然面临各种各样的风险。

- **盲目冒进：**当企业初具规模小有成就时，一些企业容易被自己营造的区域性知名度冲昏头脑，趁着手里有一定储蓄，不顾实际，盲目开拓超越自身实力的大市场。此时，如稍有意外，就可能造成巨大的损失，最终导致前期所有的努力都功亏一篑。
- **好大喜功：**创业者往往表现出思想解放、个性执着、敢作敢为的个性，这种个性使他们在创业初期较容易获得成功。但随着企业规模的扩大和实力的增强，个人追求财富的欲望膨胀，再加上市场环境的规范化和竞争的激烈化，部分创业者的追求会有脱离实际的倾向，盲目追求规模、知名度、市场占有率，而忽视了产品与服务这一根基。
- **挥霍浪费：**在创业初期，大多数创业者都能做到开源节流、艰苦勤俭。而在创业企业持续盈利之后，企业有了资源和资金，有些创业者就有了苦尽甘来的感觉，认为终于可以过好日子了，于是有了大手大脚、挥霍浪费的行为。一旦丢失了创业精神而落入纸醉金迷之中，创业者就无法高效地管理和领导企业发展了。
- **小富即安：**部分创业者在事业小有成就之时就失去了进取心，有了小富即安的想法，不再计划将企业做大做强，不再积极拓展新的业务。小富即安的想法在一定程度上限制了很多企业的发展，而创业如逆水行舟，一旦停下就会很快被后来者赶超，甚至失去现有的市场与利润。
- **缺乏创新：**企业得以生存与发展的根本就是能满足人类社会不断增长的物质与精神需要，要做到这一点，企业唯一的依赖就是创新。创业的过程就是不断创造与创新的过程，部分企业在发展到一定程度后便拒绝再创新，这虽然有利于维持企业的稳定并降低成本，但是失去创新的企业最终只会停滞不前甚至衰亡。

◆**管理危机**：部分企业在发展到一定阶段后，未能及时调整自己的管理体系，一些创业者也坚持将企业牢牢控制在自己手上，一方面把持话语权，拒绝新资本进入、拒绝使用职业经理人管理、拒绝摊薄自己的股权；另一方面任人唯亲，将自己的“心腹”安插在企业的行政、人力和财务等关键岗位上而不管他们是否有能力胜任，这将导致低效管理、用人失误、财务混乱、管理失控等一系列严重后果，影响企业的经营与发展。

3.2.3 创业风险的防范

在创业过程中，各种创业风险是难以预测且不可避免的，但创业者可以针对不同风险的特点制订不同的防范措施，从而降低创业风险给企业带来的影响。

1．识别创业风险

识别创业风险是正确应对创业风险的基础和前提，创业风险来自于企业内外环境的变化，因此总有预兆，如果创业者在危机爆发前就识别出创业风险，就能够为后续应对风险赢得时间。

部分创业风险识别方法

创业风险识别是对创业企业面临的现实以及潜在风险运用各种方法加以判断、归类并鉴别风险性质的过程，通常包括以下4个步骤。

◆**信息搜集**：信息搜集是识别风险的基础，是指通过调查、问讯、现场考察等途径获得基本信息或数据，然后通过敏锐的观察和科学的分析对各类数据及现象做出处理。

◆**因素罗列**：因素罗列是指根据搜集的信息，罗列企业在运营过程中可能遇到的风险，逐一找出风险因素。

◆**风险分析**：风险分析是指根据信息的分析结果，确定风险或潜在风险的范围。在分析过程中一定要在信息和影响因素的基础上进行综合分析，而且分析的方式要多样，既要进行定性分析，也要进行定量分析。

◆**重点评估**：根据量化结果，进行风险影响评估，预计可能发生的后果，并且做好风险应对计划。

识别风险也有系统的方法，一般包括信息源调查法、数据对照法、资产损失分析法、环境扫描法、风险树分析法、情景分析法、风险清单法、流程图分析法、财务报表分析法、SWOT分析法等。

2．应对创业风险

在识别出创业风险，对相应风险有了足够的认识和把握后，创业者就可以使用不同的手段来应对创业风险，常见的风险应对手段有风险规避、风险保留、风险转移、控制损失等。

◆**风险规避**：风险规避是最常见、最有效的应对风险的手段，是指放弃、停止或拒绝进行具有风险的行为，如中止交易、缩小交易规模、离开市场、拒绝合作等。但是风险规避同时也放弃了潜在的利益，所以其只被用在风险极高而收益不足的情况下。

- **风险保留**：风险保留即在明确风险存在后不特别应对，自行承担风险，该方法适用于风险低、潜在损失低、潜在收益高或者企业无力应对风险的情况下。需要注意的是，风险保留并非完全忽视风险硬干蛮干，而是在明确风险后继续按照原计划行动，在行动中仍需注意风险的变化、发展状况。
- **风险转移**：风险转移是指企业通过保险、合同、金融工具等方式将商业活动的潜在损失转嫁给另一方或第三方的行为。如购买意外损失保险、在合同中规定对方担责、将风险业务外包等，风险转移是一种积极应对风险的方式，但其本身需要企业为风险付出额外成本。
- **控制损失**：控制损失是指企业不降低风险发生的概率，而是选择降低风险发生后的危害，比如将风险资产与企业割离、设置修理或重建基金等。控制损失通常只有在损失幅度高且风险无法避免或转嫁的情况下使用。

课堂讨论

互联网行业的创业机会

近年来，随着科技的进步，人们的生活中不断涌现出各种新兴的商业平台，如美团网旗下的外卖平台与团购平台，滴滴出行的打车服务平台，北京字节跳动科技有限公司（以下简称字节跳动）的抖音、今日头条社交平台，等等。这些平台的商业模式迅速获取了大量的用户，截至2019年12月31日，美团日活跃用户数量已达到6 985.86万人；滴滴出行在2019年日活跃用户数量达到1 300万人，年运送乘客超过1.9亿次；今日头条、抖音等软件的日活跃用户数量相加已达7亿人。

这些软件拥有如此大的用户群体，想要获利自然也不成问题，字节跳动在2019年的营业收入超过了1 400亿元，这个数据既显示出互联网行业的巨大商业价值，也使众多创业者对互联网行业跃跃欲试。

这些新兴互联网商业模式已经显示出巨大的价值，试讨论以下问题：这些新兴互联网商业模式分别是怎样获得用户的？这些新兴互联网商业模式背后是什么样的创业机会？互联网行业是否适合大学生创业者进入？

活动说明：课前搜集相关材料，分析各个互联网创业公司获取用户的模式，分析这些公司分别抓住了什么创业机会。

活动人数：分小组进行讨论，6~8人为一组，共4个小组。

讨论方式：每个小组选择一家互联网创业公司；各小组内部讨论后，列举出该公司获取用户的模式以及其创业机会等，最后就大学生创业者是否适合进入互联网行业创业这一问题发表观点；4个小组分别就本小组列举的内容进行发言。

课后思考

参考答案

1．真正具有潜力的创业机会往往具有（　　）等特征。

A．隐蔽性、时限性、稳定性、可开发性

B．隐蔽性、稳定性、偶然性、可开发性

C．隐蔽性、偶然性、时限性、可开发性

D．偶然性、时限性、稳定性、可开发性

2．以下关于创业风险的表述不正确的是（　　）。

A．风险的核心含义是未来结果具有不确定性或可能产生损失

B．创业风险具有客观必然性

C．创业风险往往直接来源于企业本身的一些缺口

D．创业风险是指活动目的与实际结果之间的不确定性

3．以下风险类型与其划分依据对应正确的是（　　）。

A．管理风险（按风险的内容划分）

B．政治风险（按风险的来源划分）

C．流动性风险（按风险的内容划分）

D．客观创业风险【按风险对所投入资金（即创业投资）的影响程度划分】

4．自行寻找一个新的创业机会或者新兴的创业模式，使用本章介绍的3种评估方法中的一种对其进行创业机会评估。

5．阅读以下材料，分析材料中公司遇到的创业风险类型（按风险的内容划分）以及该风险的成因。

一家高新技术公司的老总在一次CEO交流学习会中接触到知识管理这一领域，回想自己的公司，由于各司其职，缺乏沟通，出现了各自为政的现象，他意识到公司很有必要实施知识管理，于是在公司内部发起知识管理项目，并指定人力资源经理负责。人力资源经理通过学习与培训，与老总讨论得出知识管理最重要的是共享，建议购买知识管理软件平台，让公司各个员工定时提交相关的知识成果。

知识管理软件上线以后，人力资源经理制定了相关的制度，要求公司的研发工程师、销售人员必须每周提交知识文档。3个月后，人力资源经理向老总汇报知识管理的工作情况，知识库中已有相当数量的记录，但研发部门经理和销售部经理却表示文档中的内容他们部门的员工从来不看，而且由于每天要花时间上传知识文档，知识管理已严重影响了他们的工作。

一年后，老总关于公司管理的兴趣点转移，知识管理不了了之。

第 4 章

商业模式与《商业计划书》

在创业之前，大学生创业者必须思考怎样才能获得收益，围绕这个核心延伸出的一整套方法就是商业模式。大学生创业者在设计好商业模式后还需要进行市场调查，根据调查结果完善自己的商业模式，就能够形成一个完整的商业计划，而落到纸面上的商业计划就是《商业计划书》。本章将对商业模式、市场调查、《商业计划书》的知识进行具体介绍。

4.1 设计商业模式

随着经济全球化的进一步深化和技术变革的加速，商业环境不确定性增大，商业模式对企业经营的成败产生了更大的影。大学生创业者应该掌握商业模式的设计方法，以便更好地应对复杂多变的商业环境。

4.1.1 认识商业模式

在现实生活中，每一个现存的企业都具备完整的商业模式，行业、企业类型、企业发展周期都会影响企业的商业模式。那么什么是商业模式呢？大学生创业者应该如何认识商业模式呢？下面进行具体介绍。

1. 商业模式的含义

人类在最开始的商业活动中其实就已经在朦胧地思考和探索商业模式了，现在普遍使用的商业模式概念直到20世纪90年代才被广泛使用和传播。商业模式是经济学家针对人类长久的创业活动总结和提炼出的概念，其内容比较宽泛，包括运营模式、盈利模式等都被认为是商业模式的组成部分。一般认为，商业模式是企业整合资源与能力、进行战略规划，以充分开发创业机会并且实现利润目标的内在逻辑。

简单来说，商业模式就是一个企业满足消费者需求的系统，这个系统组织管理企业的各种资源（包括资金、原材料、人力资源、销售方式、创新力等），形成能够提供消费者无法自足而必须购买的产品或服务，因此，商业模式具有自己能复制而别人不能复制或者自己在复制中占据市场优势地位的特性。

可以说商业模式的内涵就是为了回答关于商业活动的以下3个基本问题。

- **如何为消费者创造价值：** 即如何获取消费者的问题。消费者为什么要购买创业者提供的产品和服务而非其他竞争对手提供的产品和服务？商业模式就需要回答能够为消费者创造的独特的、不能从其他地方获得或从其他地方获得代价更大的价值。只有能够为消费者创造这样价值的商业模式才能够顺利运行。海尔总裁张瑞敏认为：商业模式说到底就是消费者价值最大化，如果脱离了消费者价值最大化，搞各种复杂的模型和公式都没有用。
- **如何为企业创造价值：** 即企业盈利的问题。商业模式必须确保在正常运营的情况下企业的收入高于必要成本，这样创业者才有利可图。一些商业模式为企业创造的价值来自于消费者，要么体现为消费者为产品或服务付费，要么是消费者接收产品或服务中的广告而让广告主向创业者付费，要么消费者的支持让创业者获得了其他的投资，总之，价值提供者是消费者。
- **如何将价值在企业与消费者之间传递：** 商业模式还需要解决消费者和企业间的价值传递问题，其中最简单的模式当然是“一手交钱、一手交货”，但在实际的商业活动中这要复杂得多，包括如何让消费者了解公司提供的产品和服务、如何将产品和服务交给消费者等需要解决的问题。

2．商业模式的要素

商业模式是一种包含了一系列要素及其关系的概念性工具，用以阐明某个特定实体的商业逻辑，它描述了企业能为消费者提供的价值以及企业的内部结构、合作伙伴网络和关系资本等用以实现这一价值并产生可持续盈利收入的要素。具体来说，商业模式包括以下6个要素，其相互关系如图4-1所示。

- **定位**：一个企业要想有生存空间并能实现持续盈利，首先必须明确自身的定位。定位就是指企业应该做什么，它决定了企业应该提供什么样的产品和服务来满足消费者的需求。定位是商业模式体系中其他有机部分的起点，也是企业战略选择的结果。
- **业务系统**：业务系统是指企业达成定位所需要的业务环节、各合作伙伴扮演的角色以及利益相关者合作与交易的内容和方式。业务系统是商业模式的核心。
- **关键资源能力**：关键资源能力是指让业务系统运转所需要的重要的资源和能力，不同商业模式需要的关键资源能力不同。
- **盈利模式**：盈利模式是指企业获得收入、分配成本、赚取利润的方法。具体来说，它是指在给定业务系统中，在各价值链所有权和价值链结构已经确定的前提下，企业利益相关者之间利益分配格局中企业利益的表现。
- **自由现金流结构**：自由现金流结构是企业经营过程中产生的现金收入扣除现金投资后的状况，其贴现值反映了采用该商业模式的企业的投资价值。不同的现金流结构反映了企业在定位、业务系统、关键资源能力以及盈利模式等方面的差异，体现了企业商业模式的不同特征，决定了企业投资价值的高低、企业投资价值递增的速度以及受资本市场青睐的程度。
- **企业价值**：企业价值即企业的投资价值，是企业预期未来可以产生的自由现金流的贴现值，它是评判企业商业模式优劣的标准。

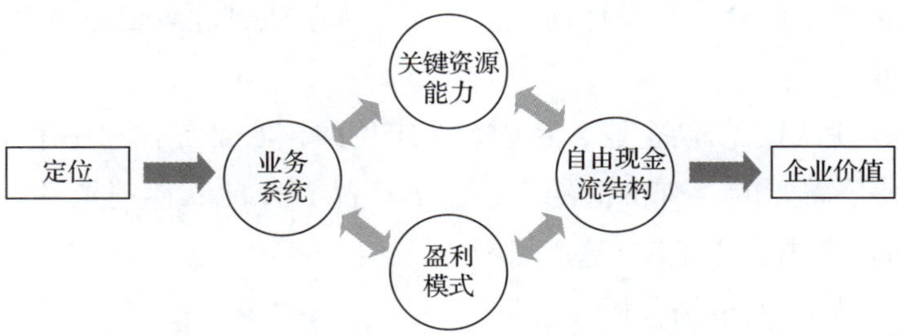

图 4-1　商业模式各要素间的关系

3．成功商业模式的特征

在长久的商业史上，涌现出了一个又一个成功的商业模式，其中多有天马行空的想象力与各种天才般的创意，至今为人们津津乐道。但是细究之下，这些成功的商业模式也具有一些共性，以下是成功商业模式的典型特征。

◆**创新**：成功的商业模式往往在某一个环节上进行了改进，或是对一般商业模式进行了重组、创新。商业模式的创新贯穿于企业经营的整个过程，贯穿于企业资源的开发模式、制造方式、营销体系等各个方面。现在的行业巨头大部分都是从创新开始的，如阿里巴巴应用了电子商务这个商业模式。

◆**价值**：商业活动的利润最终要靠消费者，商业模式需要通过向消费者提供独特的价值来赢得市场。这个独特的价值可能是新的思想，而更多的时候是产品和服务独特性的组合。总之，商业模式要么可以向消费者提供附加的价值，要么可以使消费者能用更低的价格获得同样的价值，或者用同样的价格获得更多的价值。

◆**壁垒**：成功的商业模式需要通过确立自己的与众不同之处（如对消费者的贴心关照、强大的实施能力等）来建立行业壁垒，提高竞争者模仿复制的成本和难度。如360公司的“安全卫士+软件管家+浏览器”模式，其盈利在于浏览器上的广告收入，而用户则是安全卫士和软件管家带来的，这样的商业模式就让竞争者难以争夺360公司的用户。

◆**盈利**：商业活动的目的在于利润，成功的商业模式可以让企业在激烈的市场竞争中成功进入利润区，并在利润区内停留较长时间，创造出长期持续的、高于行业平均水平的利润。

4.1.2　商业模式的设计

对新创企业来说，设计出一个可供执行的商业模式是必要之举。一个适合的商业模式可以帮助企业高效地赢得市场竞争，实现快速增长。因此，大学生创业者应该学习设计商业模式的方法，以便更好地建设创业企业。

1．商业模式设计的基本要求

商业模式没有最好，只有最适合，成功的商业模式通常符合定位精准、收入规模扩展快、壁垒高这3项标准。因此，在设计商业模式时，大学生创业者也应从这3方面入手。

（1）定位精准

大而全的思想不适用于新创企业，新创企业定位的核心是寻找到一个垂直细分市场，并为这个市场提供满足需要的、有价值的、独特的产品，以此获得消费者。在进行目标定位时，大学生创业者需要考虑以下6个基本问题。

◆是否进行了差异化的市场分析?

◆定位是否为目标市场和消费者创造了价值?

◆是否确定了独特的市场定位?

◆是否设计出了消费者所需要的产品或服务?

◆产品本身为消费者创造了怎样的价值?

◆消费者为什么愿意认可该价值而选择该产品或服务？

并非随意找一个细分市场并提供优质的产品和服务就可成就一个优秀的市场定位，市场定位的关键在于寻找一个持续增长、大规模、快速发展的市场。

（2）收入规模扩展快

收入规模是否快速扩展，这是衡量商业模式能否迅速做大的关键因素。任何一个企业的收入规模根本上都取决于消费者数量及平均消费者价值贡献两个因素。要想收入快速增长，就要设计能快速增加消费者数量的各种策略，或者提高消费者的平均贡献额。但从商业实践的角度来看，真正起到关键作用的还是消费者数量的增长速度，因为如果消费者数量太少，从单一消费者身上获得再高的收入也是枉然。

（3）壁垒高

好的商业模式一定要和自身的优势紧密结合起来，最好是自己独有的优势，构筑出较高的竞争壁垒，否则竞争对手就能轻易模仿你的商业模式，也就能轻易分走你的市场与流量，这对企业来说是致命的。

除此以外，设计商业模式需要考虑的问题还有很多，而商业模式的设计既不是一蹴而就的，也不是一成不变的，需要创业者在实践中不断尝试、不断修正甚至不断试错才会日趋完美。

2．新创企业商业模式设计的工具——精益创业画布

埃里克·莱斯提出的精益创业理论为企业提供了一个探索商业模式的工具，这就是精益创业画布。对新创企业而言，精益创业画布是一个非常优质的工具，它可以帮助创业者清晰地梳理商业模式，下面进行具体介绍。

（1）精益创业画布的基本要素

精益创业画布共有9大要素，如图4-2所示。

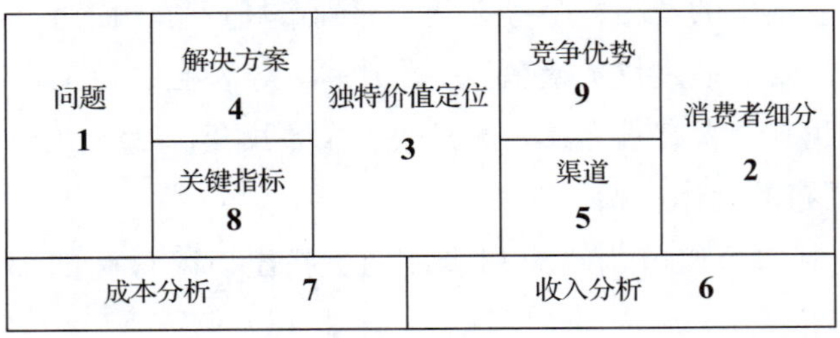

图 4-2 精益创业画布的基本要素

◆**问题：**问题即需求痛点，问题和目标消费者群体的匹配是商业模式设计的核心。大学生创业者在明确目标消费者群体后，可以通过和其进行交流、沟通，或者做一些小规模的测试、调研等，得知并验证痛点的存在。

◆**消费者细分：**没有一种产品能够满足市场中的所有群体，只有创业者对消费者的定位足够准确，由此推出的产品或服务的针对性才会更强，才更能贴近消费者的核心需求，在此基础上才能更好地实现盈利。

◆**独特价值定位：**独特价值定位是商业模式设计中最重要也是最难的部分，寻找独特价

值的最好方法是直接从要解决的首要问题出发去寻找独特卖点，也可以针对种子用户来做设计。总之，要提供别人没有的或比别人更受消费者喜欢的产品或服务，这是企业获得消费者与利润的基础。

◆**解决方案**：解决方案即解决问题的方案，大学生创业者在创业早期由于资源有限，可以采用精益思想，通过开发与小范围推广最简可行产品（MVP）来验证自己的想法和解决方案。如果消费者接受了MVP，则说明创业初期设计的解决方案是正确的。反之，就需要重新去挖掘消费者的需求，针对每个需求痛点，重新思考能提供的最简单的解决方案，然后重新编写，经过验证和测试并反复修改后，将解决方案完善。

◆**渠道**：渠道是企业产品和消费者之间的桥梁，是让消费者接触到产品的方式，大学生创业者可以选择利用个人媒体（微信、微博、抖音等）以及参加展销会、上门推销等低成本手段来建立起渠道。有实力的则可以选择电视、网络等渠道或者经销商渠道。

◆**收入分析**：对收入的分析和预估也是很重要的，大学生创业者可以在合适的时机通过不同的方式让消费者付费，以此来分析、验证自己的商业模式的可行性。目前主要的收入模式包括销售产品、广告收费、会员服务模式、增值服务模式等。

◆**成本分析**：在创业初期对于成本要有严格的考量，大学生创业者在对成本进行分析时，应重点关注产品发布前需要多少成本，包括固定成本和变动成本，然后把收入和成本结合起来分析，计算出盈亏平衡点，以此来预估需要花费多长时间、多少资金和多大精力才能达到盈亏平衡点，从而进一步检验自己的商业模式是否可行。

◆**关键指标**：不管是何种类型的产品或服务都具有衡量其价值的关键指标，如流量、收入、用户数、用户留存率等，大学生创业者要综合这些关键指标实时地评估项目的进展情况，并对接下来的计划进行调整。

◆**竞争优势**：企业推出的产品或服务必然会遇到市场竞争，面对市场竞争，要保证自己具有竞争优势，要么通过技术壁垒等手段让别人学不会、抢不走、拦不住、赶不上，要么做到人无我有、人有我优、人优我廉、人廉我变，始终快人一步。

（2）精益创业画布的制作步骤

精益创业画布的制作可以分为写出初步计划、找出风险最高的部分和测试计划3个步骤，下面进行详细介绍。

① 写出初步计划

大学生创业者在编写初步计划时，不需要刻意追求提供最好的问题解决方案，而要试着形成一整套完整的商业模式，并保证在该商业模式下所有元素都能够相互配合。编写初步计划的要点有以下5项。

◆迅速起草一张画布，在第一版画布上消耗时间最好不超过15分钟。

◆画布中有部分内容空着也没关系，要么马上写下来，要么就留白。

◆尽量短小精干，将商业模式的精华部分提炼出来。

◆站在当下的角度来思考，想想下一步应该先测试哪些想法。

◆以消费者为本，因为仅仅调整一下消费者群体，商业模式就会发生翻天覆地的改变。

②找出风险最高的部分

《精益创业实战》的作者阿什·莫瑞亚（Ash Maurya）认为创业可分为3个阶段，如图4-3所示。

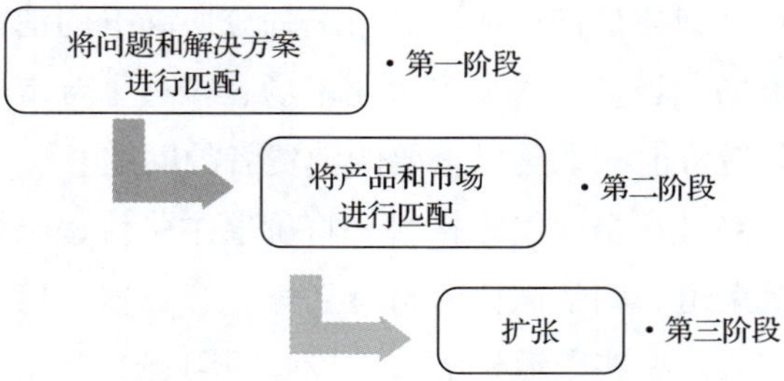

图 4-3　创业的 3 个阶段

◆**第一阶段：** 核心工作是针对要解决的关键问题提出一套最为精简的应对方案，可将其称之为“最简可行产品”

◆**第二阶段：** 核心工作是检验企业所提供的产品和服务是不是消费者想要的，消费者是否愿意为此付费。

◆**第三阶段：** 核心工作是明确怎样才能使企业加速发展壮大。

通过验证商业模式的各个环节，找出其中风险最高的环节，及时对其进行改善，以便加速执行优化方案。

③ 测试计划

针对商业模式的各个环节进行参与式观察和深度访谈，有效地测试商业模式的可行性。

3．企业创新商业模式的设计工具——商业模式画布

商业模式画布也是常用的商业模式设计工具，它可以将商业模式中的元素标准化，并强调元素间的相互作用，能够满足大学生创业者的需求。下面将介绍商业模式画布的基本要素和制作流程。

（1）商业模式画布的基本要素

商业模式画布主要由9个模块组成，这些模块之间相互作用关联，其关系如图4-4所示。

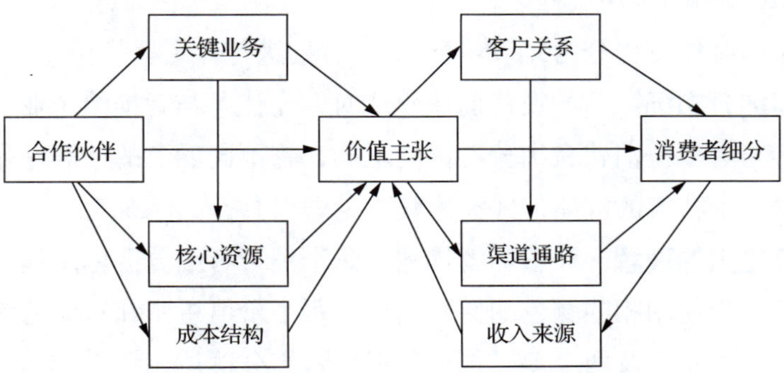

图 4-4　商业模式画布各模块间的关系

◆**价值主张**：价值主张是指通过迎合细分人群需求的独特组合来创造价值。价值可以是定量的（如价格、服务速度等），也可以是定性的（如设计、消费者体验等）。此模块需要解决应该向消费者传递什么样的价值、帮助消费者解决哪些难题、满足消费者的哪些需求等问题。

◆**消费者细分**：消费者细分是指企业经过市场划分所瞄准的消费者群体。消费者群体细分的类型有大众市场、利基市场、多边化市场、多边平台市场以及区隔化市场。此模块需要解决为谁创造价值和谁是最重要的消费者的问题。

◆**渠道通路**：渠道通路是指企业用来接触并将价值主张传递给消费者的各种途径。常见的渠道通路有直接渠道、销售队伍、自有店铺、合作伙伴店铺等。建立渠道通路时应思考哪些渠道最有效、哪些渠道经济效益最好等问题。

◆**客户关系**：客户关系指企业与特定客户细分群体建立的联系，主要是信息沟通反馈。客户关系的类型有直接关系、间接关系、交易型关系等。建立客户关系时应思考每个客户细分群体希望企业与之建立和保持何种关系以及建立这些关系的成本等问题。

◆**核心资源**：每个商业模式都需要核心资源，这些资源使企业能够创造和提供价值主张、接触市场、与消费者细分群体建立关系并赚取收入。核心资源可以是实体资产、知识资产、金融资产以及人力资源。

◆**关键业务**：关键业务是指为了确保商业模式的可行性，企业必须做的重要事情。关键业务可以分为制造产品、问题解决、平台或网络等几类。

◆**收入来源**：如果消费者是商业模式的心脏，那么收入来源就是动脉。收入来源的途径主要有两种：一种是通过消费者一次性支付而获得的交易收入；另一种是来自消费者为获得价值主张和售后服务而持续支付的费用。

◆**合作伙伴**：合作伙伴即企业为有效提供价值主张与其他企业形成的合作关系网络。合作关系主要有上下游关系、互补关系、合资关系、非联盟合作关系等。

◆**成本结构**：成本结构被用来描绘运营一个商业模式所需要的所有成本。成本结构分为成本驱动和价值驱动两种类型，前者侧重低价的价值主张，后者侧重增值型的价值主张和高度个性化的服务。

（2）商业模式画布的制作流程

商业模式画布的制作流程分为5个步骤，下面分别进行介绍。

◆**描绘消费者细分市场**：开始设计商业模式时，先让参与者描绘企业所服务的消费者细分市场。参与者根据消费者细分群体的不同，将不同颜色的便利贴贴在画板上，每组消费者代表一个特定的群体，并描述其特定需求。

◆**描述对价值主张的理解**：让参与者描述对每个消费者细分群体所提供的价值主张的理解，参与者应当使用相同颜色的便利贴代表每个价值主张和对应的消费者细分群体。如果一个价值主张涉及两个差异很大的消费者细分群体，那么应当分别使用这两个消费者细分群体对应颜色的便利贴。

◆**用便利贴完成各个模块任务：**参与者使用便利贴将该企业商业模式中所有的剩余模块标识出来。相关的消费者细分群体使用同一颜色的便利贴。

◆**评估商业模式的优劣势：**描绘出整个商业模式后，开始评估该商业模式的优劣势。将绿色（代表优势）和红色（代表劣势）的便利贴分别粘在商业模式中运行良好的模块和有问题的模块旁边。

◆**对现有商业模式进行改进：**参与者可以在步骤1~4所产生的画布中对现有商业模式进行改进，也可以另外设计一个全新的商业模式。在理想情况下，参与者可以使用一个或几个商业模式画布来改进现有商业模式。

在制作商业模式画布前，应提前搜集相关资料，资料搜集尽量详细，不要遗漏；在制作商业画布时要抛开以往所有的固有观念和逻辑，去掉习惯思维的枷锁和束缚，大胆想象。同时对于任何一个创新的概念和想法都不要轻易否定，这样才能够设计出具有创新性和可行性的商业模式。

4.1.3 商业模式的创新

商业模式创新是改变企业价值创造的基本逻辑，是提升消费者价值和企业竞争力的活动，其最终目标是让企业以新的方式来赢利。下面具体介绍商业模式的原始创新与模仿创新。

1．商业模式的原始创新

商业模式的原始创新是指以前所未有的商业模式为消费者提供产品和服务，既可以发生在现存的企业中，也可以伴随着新生企业或者新一代企业的成长而出现。原始创新又可具体分为构成要素创新、系统性创新和逆向思维创新3种。

◆**构成要素创新：**商业模式是由不同的要素组成的，因此，商业模式的创新可以看作不同构成要素的创新，前面介绍的精益创业画布工具中的任意元素都可以进行创新。

◆**系统性创新：**系统性创新是指从整体出发对商业模式进行创新和构建，包括向谁、何时、何地、缘由、怎么做以及成本，整体性地调整与产品和服务相关的所有方面。系统性创新往往伴随着产品、合作网络、价值主张等元素的创新，最终达到为企业利益相关者带来利润的效果。

◆**逆向思维创新：**逆向思维创新是一种反其道而行之的创新方法，逆向的参照是行业当前龙头的商业模式或主流商业模式，首先找到行业领导者或行业主流商业模式的核心点，然后确保可以为消费者提供更高的价值，以此制订逆向商业模式。

2．商业模式的模仿创新

模仿是商业模式创新的基础，几乎一切成功的商业模式都是在不断模仿的基础上进行创新的。模仿创新可以分为全盘复制和借鉴提升两种。

◆**全盘复制：**全盘复制顾名思义就是指对优秀企业的商业模式进行直接复制。比如在许多知名互联网企业身上，几乎都可以找到与之对应的原型。

◆**借鉴提升**：借鉴提升是指企业通过将模仿得来的商业模式与自身的商业模式和资源嫁接在一起，赋予其全新的形式或内容。

4.2 创业前的市场调查

商业模式在设计上再优秀、再合理，也毕竟是构想出来的产物，不一定就能够在实际的创业活动中取得成功。因此，在正式创业之前，还需要对商业模式进行必要的验证。市场调查就是验证商业模式可行性的最直接、最有效的方法。日用消费品巨头宝洁公司于1988年在我国成立了广州宝洁有限公司，正式打入我国市场，然而其早在1985年就已经在我国开展了市场研究工作。因此，大学生创业者也应该充分认识到市场调查的重要性，在创业前进行必要的市场调查。

4.2.1 明确所要调查的内容

市场调查是指用科学的方法，有目的、系统地搜集、记录、整理和分析市场情况，了解市场的现状及其发展趋势。而在进行市场调查之前，必须明确需要调查的内容，如果调查内容不明确，往往搜集到的信息对于决策没有实际的意义，甚至还会导致创业者判断错误、决策失败。

1．宏观环境调查

宏观环境的变化会明显地影响市场需求的变化，影响企业的生存、发展和营销活动。因此，大学生创业者应该重视宏观环境的调查，分析宏观环境对企业经营的影响，主动地适应甚至超前引导宏观环境的变化。宏观环境调查主要包括以下内容。

◆**政治因素调查**：主要是对政治制度、政治形势、政策等因素进行调查，考察目标市场的政治制度如何、政局是否稳定、政策是否具有连续性等。

◆**经济因素调查**：主要是对经济形势、生产情况、自然资源和能源的储量及开发、国民生产总值和国民收入的增长情况及对社会购买力变化的影响、消费结构的变化等进行调查，充分了解这些方面的信息有助于安排企业的营销活动。

◆**社会文化因素调查**：主要指对现实和潜在的目标市场的社会文化因素进行调查，考察这些居民的职业、受教育程度、民族特点、宗教信仰、风俗、生活习惯、价值观念等内容。

◆**科技因素调查**：对科技的发展、进步以及在社会生活中的应用情况进行调查。

◆**法律因素调查**：对影响企业经营的有关法律进行调查。企业对法律因素进行调查，还要求在了解法律条文的基础上，努力具备解释法律条文的能力。

宏观环境调查项目很多，但是大学生创业者自行调查的难度大、成本高、时间周期长，因此可以从官方发布的消息中来获取相关数据。

2．竞争形势调查

大学生创业者所经营的产品或服务难免需要与市场上的其他企业进行竞争，进行竞争形势调查有利于大学生创业者提前预估市场竞争的情况，从而更好地做出决策。竞争形势调查包括以下内容。

竞争者类型

- **竞争者性质调查**：大学生创业者要了解竞争者是哪些公司，与本企业属于何种形式的竞争，是愿望竞争者、一般竞争者、产品形式竞争者还是品牌竞争者。大学生创业者应该密切注意后两种形式的竞争关系，要了解这些同行竞争者的数量与规模。
- **竞争者营销因素调查**：大学生创业者要了解竞争者的产品品种、数量、成本；了解竞争者的价格、利润、分销渠道、促销方式；了解竞争者在新产品开发和现有产品改进方面的新动向。
- **竞争者竞争策略、手段调查**：大学生创业者要了解竞争者的竞争策略和手段；了解竞争者的营销策略；了解竞争者的优势和劣势；了解竞争者的市场占有率及变化趋势；了解竞争者企业组织的变化。

3．市场需求调查

市场需求调查是指通过调查、研究、考察市场需求情况，将产品的市场需求情况用数量表示出来。市场需求调查主要包括现实需求调查和潜在需求调查。

- **现实需求调查**：大学生创业者要了解现实市场对于准备生产的产品和服务的需求量有多大；了解目前市场供应与需求间的关系。
- **潜在需求调查**：市场潜在需求量是指在一定时期、一定地区内估计消费者从所有企业可能购买某种产品的总量。市场潜在需求量的调查可以帮助大学生创业者预估行业的走势，合理规划将来的营销计划。

4．用户调查

用户调查是针对产品或服务的目标使用者进行的调查。无论是用户直接付费还是吸引广告主，用户都是企业利润的最终来源，进行用户调查可以获知产品或服务的目标用户群体情况，为之后的营销做准备。用户调查分为以下两类。

- **用户需求调查**：大学生创业者需要了解使用某种产品（或服务项目）的用户大都是些什么人（或社会团体、企业），他们希望从中得到哪方面的满足和需求（如效用、技术、价格、交货期、安全感等），现时的产品（或服务项目）为什么能够较好地满足他们某些方面的需要等问题。
- **用户分类调查**：大学生创业者需要了解用户的数量、特点及分布，掌握目标用户详细资料，包括目标用户的大致年龄范围、性别、消费特点、消费标准、对某种产品和服务项目的需求程度、购买动机、购买心理、使用习惯等。

4.2.2 市场调查的常用方法

市场调查的目的是掌握市场信息，为之后的创业活动做准备。而选用的调查方法是否合适会大大影响调查结果的可靠性与调查活动的效率，下面就对一些常见的市场调查方法进行具体的介绍。

1．市场普查

市场普查是指对市场中有关组织的全体进行逐一的、普遍的、全面的调查。目的是掌握市场上各种重要的信息，以便对市场状况做出全面、准确的描述，从而为创业企业制订有关的战略和计划提供可靠的数据支持。

相较于其他调研方式，市场普查收集的数据更系统、更全面、更准确，能够为创业企业制订长期发展计划、决策提供更详细的信息和资料。但是市场普查涉及面广、工作量大、时间较长，而且需要大量的人力和物力、组织工作较为繁重。因此，市场普查通常由专门的普查机构来主持，不适合大学生创业者自行开展调查。

2．市场抽样调查

市场抽样调查是指按一定方式从市场所有有关组织中抽取部分样本进行调查，然后用所得结果说明总体情况。它是一种普遍采用的基本调查方式，也是目前国际公认的科学调查手段，适合大学生创业者开展调查。

（1）市场抽样调查的特点

市场抽样调查具有以下特点。

- **成本较低：**不同于市场普查，市场抽样调查只调查市场中部分相关企业，工作量小，调查成本低。
- **时效性强：**相较于市场普查，市场抽样调查的工作量很小，因此很快就可以得到调查数据，时效性很强。
- **受样本质量影响大：**市场抽样调查结果的准确性在很大程度上依赖于选择的样本，如果随机选出的样本不能够反映出市场的整体情况，则调查结果就会与事实产生误差。样本与市场整体情况差距越大，误差也就越大。

（2）市场抽样调查的抽样方法

由于市场抽样调查结果的质量严重依赖于所选取样本的质量，因此，如何选择出优质的、能够代表市场整体情况的样本就成了重要的问题，大学生创业者可以根据随机原理来抽取样本。

随机原理是指在总体中抽取单位时，完全排除了人的主观因素的影响，使每一个单位都有同等被抽中的可能性，遵循随机原理。这样一方面可使抽选出来的部分单位的分布情况最大限度地接近总体的分布情况，从而使根据样本所做出的结论对总体具有充分的代表性；另一方面，也有助于调查人员准确地计算抽样误差，并有效地加以控制，从而提高调查的精度。

随机抽样的方法主要有以下4种，大学生创业者可以根据实际情况选择抽样方式。

- **单纯随机抽样：**单纯随机抽样又称纯随机抽样，是指在抽样之前对总体单位不进行任何分组、排列等处理，完全按随机原则从总体中抽取样本的抽样方法。该方法完全符合随机原则且应用简单易行，但是当总体单位差异程度较大时，必须使样本容量充分大才能保证样本推断总体的可靠程度和准确程度，所抽取的样本在总体中的分布若很不均匀或过于分散，将会给实际调查带来困难。

- **等距随机抽样：**等距随机抽样又称机械随机抽样或系统随机抽样，是先将总体各单位按某一标志顺序排列，编上序号；然后用总体单位数除以样本单位数求得抽样间隔，并在第一个抽样间隔内随机抽取一个单位作为组成样本的单位；最后按计算的抽样距离做等距抽样，直到抽取到足够的样本。等距随机抽样能使样本在总体中的表现比较均匀，在一定程度上减小抽样误差，特别适用于同质性较高的总体。
- **分层随机抽样：**分层随机抽样又称类型随机抽样，是先将总体按一定标准分成各种类型（或称层）；然后，根据各类单位数占总体单位数的比重，确定从各类型中抽取样本单位的数量；最后，按单纯随机抽样或等距随机抽样从各类型中抽取样本的各单位，最终组成调查总体的样本。值得注意的是，每一个总体单位只能归属且必须归属某一种类型内，不能同时归属一种以上的类型中，也不能哪一类都不归属。
- **整群随机抽样：**整群随机抽样是将总体按一定标准划分成群或集体，以群或集体为单位按随机的原则从总体中抽取若干群或集体，作为总体的样本，并对被抽中各群中的每一个单位都进行实际调查。此方法适用于总体比较大而又无明显类型的调查对象。

（3）市场抽样调查的结论

市场抽样调查的目的是用样本指标推断市场的总体情况。而调查结果必然是和真实情况有出入的，因此，调查的原始数据并不适合直接作为调查结论，还需要进一步转换。得出结论的过程分为计算抽样误差以及推断总体两个环节。

- **计算抽样误差：**抽样误差是指随机抽样调查中样本指标与总体指标之间的差异。在重复抽样条件下，简单随机抽样抽样平均数的抽样平均误差计算公式为

$$\mu_{\bar{x}} = \frac{\sigma}{\sqrt{n}},$$

其中 $\mu_{\bar{x}}$ 表示抽样平均误差值，σ表示样本的离散程度，n表示样本单位数。

- **推断总体：**在计算出误差之后，就可以利用误差推算出样本的总体指标，并依据样本的总体指标来判断市场的总体情况，从而得到相对可信的调查结果。

3．重点调查与典型调查

重点调查与典型调查这两种方法严格来说也属于抽样调查，但是采用的是非随机调查方式。重点调查与典型调查在样本的抽取上不依靠随机概率，而是运用主观思想，自行判断需要调查的样本。

（1）重点调查

重点调查是在被调查对象的全部单位中选择一部分重点单位进行调查。这里的重点单位是指在调查总体中具有举足轻重的、能够代表总体的情况、特征和主要发展变化趋势的那些样本单位。

重点调查具有以下特点。

◆**调查手段多样化**：重点调查法所需要调查的样本较抽样调查更少，但是要求对单个样本进行更深入的调查，这就要求大学生创业者采取多样化的调查手段来对重点单位进行全方位、多层次的调查。

◆**调查速度快**：重点调查法的调查样本较少，能够很快得到结果，而且其所反映的主要情况或基本趋势也比较准确。

◆**易于组织**：重点调查易于组织，耗费的人力、物力少，很适合大学生创业者采用。

重点调查的关键之处在于重点单位的选取，选取的质量直接影响调查结果的准确性，大学生创业者具体可以按照以下两条原则来选择。

◆重点单位应尽可能少，而其标志值在总体中所占的比重应尽可能大，以保证有足够的代表性。

◆通常选取那些管理比较健全、业务力量较强、统计工作基础较好的单位作为重点单位。

（2）典型调查

典型调查是指在对研究对象总体进行全面分析的基础上，有意识地从中选取若干个总体单位进行系统周密调查研究的调查方法。典型调查具备以下特点。

◆**主观选择**：典型调查调查的单位数量少，并且调查单位是调查者有意识选择出来的，而非随机抽取。

◆**快速易行**：典型调查调查内容具体细致；调查所需时间短，反映情况快。

◆**调查深入**：典型调查要求调查的内容全面，调查的项目比较多，调查比较深入，还能够进一步发现新的问题，查明客观经济现象产生的原因。

同时，典型调查也有以下局限。

◆选择真正具有代表性的典型单位比较困难。

◆易受主观因素干扰，使调查结果失真。

◆缺少科学的定量分析手段，不能科学地对现象总体进行定量分析。

4．固定样本持续调查

固定样本持续调查是指将选定的样本固定下来，对其进行相同项目的长期持续性调查。固定样本持续调查对于市场调查具有特殊的意义。固定样本持续调查的意义如下。

◆**提供动态信息**：能提供一些只有连续记录才能得到的数据信息，可以了解变化事项的动态变化，这些信息利用价值甚大，这是其他调查方法所不及的。

◆**调查结果回收率较高**：因为固定样本连续调查的调查次数不止一次，所以调查人与被调查人之间会逐渐建立起一些长久的联系，调查结果回收率较高。

◆**显示用户的变化轨迹**：利用固定样本调查可以连续观察一群用户的活动形态，从而了解其行为态度的规则性或变动趋向。这是其他调查方法难以办到的。

◆**样本持续**：只对同一样本做连续的、多次的调查，不需要每次都重新找样本，可以减少许多抽样上的麻烦。

- **资料利用度高：**利用固定样本调查不用每次重复搜集样本的性别、年龄、职业、教育程度等基本资料，可使研究人员集中注意力于需要的特定信息上面。

但大学生创业者也必须了解，固定样本持续调查的调查周期较长，需要付出的精力也更多，无法快速得出结论。

4.3 撰写《商业计划书》

《商业计划书》就是落在纸面上的创业规划，它以描述与拟创办企业相关的内、外环境条件和要素特点为业务的发展提供指示，是衡量业务进展情况的标准。《商业计划书》是市场营销、财务、生产、人力资源等职能计划的综合，对创业活动具有重要的意义，撰写《商业计划书》则是创业者必须掌握的技能。

4.3.1 《商业计划书》概述

创业学教授杰克·卡普兰（Jack Kaplan）和安东尼·沃伦（Anthony Warren）在《创业学》一书中指出：《商业计划书》是一个沟通工具，它可以告诉其他人企业想要完成的目标是什么，企业实现目标的过程和方法是怎样的，同时也是衡量实际和预期收益差距的基础，并建议所有的创业者都应该编写《商业计划书》。

1. 《商业计划书》的撰写目的

《商业计划书》是商业模式的书面体现，是呈现创业构想的载体，也是展现创业者如何实现创业过程的一份资料。一份好的《商业计划书》，是未来创业行动的指南，同时也为企业获得贷款、投资和融资等带来方便。撰写《商业计划书》的目的主要有以下3点。

- **指导创业者的创业行动：**编写《商业计划书》的过程是一个调研与思考的过程，可以使创业者综合考虑创业的各个因素，并在这个过程中清楚地看到哪些才是符合企业创建的要素，使创业者进一步明确自己的创业思路和经营理念。
- **提供创业信息：**一份完整、规范的《商业计划书》包含了创业过程中的各种信息，如行业分析、产品（服务）介绍、市场策略、生产计划、风险预测等，它可以告诉他人，创业者的创业计划并不是一次纸上谈兵，而是一个科学的、可行的未来展望。
- **有利于获取外部资源：**《商业计划书》是展现创业计划的工具，可以帮助他人了解创业项目，一份详细的《商业计划书》可以帮助创业者取得合伙人的信任，增加合伙人的信心；可以帮助创业者更加容易地获得投资人的青睐，获得融资；可以帮助创业者争取各地人民政府的支持，如资金扶持、场地提供、税收减免等。

2. 《商业计划书》的撰写原则

《商业计划书》是市场营销、财务、生产、人力资源等职能计划的综合，创业者在《商业计划书》中呈现企业的竞争优势以及投资者可以获得的利益，并尽可能地提供较多的客观数据来加以佐证，这样才能打动投资人。在具体撰写过程中，创业者应把握以下原则。

◆**客观实际原则：**要撰写一份较为完善的《商业计划书》，需要创业者搜集和利用大量的信息，并对所有信息进行筛选和综合分析，尽量客观、实际，切勿凭自己的主观想法进行判断。

◆**文字精练原则：**《商业计划书》要简洁明了，应该避免出现与主题无关的内容，应开门见山、直奔主题。投资者没有时间也不愿意花过多的时间来阅读一些对他们来说毫无意义的东西。因此，文字精练，观点明确，较容易引起投资者的注意和兴趣。

◆**内容完整原则：**《商业计划书》应尽可能充实完善，为投资者展示一个完整的企业发展蓝图。

◆**展示优势原则：**为了打动投资者，创业者在《商业计划书》中应尽可能地呈现出企业的竞争优势，显示出经营者创造利润的强烈愿望，并明确投资者预期可以获得的报酬。但是不能一味地强调投资的优势和机遇而忽略潜在的不足与风险。

◆**前后一致原则：**《商业计划书》要内容完整，尽量提供各项材料及佐证资料，并使预估与论证相互呼应、前后一致，具有较强的逻辑性。

3.《商业计划书》的撰写要求

《商业计划书》的撰写是一项复杂的工作，创业者必须按照科学的逻辑顺序对诸多可变因素进行系统的思考和分析，才能得出相应结论。为了撰写出一份内容真实、有效并对日后的生产经营活动有帮助的《商业计划书》，创业者应遵循以下要求。

◆**信息的准确性和可靠性：**《商业计划书》的首要要求就是信息的准确性和可靠性，建立在错误信息上的结论通常也是错误的。创业者可以通过许多渠道来搜集信息，并对所有的信息进行综合分析，以确定这些信息的可靠程度。真实、可靠的信息不仅可以保证《商业计划书》的实用性，而且可以让投资者更加信服。

◆**内容的全面性和条理性：**《商业计划书》要尽可能全面地涵盖企业经营的各个方面，《商业计划书》有一些固定的模式，按这些模式来设计就不会让潜在的投资者看《商业计划书》时找不到他重点关注的内容。除此之外，创业者还需要将涉及的每一个问题以及所需要的信息清晰、有条理地展示出来。

◆**叙述的简洁性和通俗性：**简洁性是指《商业计划书》在叙述语言上应当平实，最好是开门见山，让投资者明白创业者想要做什么，不使用过于艳丽的图片和过于夸张的版式。通俗性是指《商业计划书》中应尽量避免使用专业术语，做到通俗流畅。

◆**计划的可接受性和实施性：**在《商业计划书》中，创业者要明确计划所需要投入的资源的种类与数量，确保计划的可行性，这样才能让投资者接受这一计划。

4.3.2 《商业计划书》的内容

《商业计划书》范文

一份完整的《商业计划书》一般应包括封面、计划摘要、企业介绍、产品或服务的介绍、行业分析、市场预测与分析、营销策略、经营管理计划、人员及组织结构、财务规划以及风险与风险管理等内容。

1．封面

封面的设计要给人以美感。一个好的封面会使阅读者产生最初的好感，形成良好的第一印象。《商业计划书》的封面应包括项目名称、团队、主要联系方式等内容，如果企业已经设计好了Logo，也可以在封面中展示出来。

2．计划摘要

计划摘要是《商业计划书》内容的精华，往往在撰写《商业计划书》的最后阶段才完成，但却是投资者最先看到的部分。计划摘要涵盖计划的要点，应做到一目了然，以便投资者能在最短的时间内评审计划并做出判断。

一般而言，计划摘要包括项目亮点概述、产品或服务介绍、行业前景介绍、竞争对手分析、团队介绍、财务分析和融资说明等内容。

- ◆**项目亮点概述：**采用最具诱惑力的话语来解释为什么该项目是一个商机，通常可以直接、简练描述解决某个重大问题的方案或产品。
- ◆**产品或服务介绍：**清晰地描述消费者当前面临的或未来将会面临的某个重大的问题，并说明该项目将怎样解决这个问题。
- ◆**行业前景介绍：**用科学、客观的语言简要描述市场规模与增长趋势及美好前景。行业前景介绍要有调查、有结论、有数据，避免使用空洞、宽泛的语句。
- ◆**竞争对手分析：**主要描述该项目的竞争优势和核心竞争力，以及当面对竞争对手时创业团队预先设计的各种解决方案。此外，对于如何保持该项目的核心竞争力也应该进行简短描述。
- ◆**团队介绍：**用简洁的语言展示创业者和核心管理团队的背景及成就，突出团队的专业性和未来前景。
- ◆**财务分析：**一般使用表格（如现金流量表、资产负债表、利润表）将未来1～3年的核心财务指标展现给投资者。
- ◆**融资说明：**陈述该项目期望的融资金额、主要用途以及使用计划等。

以上只是一个基本的模板，创业者还需要根据自身实际情况来决定撰写计划摘要需要涉及的内容以及各个部分的详略情况。

阅读

一页纸计划摘要

大四学生李军，首次参加了本地各高校联合举办的创新大赛。在大赛上，李军通过一页纸的计划摘要展示了和校友们共同研发的室内绿化项目。

项目简介：本公司着力打造“人与自然”和谐共处的居住理念。随着社会经济的发展，人们的居住条件得到了改善，但其生存环境却在不断恶化，尤其是装修污染问题日益严重。目前，新装修的房屋中绝大部分的室内环境都达不到国家环保标准，而由于室内空气污染引起的支气管炎、肺癌、呼吸道疾病以及白血病患者的数量在不断增加。因此，如何通过室内绿化设计实现美化环境、消除污染成为人们装修时最关注的问题。

竞争优势：绿化环保产业是国家重点扶持和重点发展的产业。目前，市场上还没有将室内绿化设计与植物的特效功能（如清除有害气体等）联系在一起的公司，该领域处于市场空白阶段。另外，各地方人民政府对该产业有相关补贴政策。

产品介绍：通过室内绿化项目，消费者可以在健康与舒适的环境中生活，同时还能减少消费者因室内空气污染而引发的疾病。

团队介绍：创业团队由一群充满激情与创新精神的大学生组成，该团队拥有园林植物与观赏园艺专业的研究生、技术经济及管理专业的研究生及植物相关专业的本科生。其中，团队创始人还取得了室内绿化装饰师证书。

听了李军简明扼要的介绍，不少投资者对他的计划产生了兴趣。

启示： 李军的项目之所以能够吸引投资者的目光，原因就在于他的“一页纸计划摘要”。这份计划摘要简洁明了，不但让投资者明白了该项目的商业价值，还清楚地介绍了所提供的产品，以及该产品是如何解决消费者的问题的。

3．企业介绍

企业介绍是对创业团队拟成立企业的总体情况的说明，明确阐述创业背景和企业发展的立足点，以及企业理念、经营思路和企业的战略目标等。

4．产品或服务的介绍

产品或服务介绍示例

投资者非常关心的问题之一就是产品或服务是否具有新颖性、先进性、独特性和竞争优势，以及该产品或服务能否及在多大程度上解决现实生活中的问题。产品或服务介绍应提供所有与企业产品或服务有关的细节，以及企业所实施的所有的调查内容，包括产品或服务的概念、性能及特性，主要产品或服务介绍，产品或服务的市场竞争力，产品或服务的研究和开发过程，发展新产品或服务的计划和成本分析等。

在产品或服务介绍部分，创业者要对产品或服务做详细的说明，说明要准确，也要通俗易懂，使非专业人员的投资者也能看懂。同时最好附上产品原型、图片或其他介绍等内容。

5．行业分析

在行业分析中，创业者应该正确评估所选行业的基本特点、竞争状况和未来的发展趋势等内容。行业分析可以从以下4个方面进行。

◆简要说明企业所涉及的行业。企业如果涉及多个行业，应该分别进行说明。

◆说明该行业的现状。这一部分尽可能多用数字、图表等形式来展示所要传达的信息，比如行业增长率、销售百分比等。

◆说明该行业的发展趋势和前景。在预测行业的发展趋势时，创业者不仅要考虑微观的行业环境变化，还要考虑整个行业乃至整个社会经济的发展状况，并在此基础上对行业前景做简短的说明和预测。

◆说明进入该行业的障碍以及克服的方法。

6．市场预测与分析

行业分析着重分析企业所涉及的行业领域，而市场预测与分析则是将产业细分，并瞄准企业所涉及的细分市场。市场预测与分析应包括以下4个方面的内容。

◆**市场细分和目标市场的选择：** 在行业分析的基础上，找到企业具体的目标市场。目标市场可以是一个细分市场，也可以是两个甚至更多个细分市场，在撰写《商业计划书》时，创业者要对每一个细分市场都进行详细的分析和说明。

◆**用户行为分析：** 用户行为分析是专门针对目标市场的用户群体所进行的分析。只有对目标市场的用户人群进行深入了解后，企业提供的产品和服务才更能满足他们的实际需求。在《商业计划书》中，这一部分一般采用调查问卷的形式对用户行为进行分析。

◆**竞争对手分析：** 对市场的竞争情况进行分析也就是确定自己的竞争对手，分析竞争对手所采用的销售策略及其所售的产品或服务的优势等。对竞争对手的详细分析有助于创业者了解竞争对手所处的位置，使企业更好地把握市场机会。

◆**销售额和市场份额预测：** 市场预测与分析的最后部分是销售额和市场份额预测。创业者需要用各种方法取得当前的行业数据，并以此对企业未来销售额和市场份额进行预测。

7．营销策略

营销策略会受到用户特点、产品特征、企业自身状况以及市场环境各方面因素的影响，是《商业计划书》中最具挑战性且非常重要的部分。《商业计划书》中的营销策略应当包括总体营销策略、定价策略、渠道与销售策略、促销策略等内容。

◆**总体营销策略：** 简单介绍企业为销售其产品和服务所采用的总体方法。

◆**定价策略：** 企业定价的目标是促进销售，获取利润，这就要求企业既要考虑成本，又要考虑消费者对价格的接受能力。定价策略的类型有折扣定价、心理定价、差别定价、地区定价、组合定价以及新产品定价6种。

◆**渠道与销售策略：** 对于渠道与销售策略，主要说明企业的产品或服务如何从生产者到达用户手中，通常使用的渠道与销售策略有通过中间商和发展自己的销售网络两类。

◆**促销策略：** 促销策略即企业打算采用什么方法来促进自己的产品或服务。常用的促销方式包括广告、人员推销、公共关系以及营业推广4种。在实际经营中，以上4种促销方式都是结合使用的，因此，促销策略又称为促销组合策略。

8．经营管理计划

经营管理计划旨在使投资者了解产品或服务的生产经营状况。因此，创业者应尽量使经营管理计划的细节详细、可靠。经营管理计划一般包括生产工艺/服务流程、设备的购置、人员的配备、新产品投产的计划、产品或服务质量控制与管理等内容。

9. 人员及组织结构

人是企业的核心，投资者也会关注企业的人员结构和管理能力。创业者在《商业计划书》中应该对主要管理人员加以介绍，介绍他们的能力、他们在企业中的职务和责任、他们过去的详细经历及背景。此外，还应对企业的组织结构做简要介绍，具体包括公司的组织结构图、各部门的功能和责任、各部门的负责人及主要成员、企业的报酬体系、企业的股东名单（包括认股权、比例和特权）、企业的董事会成员、各位董事的背景资料等。

10. 财务规划

财务报表模板

财务规划可以使投资者据此来判断企业未来经营的财务状况，进而判断其投资能否获得理想的回报。财务规划的重点是编制资产负债表、利润表以及现金流量表。

- **资金负债表：**资金负债表反映企业在一定时点的财务状况。投资者可查看资产负债表来得到所需数据，以此来衡量可能的投资回报率。
- **利润表：**利润表反映的是企业的盈利状况，即反映企业在一段时期内的经营成果。
- **现金流量表：**现金流量表是反映企业在一定会计期间内，现金和现金等价物流入和流出的报表。现金流量表能够反映企业在一定期间内经营活动、投资活动和筹资活动产生的现金流入与现金流出情况，能够为企业提供在特定期间内现金收入和现金支出的信息，以及为企业提供该期间内有关投资活动和理财活动的信息。

11. 风险与风险管理

创业者需要在《商业计划书》中如实向投资者分析企业可能面临的各种风险，同时还应阐明企业为降低或防范风险所采取的各种措施。投资风险被描述得越详细，交代得越清楚，就越容易引起投资者的兴趣。

企业面临的风险主要有战略风险、市场风险、管理风险、竞争风险、核心竞争力缺乏风险以及法律风险等。在《商业计划书》中需要阐明这些风险中哪些是可以控制的，哪些是不可控制的，哪些是需要极力避免的，哪些是致命的或不可管理的。创业者不能因为风险发生的可能性小而将其忽略不计，更不能为了增加获得投资的机会而刻意隐瞒风险因素。

4.3.3 《商业计划书》的撰写技巧与步骤

《商业计划书》是一份规范的文件，要想写出一份内容翔实、条理清晰、令人可信的《商业计划书》，大学生创业者还需要事先了解撰写《商业计划书》的一些必要技巧和一般步骤。

1. 《商业计划书》的撰写技巧

为了保证撰写《商业计划书》的效率与《商业计划书》的质量，大学生创业者可以运用下面这些技巧。

- **关注产品：**在《商业计划书》中，大学生创业者要详细描述所有与企业的产品或服务有关的细节，包括产品的研发、产品的独特性、产品的生产成本和售价等。这样才能将投资者带入企业的产品或服务中，让投资者感受到这种产品或服务的优势和与众不同之处。

◆**条理清晰**：清晰的结构布局可以使投资者快速找到他们的兴趣要点，提升其阅读兴趣。由于不同的阅读对象对创业项目的关注点会有所不同，因此，在编写《商业计划书》时不能生硬套用固定模板，而应该根据不同的阅读对象进行调整，突出重点。

◆**借助外力完善《商业计划书》**：在完成《商业计划书》的草稿之后，大学生创业者可以聘请专业的咨询师来对《商业计划书》进行完善。因为专业的咨询师有丰富的与投资者和银行打交道的经验，对《商业计划书》的撰写内容十分清楚，能够从专业角度来完善《商业计划书》。

◆**尽量使用第三人称**：相对于频繁使用“我”“我们”，使用第三人称“他”“他们”会有更好的效果，因为这样会给投资者留下更专业和更客观的印象。

◆**注意格式和细节**：在编写《商业计划书》时，不要使用过于花哨的字体，比如艺术字、斜体字等，避免给人留下不够严肃、正式的印象。另外，在《商业计划书》的细节处理上，要多花一些心思，例如，在《商业计划书》的封面和每一页的页眉或页脚都印刷上设计精美的企业Logo，体现出大学生创业者的用心。

◆**使用PPT展示**：绝大多数投资者喜欢PPT类型的《商业计划书》，PPT中的图文排版直观、表现方式丰富，便于大学生创业者讲述清楚创业项目。而Word或PDF版本的《商业计划书》则适用于后续的进一步展示，在内容上更翔实。

◆**阅读优秀的《商业计划书》**：阅读他人优秀的《商业计划书》可以在一定程度上帮助大学生创业者提高自己的写作能力，因此，大学生创业者在撰写《商业计划书》之前，可以多阅读一些他人的《商业计划书》，从中得到灵感与启发。

2. 《商业计划书》的撰写步骤

《商业计划书》的撰写可以分为以下6步。

◆**经验学习**：大学生创业者多数都没有撰写《商业计划书》的经验，在此种情况下，可以先通过网络搜集《商业计划书》范文、模板及相关资料，研究这些资料所包含的内容和写作手法后，吸收其中的精华，优化自己的撰写思路。

◆**创业构思**：一个优秀的创业构思对创业企业的成败起着至关重要的作用，如果构思不正确，企业后期将很难经营，甚至可能会破产倒闭。大学生创业者在进行创业构思时，要冷静分析、谨慎决策，考虑多方面的问题，包括团队的组建、资源的获取、企业的运作、盈利的模式、可能的问题及解决方案等。

◆**市场调查**：没有调查，就没有发言权。市场调查是大学生创业者直接获取创业所需信息的方式，市场调查的结果是创业计划落实和细化的重要参考，其作用与方法已在前文进行了具体的介绍，此处不再赘述。

◆**起草《商业计划书》**：搜集到足够的信息后，大学生创业者就可以开始起草《商业计划书》了。由于《商业计划书》中包含内容较多，大学生创业者在制订计划时要明确各个部分的作用，做到有的放矢。同时，在撰写《商业计划书》的过程中，大学生创业者还可以咨询律师或顾问的意见，确保计划书中的文字和内容没有歧义，不会被他人误解。

◆**修饰**：在确定具体方案后，大学生创业者还应该对《商业计划书》进行修饰，在撰写《商业计划书》的过程中，要注意控制篇幅，简要的《商业计划书》一般为4～10页，全面翔实的《商业计划书》一般控制在40页以内。对于呈递给投资者的《商业计划书》，应该装帧精美，封面要简洁有新意，封面的纸质要坚硬耐磨；版本装订要精致，要按照资料的顺序进行排列，并提供目录和页码，最后还要附上《商业计划书》中支持材料的复印件。

◆**检查**：《商业计划书》应该规范而严谨，所以最后要对《商业计划书》进行检查，以保证计划书的正确和美观。检查的主要对象是文本和内容，针对文本，要查看文字描述、语言措辞、数据运算等是否准确，以及表格图形、资料引用、版式、数据处理等是否存在不合理之处；针对内容，需要从投资者的角度对整个《商业计划书》进行审视，对《商业计划书》所反映的内容的完整性、科学性和合理性等进行检查。

课堂讨论

"易家通App"的商业模式

"易家通App"是由易家通开发的一款基于移动端、针对社区的生活服务类App。在"易家通App"上，用户可以入驻自己的工作地或居住地所属社区，领取易家通提供的免费平板电脑，享受身边的生活服务和便利商品，同时进行邻里间的社交。

"易家通App"主要提供以下服务项目。

（1）便民服务。其主要包括家政、教育培训、餐饮等24个种类。公司通过招标的方式，将项目承包给周围的商户，中标的商户可以在公司平台上开设网店，为小区居民提供便利服务。

（2）日用品采购。发放的平板电脑上有个采购图标，如同沃尔玛的网上商城一样，小区居民只要在网上订购所需日用品，商家便会主动送货上门。因为网上订购模式能为商家节省店面租金成本，所以吸引了大批商户竞标，使公司可以从中选择最合适的合作商家。

（3）该App还有个最重要的作用——促进社区管理。小区居民可以通过App选举"业主委员会"的成员，还可以对家政、采购等服务进行投诉或者提出建议，对服务态度进行评价。

在这样的商业模式下，易家通可通过以下途径获取利润。

（1）收取商家的服务费。凡是在"易家通App"上开设网店的商家，每个月需支付300～400元的服务费。而那些同时使用了易家通下单系统的商家，每个月则需支付1 000元的费用。

（2）广告费。在App里，易家通根据不同的广告位收取价格不等的广告费。

（3）佣金收入。将日常采购服务整体委托给沃尔玛或麦德龙这样的大供应商，易家通可从中收取采购金额2%的佣金。

试讨论“易家通App”团队的这个商业模式是否可行，以及还有哪些改进空间。

活动人数：分小组进行讨论，6~8人为一组，共4个小组。

讨论方式：首先进行小组内讨论，得出讨论结果，然后汇总讨论结果，得出结论，最后小组选择代表，陈述全组讨论成果。

课后思考

参考答案

1．以下关于商业模式各要素的表述不正确的是（　　）。

A．企业价值是评判企业商业模式优劣的标准

B．自由现金流结构是行业模式的核心

C．盈利模式是指企业获得收入、分配成本、赚取利润的方法

D．定位决定了企业应该提供什么样的产品和服务来实现消费者的价值

2．以下关于市场调查方式的表述不正确的是（　　）。

A．市场普查是指对市场中有关组织的全体进行逐一的、普遍的、全面的调查

B．重点调查是在被调查对象的全部单位中选择一部分重点单位进行调查

C．分层随机抽样是将总体按一定标准划分成群或集体，以群或集体为单位按随机的原则从总体中抽取若干群或集体

D．固定样本持续调查能够反映用户的变化轨迹

3．以下有关《商业计划书》的内容对应不正确的是（　　）。

A．行业分析（行业的基本特点、竞争状况和未来的发展趋势）

B．营销策略（总体营销策略、定价策略、促销策略）

C．财务规划（编制现金流量表、利润表以及资产负债表）

D．计划摘要（明确阐述创业背景和企业发展的立足点，以及公司理念、经营思路和公司的战略目标）

4．自行构思或寻找一个商业模式，为其写作一份《商业计划书》（需要的具体数据可以自行设置或从网络上搜集）。

5．扫描右侧二维码，阅读其中材料，为材料中的企业制作一份精益创业画布。

阅读材料

第 5 章

创业融资与创业投资

资金是企业经济活动的第一推动力和持续的能量来源，对于企业经营和发展的重要性不言自明。而新创企业，尤其是大学生创业者所建立的新创企业，往往都不具备雄厚的资金基础，因此，从外部获取融资对新创企业来说就显得尤为重要。本章将立足于大学生创业者和新创企业，介绍创业融资和创业投资的相关知识，大学生创业者只有认真掌握融资技巧，才会有机会突破资金上的瓶颈，在商海之中纵横驰骋。

5.1 创业融资概述

资金不足是制约大学生自主创业的主要影响因素之一，大学生创业者必须清醒地认识到融资对创业企业的重要性。在建立企业之前，大学在创业者应该学习创业融资的基础知识，从而高效、快速地筹集资金。

5.1.1 创业融资的含义与目的

创业活动需要资金作为支撑。在企业成立前，需要租赁、装修办公场所，购买交通工具，购置办公设备及其他器具；在企业成立后，对现金的需求会越来越多，需要购买原材料或者存货，招聘员工，支付员工薪酬、法定保险，以及对产品进行市场推广等，这些成本往往会超出大学生创业者的能力范围。大学生创业者如果没有最初的、足够的资金支持，就需要进行融资。

1. 创业融资的含义

创业融资是指创业企业根据自身发展的要求，结合生产经营、资金需求等现状，通过科学的分析和决策，借助企业内部或外部的资金来源渠道和方式，筹集生产经营和发展所需资金的行为和过程。

相较于成熟企业融资，创业融资更为困难。这主要是由于以下原因导致的。

- **新创企业缺少可供抵押的资产：** 银行贷款是最常用的融资方式，而大额的银行贷款普遍要求有对应的资产进行抵押。而新创企业本身规模小、实力弱，普遍缺少可供抵押的资产，银行贷款给新创企业需要承担更大的风险，这就导致银行不愿意为新创企业提供贷款。
- **新创企业没有可参考的经营记录：** 过去的经营记录反映了企业的经营状况，从而可以据此推断企业未来的经营状况与盈利可能。因此，过往有过出彩经营记录的企业或创业者，哪怕身无分文甚至负债累累，同样能够吸引到投资，因为投资者相信他可以东山再起。而新创企业显然没有能够让投资者“下注”的本钱。
- **新创企业的融资规模相对较小：** 新创企业的融资规模普遍较小，而向一家企业投资100万元和向10家企业分别投资10万元，毫无疑问后者需要投资者付出更多的管理成本。这就导致了投资者往往倾向于投资融资规模大的企业。

综上，大学生创业者应该对融资的困难做好心理准备。但是新创企业也并非全然处在劣势的地位，相比于成熟的企业，新创企业有更大的发展空间和成长性，能够为投资者带来更高的收益。一些偏好“高风险、高回报”投资的投资者会青睐新创企业。

2. 创业融资的目的

总的来说，创业融资的目的就是维系企业的经营，为企业的发展提供支持。在微观上，创业融资通常出于下面3个目的。

- **满足企业正常生产经营活动需要：** 企业创建时，需要按照经营方针来确定生产规模，按照生产规模来配置相应的厂房、设备、原材料、人工等支出项目。遇到资金不足的情况就需要通过融资来解决。满足企业正常生产经营活动需要是新创企业较为常见的一类融资目的。
- **满足扩大再生产的需要：** 新创企业在初期的发展通常较快，因扩大生产规模等需要投入大量的资金，而此时企业还需要维持相当的现金流，因此也要通过融资来满足扩大再生产的需要。
- **满足偿还到期债务的需要：** 新创企业的债务需要通过企业自身在生产经营中取得的收入来偿还。但有时企业在偿债的窗口期需要"借债偿债"，这样的融资叫作偿债融资，如果企业有能力偿还到期债务，仅仅因为调整资金结构来新增融资，这样的融资叫作调整性偿债融资；如果企业已无力支付到期债务，被迫新增融资来偿还旧债，这样的融资叫作恶化性偿债融资。

阅读

哔哩哔哩（bilibili）融资历程

哔哩哔哩是我国的文化社区和视频平台。起初哔哩哔哩名不见经传，在2013年10月和2014年10月分别完成了A轮和B轮投资，融资额不过数百万美元。但在2015年，哔哩哔哩受到了巨头腾讯的青睐，腾讯领投的D轮投资规模超过5亿元人民币。

当时几乎所有的视频平台都在"赔本赚吆喝"，顶着亏损发展用户。在大量资金的加持下，哔哩哔哩的视频数量和受众规模得以迅速增长。在2018年3月，哔哩哔哩正式在纽约交易所上市。几个月后，腾讯又对哔哩哔哩进行了高达3.176亿美元的战略投资，进一步助推了哔哩哔哩的发展。

在胡润研究院发布的《2019胡润中国500强民营企业》中，哔哩哔哩位列第180位；在2020年4月，哔哩哔哩又拿到了索尼的4亿美元大手笔投资。哔哩哔哩这个视频平台中的后起之秀依靠大量的投资成了我国较知名、用户多、营收高的视频平台之一。

启示： 从哔哩哔哩的发展历程中可以看出，融资对于企业的发展具有巨大的推动作用。在激烈的市场竞争中，企业可以通过融资获得大量的资金，从而取得竞争中的优势地位，实现更长远的发展。

5.1.2 创业融资的基本原则与条件

创业融资对新创企业的经营与发展至关重要，大学生创业者应该对融资的原则与条件进行了解，以便更好地进行创业融资活动。

1. 创业融资的基本原则

创业融资需要企业付出成本，如向银行贷款需要支付利息，向投资者融资则需要付出企业的股权，同时融资也有相应的风险。因此，大学生创业者应该遵循一定的融资原则来进行融资，以降低融资成本、规避融资风险。

创业融资的基本原则包括以下4点。

◆**规模适当原则**：一方面，企业对于资金的需求会不断变化，大学生创业者应该根据创业计划和创业阶段，运用财务手段合理地预测资金需求量。新创企业的融资规模应该保持在一定的尺度，使融资额度与资金需求达到平衡，融资过剩会支出不必要的成本，而融资不足会耽误企业的正常经营活动。另一方面，新创企业还必须保持自身资金结构的合理性，确保企业的长期资金和短期资金维持在合适的水平。

◆**融通及时原则**：新创企业的融资活动应该根据企业自身的资金安排来进行，使企业的融资与资金使用相匹配，融资过早会造成资金的闲置，产生不必要的资金成本；融资滞后则可能错过有利的资金使用窗口期，影响企业的政策生产经营。企业融资越及时，资金的使用效率越高，则资金成本越低。

◆**来源合理原则**：新创企业的融资活动不仅影响企业自身，也影响社会资源的流向和流量，涉及相关利益主体的经济利益。因此，大学生创业者在融资时一定要遵守国家的相关法律法规，选择来源合理的融资渠道，避免因非法融资行为给企业自身以及其他相关利益主体造成损失。

◆**方式经济原则**：新创企业在融资上需要讲究效益，由于资金的筹集与使用都会产生成本，因此大学生创业者在融资前必须事先确定该笔资金的使用方式及其收益，只有在资金使用收益大于资金成本的情况下才能够进行融资。另外，不同的融资方式，其资金成本也有高有低，大学生创业者应该对各种融资方式进行分析、对比，选择经济、可行的融资方式。

2．创业融资的基本条件

大部分大学生创业者都渴望成功融资，但是融资是一种“让别人把钱给自己花”的行为，要让投资者心甘情愿地掏钱并非易事，一般情况下，只有具备以下条件的创业项目才能够相对轻松地融资成功。

◆项目本身已经经过有关部门批准。

◆项目可行性研究报告和项目设计预算已经得到有关部门的审查批准。

◆项目引进的国外技术、设备、专利等已经经过经贸部门批准，并办妥相关手续。

◆项目产品的技术、设备先进适用，配套完整，有明确的技术保证，生产规模合理。

◆项目产品经预测有良好的市场前景和发展潜力，盈利能力较强，有较好的经济效益和社会效益。

◆项目投资的成本以及各项费用预测较为合理，生产所需的原材料有稳定的来源，并且已经签订供货合同或意向书。

◆项目建设地点及建设用地已经落实，生产所需的水、电、通信等配套设施已经落实，与项目有关的其他建设条件也落实到位。

在通常情况下，创业项目越符合以上条件，就越容易得到投资者的青睐。但也不绝对，也有不满足以上条件而成功的创业项目，当然这种情况是小概率事件，不足以作为参考，大学生创业者还是应该尽量满足这些条件。

5.2 创业融资资金的来源

企业的融资活动需要通过一定的渠道并采用一定的方式来完成。渠道和方式的不同导致了融资成本和数额的不同，对企业的要求也不一样。按照资金的来源方式可以将融资分为债权融资和股权融资，下面分别进行介绍。

5.2.1 债权融资

债权融资是指新创企业通过借钱的方式来进行融资，资金提供者将资金提供给新创企业使用，然后在约定的时间收回资金，即本金，并获得预先约定的报酬，即利息。因此，在债权融资中，新创企业需要付出的融资成本主要是利息。新创企业能够使用债权的融资渠道一般包括向家人及亲戚朋友借款、大学生创业贷款、银行商业贷款、商业信用融资和融资租赁等。

1. 向家人及亲戚朋友借款

新创立的企业早期所需的资金具有高度的不确定性，但是需求量较少，因此，在这一阶段，除创业者本人的个人积蓄外，家人和朋友的借款就是最为常见的资金来源。创业者和这些人之间有一定的亲情、友情关系，彼此间容易建立起信赖感。

向家人及亲戚朋友借款也具有一定的局限性，只适用于家庭物质条件较好的大学生创业者，同时，如果创业失败，还会影响双方的关系，因此，大学生创业者应该在对方自愿的情况下进行借款，并以公事公办的态度将家人和亲戚朋友的借款与其他投资者的资金同等对待。任何借款都要明确规定利率以及本息的偿还计划，对所有融资的细节都需达成协议，如资金的用途、资金的数额和期限、企业破产的处理措施等，并最后形成一份相关的正规协议。

2. 大学生创业贷款

大学生创业贷款是银行等资金发放机构对各高校学生（专科生、本科生、研究生等）创业者发放的无抵押、无担保的大学生信用贷款。相比于普通银行商业贷款，大学生创业贷款通常融资成本更低，是一种理想的融资手段。

（1）大学生创业贷款优惠政策

大学生创业贷款是我国重要的大学生创业者优惠政策，对于企业的优惠主要体现在以下3个方面。

- **优先贷款支持、适当发放信用贷款：**对于能提供有效资产抵（质）押或优质客户担保的，可由高校毕业生为借款主体，由其家庭或直系亲属家庭成员的稳定收入或有效资产提供相应的联合担保。对高校毕业生创业贷款，在风险可控的基础上适当发放信用贷款。

◆**简化贷款手续**：通过简化贷款手续，合理确定授信贷款额度，更便捷地为大学生创业者融资提供资金，降低了企业融资的时间和精力成本。

◆**利率优惠**：对创业贷款给予一定的优惠利率扶持，视贷款风险度不同，在法定贷款利率基础上可适当下浮或少上浮。根据各地政策以及大学生创业项目的区别，利率优惠的幅度不同。

（2）大学生创业贷款申请条件

要想成功申请大学生创业贷款，大学生创业者需要满足以下条件。

◆申请者年满18周岁，具有合法、有效身份证明和贷款行所在地合法居住证明，有固定的住所或营业场所。

◆申请者持有工商行政管理机关核发的营业执照及相关行业的经营许可证，从事正当的生产经营活动，有稳定的收入和还本付息的能力。

◆申请者投资项目已有一定的自有资金。

◆贷款用途符合国家有关法律和银行信贷政策规定，不允许用于股本权益性投资。

◆在银行开立结算账户，营业收入经过银行结算。

（3）大学生创业贷款申请资料

大学生创业贷款需要的申请资料如下。

大学生创业贷款申请范文

◆申请者及配偶身份证件（包括居民身份证、户口簿或其他有效居住证原件）和婚姻状况证明。

◆申请者个人或家庭收入及财产状况等还款能力证明材料。

◆申请者营业执照及相关行业的经营许可证，贷款用途中的相关协议、合同或其他资料。

◆申请者担保材料，包括抵押品或质押品的权属凭证和清单、有权处分人同意抵（质）押的证明、银行认可的评估部门出具的抵（质）押物估价报告。

（4）大学生创业贷款申请流程

大学生创业贷款的申请流程如图5-1所示。

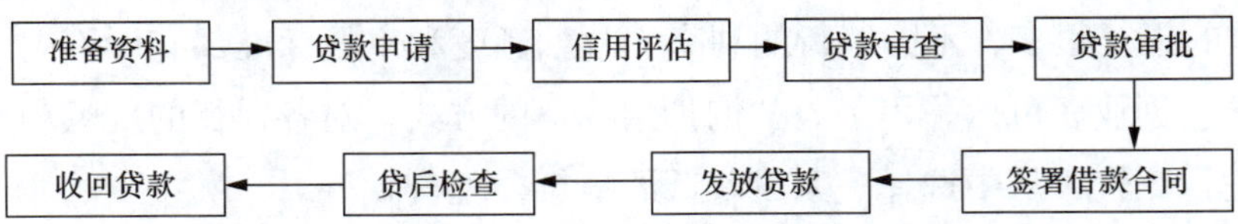

图 5-1　大学生创业贷款的申请流程

◆到当地人力资源与社会保障部领取《就业失业登记证》等相关必要证件并准备好创业项目的相关资料。

◆到当地人力资源与社会保障部申请贷款支持，人力资源与社会保障部审核通过后就会将该项目推荐到相关银行。

◆银行在审查完担保条件后会进行实地项目考察，若考察全部合格即会发放贷款。如果手续齐全，整个贷款流程大约需要1个月时间。

3．银行商业贷款

如果大学生需要的创业启动资金无法通过创业贷款的方式满足，也可以向银行申请商业贷款。银行是依法成立的经营货币信贷业务的金融机构，向银行申请商业贷款是企业使用最普遍的融资手段。

银行商业贷款主要有以下5种形式。

- **担保贷款**：担保贷款是指以担保人的信用为担保而发放的贷款。随着我国中小企业信用担保体系的建立和完善，目前各地均有专业化的信用担保机构。如果大学生创业者缺乏合格的抵押物品，就可以向信用担保机构申请担保贷款。
- **抵押贷款**：抵押贷款是指按照《中华人民共和国担保法》规定的抵押方式，以借款人或第三人的财产作为抵押物发放的贷款。办理抵押贷款时，由银行保管抵押物的有关产权证明（所有权不变更），且抵押贷款的金额一般不会超过抵押物评估价的70%。
- **质押贷款**：质押贷款是指以借款人或第三人的动产或权利作为质押物发放的贷款。大学生创业者可用自己甚至亲朋好友（需要本人书面同意）未到期的存单、国债、国库券等作为抵押物，从银行申请有价证券面值80%～90%的贷款。与抵押贷款相比，质押贷款中，借款人或第三方的动产或权利凭证被转移给了银行。
- **贴现贷款**：贴现贷款是指借款人在急需资金时，以未到期的票据向银行申请贴现而融通资金的贷款方式。贴现贷款具有流动性高、安全性大、自偿性强、用途确定、信用关系简单等特点。贴现贷款与质押贷款的区别在于贴现是由银行购买借款人的未到期票据，而质押则转移了动产或权利的占有权。
- **信用贷款**：信用贷款是指银行仅凭对借款人资信的信任而发放的贷款，借款人无须向银行提供抵押物或担保。信用贷款具有无抵押、手续便捷的优点，借款人的门槛也比较低，只要工作稳定，征信记录良好，如信用报告、信用评估、信用信息良好就能获得贷款。但银行对信用贷款的信用审核严格，贷款额度相对较低，所以只适合于创业者的短期小额贷款。

可供贷款的银行很多，不同银行的利率、放款额度和审核标准都有所不同。为了节省融资成本，大学生创业者可以采用个人“询价招标”的方式，对各银行的贷款利率以及其他额外收费情况进行比较，从中选择一家成本低的银行办理贷款。

4．商业信用融资

商业信用融资是指企业之间在买卖商品时，以商品形式提供的借贷活动，即交易双方依靠延期付款或延期交货的形式形成借贷关系来筹措资金的融资方式，商业信用融资是经济活动中非常普遍的债权债务关系。

商业信用融资建立在企业的良好信用之上，具体包括应付账款融资、预收货款融资和商业票据融资3种。

（1）应付账款融资

应付账款融资也叫买方融资。所谓应付账款，是指企业购买货物未付款而形成的对供货方的欠账。在这种交易中，卖方为了促销而同意允许买方在购货后延迟支付货款，而买方能够延期付款，等于是先借了卖方的钱购买货物。在规范的商业信用行为中，债权人（卖方）为了控制应付账款的期限和额度，往往向债务人（买方）提出信用政策。信用政策包括信用期限和给买方的购货折扣与折扣期，如规定应付账款必须在交易后30天内结算，且在10天内结算可以享受2%的货款折扣。应付账款融资易于取得，无须办理筹资手续和支付筹资费用，而且在一些情况下不用承担资金成本。

（2）预收货款融资

预收货款融资又叫卖方融资，是指卖方按照合同或协议约定，在交付货物之前向买方预先收取部分或全部货物价款的信用形式，相当于卖方向买方先借一笔款项，然后再用货物抵偿。此信用形式应用非常有限，仅限于市场紧缺商品、买方急需或必需商品及生产周期较长且投入较大的建筑业、重型制造业等。

（3）商业票据融资

商业票据是指由金融公司或某些企业签发，无条件约定自己或要求他人支付一定金额，可流通转让的有价证券，它是持有人具有一定权力的凭证。如汇票、本票、支票等。商业票据融资通过商业票据进行融资，商业票据融资具有以下特点。

- **无担保：**商业票据融资无实体财产做抵押担保品，只以发行公司的声誉、实力地位做担保，这也是其作为商业信用融资的基本特点。
- **期限短：**一般大中型公司发行的商业票据的期限为1~6个月，大型金融公司发行的商业票据的期限为1~9个月，还有以几天来计期的商业票据。
- **见票即付：**商业票据有明确的到期日，到期时债务人必须无条件地向债权人或持票人支付确定的金额，不得以任何理由为借口拒绝或延期支付。
- **利率低：**商业票据利率一般低于银行贷款利率但高于国库券利率。利率差距的幅度因发行时间、发行公司状况、金融市场货币供求情况的不同而发生变化。
- **限制少：**商业票据融资方式不像其他融资方式受到较多法律法规限制，而且没有最高限额限制，从而使公司有广泛的资金来源。

综合来看，商业信用融资具有筹资便利、筹资成本低以及限制条件少的优点，但是其期限较短、筹资数额较小，而且必须有良好的企业信用才能实施。

5．融资租赁

融资租赁是指出租人根据承租人对租赁物件的特定要求和对供货人的选择，出资向供货人购买租赁物件，并租给承租人使用，承租人则分期向出租人支付租金，在租赁期内租赁物件的所有权属于出租人所有，承租人拥有租赁物件的使用权。融资租赁是目前国际上最为普遍、最基本的非银行金融形式。依靠融资租赁，需要添置设备的企业只需要支付少量资金就能使用所需设备进行生产，相当于为企业提供了一笔中长期贷款。

融资租赁具有以下特征。

◆租赁物由承租人决定，出租人出资购买并租赁给承租人使用，并且在租赁期间内只能租给一个企业使用。

◆承租人负责检查验收制造商所提供的租赁物，对该租赁物的质量与技术条件出租人不向承租人做出担保。

◆出租人保留租赁物的所有权，承租人在租赁期间支付租金而享有使用权，并负责租赁期间租赁物的管理、维修和保养。

◆租赁合同一经签订，在租赁期间任何一方均无权单方面撤销合同。只有租赁物毁坏或被证明为已丧失使用价值的情况下方能中止执行合同，无故毁约则要支付相当重的罚金。

◆融资租赁的租期结束后，承租人一般对租赁物有留购和退租两种选择，若要留购，购买价格可由租赁双方协商确定。

由于融资租赁具有融资与融物相结合的特点，出现问题时租赁公司可以回收、处理租赁物，因而在办理融资时对企业资信和担保的要求不高，所以非常适合中小企业融资。

5.2.2 股权融资

股权融资是指企业愿意让出部分企业所有权，通过企业增资的方式引进新的股东，同时使总股本增加的融资方式。投资者享受企业发展的红利与股权升值，同时承担股权贬值甚至企业倒闭的风险。

1. 股权融资与债权融资的区别

股权融资和债权融资是企业融资的两大基本类型，它们各具特点，以不同的方式影响企业的经营和发展。下面就具体介绍股权融资与债权融资的区别。

◆**本金的收回：**股权融资的本金已经变成了企业的股本，投资者不能从企业抽回，而只能转让给第三方；而债权融资往往都有具体的期限，到期后投资者可以从企业收回本金。

◆**报酬数额：**股权融资中，投资者的报酬来源于股价的上涨和企业的分红，因此，其报酬随着企业的经营情况而变化，有可能没有报酬甚至亏损；而债权融资中，投资者能够获得的投资报酬是固定的，即在融资时约定的固定利息。

◆**企业风险：**股权融资的投资者需要承担企业的风险，企业的亏损甚至倒闭都会对投资者的资产产生影响；而债权融资的报酬是固定的，企业有偿还账务的义务，投资者不用承担企业的风险。

◆**对企业的控制：**股权实质上是企业的部分所有权，股权持有者按持股比例享有企业的控制权；而债权融资的投资者与企业只有债权关系，没有对企业的控制权。

2. 股权融资的方式

股权融资所筹措的资金具有无到期日、不需要归还且没有固定的股利负担等优点，因此，新创企业往往乐意出让部分股权来引入资金。大学生创业者应该寻求天使投资、风险投资和私募股权投资等股权性投资。

（1）天使投资

天使投资（Angel Investment）是自由投资者或非正式风险投资机构对原创项目构思或小型新创企业进行的一次性的前期投资。

天使投资一词起源于纽约百老汇的演出捐助。“天使”这个词是由百老汇的内部人员创造出来的，用以形容百老汇演出的富有资助者，他们对百老汇演出进行了高风险的投资。后来那些给创业者带来投资和帮助的投资者都被称为“天使投资人”，可见天使投资对新创企业有多么重要。

天使投资一般具有以下特点。

- **通常只提供“第一轮”融资：**天使投资往往只是利用了投资者自己的积蓄，显然不足以支持较大规模的资金需要，因此，只有那些处于最初发展阶段的创业者能够得到他们的青睐。
- **带有强烈的感情色彩：**创业者说服“天使投资人”投资的过程常常需要一定的感情基础，或者是志同道合的朋友，或者是有亲戚关系，或者是得到了熟悉人士的介绍等，如字节跳动在天使轮的融资来自于海纳亚洲创投基金，字节跳动的创始人张一鸣和海纳亚洲创投基金的投资者王琼就有很好的私交关系。
- **融资程序简单迅捷：**“天使投资人”只是代表自己进行投资，投资行为带有偶然性和随意性，投资决策主要基于投资人自己的想法，而不需要经过复杂而烦琐的投资决策程序。
- **投资者通常只做短期投资：**因为是使用自己的资金进行投资，所以投资者对投资回报的期望较高，而且创业企业抗风险的能力不如大型投资公司，所以“天使投资人”对亏损的忍耐力不强，往往只进行短期投资。

（2）风险投资

风险投资（Venture Capital，VC）是指由创业资本家或其他出资人和机构出资，投入拟创立的新企业或刚刚诞生的创业企业，向创业项目或创业企业提供资本支持，并通过提供资本经营服务等一系列的服务，帮助创业者完成创业过程，在创业成功后投资者会卖出股份套取现金。

风险投资的投资额一般较大，在投入资金的同时也会占据一定的管理权限，并且会随着所投资的企业的发展而逐步增加投入。风险投资一般具有以下特点。

- **高度风险性：**风险投资者主要的投资对象是刚刚起步或尚未起步的高科技创业企业，这些企业往往各方面的资源都比较匮乏，市场上的用户认可程度很低，管理团队的企业经营经验也较少，因此投资的风险性和失败率都非常高。

◆**超额回报率**：与高度的投资风险相伴随的是超额的回报。风险投资者在注入资金之后，往往会与创业者签订一系列的投资条款，以方便其在企业成长之后回收投资，在企业上市后风险投资者就可以在金融市场上出售自己的股份，实现风险投资的高额回报。

◆**权益性投资**：权益性投资是风险投资的首要特征。风险投资者十分看重投资对象的发展前景和投资增值状况，以便在未来通过上市或出售取得高额回报。权益性投资的特点决定了风险投资其他方面的特征。

◆**投资中长期性**：风险投资的流动性较小，具有长期性的特点，在实际投资的时候，一种常见的投资方式是分期投资。

◆**投资者积极参与**：风险投资者往往拥有企业的部分控制权，部分风险投资者在投资的时候还会要求在董事会中的席位以及一些特定的否决权。为降低投资风险，风险投资者在向企业注入资金的同时，必然介入该企业的经营管理，参与企业的战略决策。

◆**投资专业化**：由于风险投资的高度风险性和长期性，为了降低投资失败率，风险投资者往往更愿意向自身熟悉的产业投资，即风险投资者一般要求所投资的产业具备很高的专业水准。在投资并介入企业运作后，风险投资者也会提供专业化的增值服务，给予企业针对性的战略支持。

（3）私募股权投资

私募股权投资（Private Equity，PE）是指通过私募形式对私有企业（即非上市企业）进行权益性投资，并且在交易实施过程中附带考虑了将来的退出机制。私募股权投资目前在我国发展迅速，已成为非上市企业重要的融资方式之一。

①私募股权投资的含义

对于私募股权投资的具体含义可以从广义和狭义两个方面来理解。

◆**广义**：广义上的私募股权投资是指涵盖企业首次公开发行股票前各阶段的权益投资，即对处于种子期、初创期、发展期、扩展期、成熟期等各个时期的企业进行投资。

◆**狭义**：狭义的私募股权投资主要是指对已经形成一定规模并产生稳定现金流的成熟企业的私募股权投资，其中并购基金和夹层资本在资金规模上占较大的一部分。在我国，私募股权投资主要是指这一类投资。

②私募股权投资的特点

私募股权投资具有以下特点。

◆**高回报**：私募股权投资是对非上市公司的股权投资，因其流动性差被视为长期投资，所以投资者会要求高于公开市场的回报。

◆**没有上市交易**：没有现成的市场供非上市公司的股权出让方与购买方直接达成交易，所以有投资意愿的投资者和需要投资的企业必须依靠个人关系、行业协会或中介机构等来对接并合作。

◆**深度合作**：对新创企业来说，私募股权投资可能给企业带来管理、技术、市场和其他需要的专业技能。如果投资者是大型知名企业或知名金融机构，其名望和资源在企业未来上市时还有利于提高上市的股价。

◆**资金来源稳定**：相对于波动大、难以预测的公开市场，私募股权投资对企业而言是更稳定的融资来源。

◆**保密程度高**：在引进私募股权投资的过程中，企业可以对竞争者保密，因为信息披露仅限于投资者而不必像上市那样公之于众。

需要注意的是，只有当创业企业发展成熟，已经具备一定的上市基础，并达到了私募股权投资要求的收入或盈利时，才适合寻找私募股权投资。此时创业企业需要私募股权投资提供必要的资金和经验来帮助完成公开募股所需要的重组架构，提供上市融资前所需要的资金，按照上市企业的要求帮助企业梳理组织结构、盈利模式、募集项目，以便能使其在1～3年内上市。

3．股权融资的一般流程

在目前的金融秩序中，企业的股权融资呈现出了鲜明的流程。随着企业的发展，根据企业不同发展阶段的需要，股权融资的轮次顺序一般为种子轮、天使轮、A轮、B轮、C轮，通常在C轮过后，企业就会谋求进行首次公开募股（Initial Public Offering，IPO），第一次将股份面向公众出售，也就是公开上市。在上市之后，企业的股票就可以在股市上公开流通，在更大的范围内进行融资。

◆**种子轮**：种子轮指的是企业发展的最早期阶段，这轮融资通常目标为培育创业的种子或想法。种子轮的企业往往只有一个想法和尚未完成的产品，商业模式未被验证，所以投资风险极高，成功后的收益也极高。有的孵化器或者自由投资人会关注种子轮投资，不过投资金额有限，通常在50万～200万元人民币之间。

◆**天使轮**：天使轮资金通常关注项目团队到位、有初步的商业规划和成熟的产品的企业，天使轮的主要投资者是“天使投资人”，投资金额大多是几百万元人民币。

◆**A轮**：A轮投资资本关注的是新创企业是否已经具备成熟的团队、是否已经拥有以产品和数据支撑的商业模式、是否在行业内拥有强大的技术优势，通常青睐产品正式上线、正常运作一段时间并有详细完整的商业模式和盈利模式的创业企业，有没有实际盈利并不重要。A轮的风险资金一般来自垂直领域的风投基金或者行业技术领先的龙头企业，规模多在1 000万~1亿元人民币之间。投资者会在产品和管理方面给予建议，也会应创业者需求提供相应的资源。如果新创企业在这一轮取得了行业巨头的资金支持，这意味着其不仅仅是获得了企业发展所需的资金，更是获得了强大的战略资源和技术背书。

◆**B轮**：B轮风险资本面向有了成熟的产品和盈利模式、企业业务迅速扩张、发展进入相对成熟稳定阶段的企业。随着轮次的不断递增，投资的风险也在逐渐减小，资金来源大多是上一轮跟投、新的风险投资公司以及私募股权投资加入，规模一般在2亿元人民币左右。另外，企业在B轮中也很有可能被资金实力雄厚的行业巨头收购，对投资者和创业者来说也是很不错的结局。

- **C轮：** C轮融资大部分是为了企业上市做准备。此时资本更看重的是企业的盈利能力和用户规模。C轮投资的风险已经较小，往往会吸引对冲基金、投资银行、私募公司和大型二级市场集团等机构投资人参与，投资金额在10亿元人民币以上。
- **上市：** 企业上市意味着得到了一个非常好的融资平台，股票可以在股市上自由交易，这时所有的股民都可能成为企业的投资者。上市后前期的投资者多半会选择出售股票套现离场。除融资之外，上市也可以提高企业的知名度，加强外界（消费者、供应商、贷款人及投资者）对企业的信心等。

除此之外，还有一些特殊的轮次，比如Pre-A轮、A+轮、C+轮、Pre-IPO轮等，区别无非是投资额多少问题，轮次越往后金额越大。在这些融资轮次中，特别重要的还是天使轮和A轮，代表项目从理论落到实际，真正走入市场。

5.3 创业融资计划

大学生创业者在经营企业时，一定要对融资有明确的计划，根据企业的实际需要，清楚地计划融资的资金数额、方式和期限等。这样才能使融资与企业的花销同步，让企业能够正常地开展生产经营活动。

5.3.1 预估创业启动资金

预估创业启动资金是大学生创业者构思融资计划的基础，大学生创业者在创办企业前，理应科学地预测企业启动所需的资金，通过合理的推算，了解并尽力获取融资的金额，从而保证企业在启动阶段业务运转顺利。

1. 启动资金的分类

企业的启动资金一般是指自确定企业构思到企业开始运转后的前3～4个月内，企业必须支出的购买物资费用和其他必要的开支，也可以简单地理解为企业的前期开支。企业的启动资金由前期投资资金和流动资金组成。

- **前期投资资金：** 前期投资是指为开办企业购置的固定资产和一次性支出费用。前期投资是开办企业必须具备的条件，但不同的企业投资的金额与项目各有不同，有的企业需要进行大量的前期投资才能启动，有的企业开办只需要少量的前期投资。前期投资是新创企业的巨大支出，大学生创业者应该合理地将前期投资资金降到最低限度。
- **流动资金：** 流动资金是指企业日常运转所需支出的资金。在企业投入运营之后，很难立即带来收入，所以大学生创业者最好对所有可能发生的意外情况都有所准备。建议新创企业在启动阶段，最好备足6个月的各种预期费用，以备不时之需。

在了解了启动资金的组成部分后，大学生创业者就可以针对这些内容对创业启动资金进行估算。对启动资金进行准确的估算是保证大学生创业者创业融资计划合理的前提条件，如果误差过大，融资计划的合理性就会大打折扣。

2．前期投资资金预测

前期投资所需资金是企业的必需开支，且要等到企业运营一段时间后，资金才能回笼，因此，开办企业前，必须预测投资所需的资金。总的来说，前期投资分为两种，一种是固定资产投入，另外一种是一次性费用支出。

（1）固定资产投入

固定资产投入一般是一项比较大的资金投入，是指企业为生产产品、提供劳务或经营管理而购置的使用寿命较长、价值较高的资产，各个企业的固定资产投资需求不同，可概括为企业用地和建筑及设备两个大类。

- **企业用地和建筑**：创办企业需要有合适的场所和建筑，可以是一间小的工作室，也可以是大型工厂或一个店铺。如果条件允许，大学生创业者也可以选择新建建筑或购买现成的建筑，这样能“量身定制”，最大限度满足企业的各种需要。另外，如果是将自己的家改造为企业办公场所，则可减少投资。
- **设备**：设备是指创办企业所需购买的机器、机械、运输工具、电子设备以及其他与生产经营活动有关的器具、办公家具等。对于需要大量使用设备的制造企业和服务企业，大学生创业者需要非常清楚地知道生产产品、提供服务需要哪些设备。另外，依靠设备租赁能够降低设备投资。

（2）一次性费用支出

一次性费用支出是指创办企业必须一次性投入的、不可持续的投资，包括无形资产投入、开办费和其他支出项目。

- **无形资产投入**：无形资产是指企业拥有或者控制的没有实物形态的、可辨认的非货币性资产，如大型软件、专利权、特许经营权、土地使用权以及商标权等。无形资产是一项特殊财产，企业持有的无形资产通常来源于合同性权利或其他法定权利，而且合同或法律规定有明确的使用年限。因此，预测无形资产首先需要考虑购买无形资产的合法性，并明确无形资产的法定有效期限。多数小型的企业、商铺等一般不涉及无形资产。
- **开办费**：开办费是指企业筹备期间的支出费用，包括开业前的市场调查费、培训费、差旅费、印刷费、注册登记费等。通常，创办企业的借款费用也可计入开办费项目中。
- **其他支出项目**：创办企业的其他费用支出包括装修费、经营场所转让费等。

这里关于投资的项目分类并非是严格按照财务管理中的会计科目来进行的，而是站在新创企业的角度，以便于大学生创业者区分和理解而做出的一般分类。要预测前期投资资金，大学生创业者应对需要购置的资产进行分类，并将每一类列出具体项目，然后计算每一类中每个物品、每项支出的具体金额，最后将所有金额相加即可。

3. 现金流预测

现金流预测就是预算企业正常运转后流动资金的需要量。在企业建立直到收支平衡之前，都只能靠流动资金来维持企业的正常运转。同时，在企业经营趋于稳定之后，也需要现金流的周转来维持正常的生产经营活动，因此，现金流对企业至关重要。

（1）现金流的含义

现金流指企业在一定时期现金的流入和流出的数量。这里的现金并不仅仅指企业的库存现金，还包括可以随时用于支付的存款以及其他现金等价物。现金等价物是指企业持有的期限短、流动性强、容易转换为已知金额现金、价值变动风险很小的投资，如应收账款、有价证券、预付款等。

现金是流动性最强的资产，可以衡量企业短期偿债能力和应变能力，拥有较多的流动资金可以在一定程度上降低企业的财务风险。

（2）现金流的意义

现金流对企业具有重要的价值，如果说利润是企业的食粮，那么现金流就是企业的空气，一个人几天不吃东西仍能维持生命，而离开空气几分钟就会死亡。企业也是如此，没有利润尚能支持，而一旦现金断流，生产经营就会直接陷入停顿，甚至因为资不抵债而面临破产清算。

因此，在现代企业的发展过程中，决定企业兴衰存亡的是现金流；最能反映企业本质的是现金流；在对企业价值的众多评价指标中，最具权威性的也是基于现金流的评价。

同时值得大学生创业者注意的是，并非只有经营困难的企业才会出现现金流的问题，盈利的企业也会出现现金断流的情况，一旦企业的流动资金无法支付到期债务，那么就会产生一系列连锁反应，企业周转不灵，生产停顿。一个原本盈利颇丰、前景光明的企业有可能因一时的周转问题而倒闭。

新创企业应该保证自身拥有较为充足的现金流，但是流动资金本身的获利能力较低，只能产生少量利息收入，因此，过高的现金存量会造成企业机会成本的增大。企业良好的现金流状况应该是既能满足需求，又不过多囤积资金，做到资金流动性和收益性之间的平衡。

（3）现金流量的预测

企业需要以流动资金支付的款项主要包括以下项目，对于现金流量的预测也应该基于这些项目。

- **原材料或商品存货：** 制造企业需要预测销售前购买生产产品的原材料资金，服务企业在提供服务前也需要某些材料，贸易企业在营业前需要储存商品。库存量越大，需要的流动资金就越多。
- **租金：** 如果企业购买了经营场所，就无须支付租金。而大多数的企业为了降低资金投入，往往选择租赁房屋来实现自己的经营。所以企业在投入运营前，就需要支付租赁经营场所的租金。

◆**工资及保险**：雇佣员工需要支付员工工资以及为员工购买社会保险，包括养老保险、医疗保险、失业保险、工伤保险和生育保险。一些公司还会购买企业财产保险等商业保险。

◆**推广促销费**：企业开办运营后，需要通过各种手段和途径对自己的产品和服务进行促销，或者为新企业开办宣传造势，这也是必要的支出。

◆**其他日常开支**：企业在日常运营中，还需要支付水电费、通信费、网络宽带费、交通费，以及购置办公用品的费用等。

企业对流动资金的需求不同于前期投资资金，往往会出现较大的波动，因此，在计算出需要的现金流后还需要酌情多预留一些准备金，企业的流动资金预算一般至少需要能够支付3个月的费用。在企业运营到一定时期之后，再根据实际的流动资金支出和收入调整原来对启动资金的预测，使其更加准确和完整。

5.3.2 编写《融资计划书》

在对创业启动资金有了明确的认识后，如果大学生创业者自身并没有足够的资金，就需要向外融资。融资对企业至关重要，大学生创业者在融资前需要进行详细的融资计划，编写为成文的《融资计划书》。

1. 《融资计划书》概述

《融资计划书》可以说是一种特殊的《商业计划书》，需包含投资决策所关心的全部内容，如企业商业模式、产品和服务模式、市场分析、融资需求、运作计划、竞争分析、财务分析、风险分析等，以说服投资者按照计划向企业投资。与《商业计划书》相比，《融资计划书》主要侧重项目可行性分析、团队综合实力、股权结构、资金的数量、资金的用途、利润分配、风险的评估和退出机制等与投资、投资回报相关的内容。

具体而言，大学生创业者在《融资计划书》中所要回答的，也正是投资者所普遍关心的问题，包括以下4点。

◆**融资资金的具体用途**：融资方为什么需要这笔资金？这笔资金最终会用在哪，怎么用？对此大学生创业者应该在《融资计划书》中写明企业具体的发展执行计划，让投资者明白资金的具体使用方式，这样才能打动投资者。而不能只笼统地说明该笔投资用于生产或用于销售。

◆**有什么方式保证能达到业绩指标**：为了打动投资人，大学生创业者要在融资计划中宣传这笔投资的收益，也就是企业在获得投资后能够达到的业绩指标。业绩指标的编制很简单，向投资者承诺一个令人心动的报酬也很容易，但单凭这些无法使投资者信服，只有给出一个明确的、能保证未来业绩的增长与发展的手段，才能让投资者相信企业的未来，相信这笔投资是值得的。

◆**核心竞争力**：每位投资者都希望投资的收益尽量高而风险尽量低，因此会关心拟投资企业的核心竞争力。大学生创业者需要在《融资计划书》中重点介绍企业的核心竞争力，显示企业的价值。

◆**核心经营团队**：人是企业的核心要素，也是新创企业的潜力所在。新创企业实力弱小、各方面都很薄弱，因此，投资者对拟投资企业的考察会更侧重企业的核心经营团队。相对于“优秀的项目”，投资者可能更偏好投资“优秀的人”“优秀的团队”。大学生创业者应该在《融资计划书》中介绍企业的核心管理层。

2. 《融资计划书》的撰写步骤

新创企业《融资计划书》的撰写通常可以分为以下5个步骤。

◆**融资项目的论证**：其主要是指项目的可行性和项目的收益率。这也是《融资计划书》的基石，不具备可行性的项目和没有收益的项目是不可能获得融资的。

◆**融资途径的选择**：作为融资方，大学生创业者应该选择成本低、融资快的融资途径，具体的融资途径在上一节已经进行了详细介绍。

◆**融资的分配**：其主要是指融资款项的使用情况，所融资金应该专款专用，这样才能保证项目实施的连续性。

◆**融资的归还**：《融资计划书》应明确项目实施的具体期限，一旦项目开始回收本金，企业就应该开始合理偿还债权资金，而股权资金则不用归还。

◆**融资利润的分配**：《融资计划书》应明确融资利润的分配，融资利润的分配比例和对象需要大学生创业者根据每一笔融资的具体情况来确定。在《融资计划书》中，大学生创业者也可以对此留下余地，以便与投资者展开谈判。

以上只是一个基本的模板，大学生创业者还需要根据企业实际情况来决定撰写《融资计划书》需要涉及的内容以及各个部分的详略情况。

3. 《融资计划书》的编制要点

虽然《融资计划书》的编制和《商业计划书》颇为相似，但是在编制《融资计划书》时，大学生创业者还需要特别注意资金成本和资金结构两个要点，这样才能保证融资计划适合企业，为企业的发展产生助力。

（1）资金成本

资金成本是指企业为取得资金和使用资金所支付的费用，包括资金筹集费用和资金占用费用两部分。资金筹集费用是指企业为取得资金所付出的代价，如向银行支付的借款手续费、向证券承销商支付的债券发行费等。这部分费用通常是在筹措资金时一次性支付的，可视为筹资总额的一次性扣除。资金占用费用是指占用他人资金所应支付的费用，如支付给股东的股息、红利，因取得债券或银行借款支付的利息等。

资金成本对于企业的融资决策主要有以下影响。

◆**是企业选择融资方式、进行资金决策的重要依据**：资金成本是企业选择融资方式的重要判断因素。绝大多数企业倾向于资金成本低的融资方式，因为这能够降低企业的运营成本，增加企业利润；同时还减少了企业的现金流出，一定程度上保障了企业的资金周转顺畅。

- **是企业使用资金应获得收益的最低界限**：判断一个商业计划可行与否，最基本的标准就是其最终收益应该高于成本，资金成本就是企业使用资金应获得收益的最低界限，达不到该界限的企业应不予考虑。
- **是影响企业融资总额的重要因素**：理论上，如果资金成本为零，那么企业的融资总额可以不受限制；资金成本如果无限大，则企业无法进行融资。因此，资金成本和企业的融资总额成负相关关系。资金成本制约了企业的融资规模，使企业必须“精打细算”。

综上所述，资金成本对于企业融资计划具有非常重要的影响，因此，大学生创业者在编制《融资计划书》之前，一定要明确资金成本。

（2）资金结构

资金结构又称资本结构，是指企业各种资本的价值构成及其比例关系。资金结构有广义和狭义之分。广义的资金结构指企业全部资本的结构，即自有资金和所有债务资金的比例关系；狭义的资金结构是指长期资金的结构，即自有资金与长期债务的比例关系。

资金结构的合理性同样对企业资金周转情况有着巨大影响，最佳的资金结构可以使企业的资金成本最小且收益最大化。而一旦资金结构失衡，企业就很可能会陷入财务危机之中。大学生创业者应该根据以下要素来对资金结构进行调整。

财务杠杆

- **企业经营的情况**：企业需要根据自身的经营情况来调整财务杠杆，在销售稳定增长时，企业可以适当增加债务资金的比例来获得财务杠杆收益；而在销售状况不佳时，企业则应该适当减少债务资金的比例来规避风险。
- **企业领导者的态度**：企业股权融资的比例更多地需要考虑企业所有者与管理层的态度，企业所有者如果想要牢牢把控企业的控制权，就可能会尽量避免通过发行普通股来融资；而如果企业所有者并不是很在意自己的绝对控股地位，那么就可能倾向通过发行股票来融资。同时，如果企业的管理层对企业的未来比较乐观，可能就会选择更高的负债，反之则会减少负债。
- **税收政策**：因为利息费用可以在应税所得额中合法抵扣，而其他资金成本则无法享受这一税收优惠，所以企业可以通过负债来减轻税负，这实际上降低了企业的债务融资成本，且税率越高则获益越大。因此，高税率行业的企业可以增加负债比例。

5.3.3 创业融资常见误区

创业融资的过程也可以看作大学生创业者向投资者推销自己企业的过程，在这一过程中，大学生创业者一定要避免以下误区。

◆**廉价出售技术或创意：**一些大学生创业者急于得到资金，往往在融资时急于求成，认为“只要能获得启动资金就好”。不少拥有核心技术的大学生创业者会廉价出售自己的技术或创意。而当廉价出售技术或创意后，大学生创业者在企业中的“分量”会降低，甚至丧失对企业的控制。

◆**损害股东利益：**创业的过程也是投资者（股东）对资金的投资保值增值的过程。创业者和投资者是利益共同体，只有通过企业这个载体，才能达到双赢的目标。一些创业者通过各种手段侵吞投资者的收益和财产，最终会受到惩罚。

◆**融资战略缺失：**在融资的过程中，大学生创业者需要完善的策划和充分的准备。融资的具体战略设计是总体战略设计的一项重要内容。创业者如果没有合适的融资战略，盲目融资，很容易影响企业的正常经营发展。

◆**过度包装：**有些创业企业为了融资，不惜对财务报表弄虚作假，进行过度的“包装”，这是错误的做法，投资者大都是财务方面的专家，脱离企业的基本经营状况的财务报表很难骗过这些专业人士。

◆**缺乏资金规划和融资准备：**企业融资是企业发展过程中的关键环节，创业企业要想获得快速发展，必须有清晰的发展战略，并营造一个资金愿意流入且能够流入的企业经营格局。创业企业在正常经营时就应该考虑融资策略而非在资金困难的时候寄希望于“突击融资”。

◆**缺少必要的融资知识：**很多创业者有很强的融资意愿，但缺少相应的融资知识，往往把融资过程简单化、理想化。创业者应该熟悉融资知识，除银行贷款和股权融资外，还要熟悉租赁、担保、合作、并购及无形资产输出和转让等融资方式。

◆**盲目对外出具融资担保函：**由于创业融资比较困难，一些创业企业之间往往存在相互出具融资担保的情况，出具融资担保函就意味着承担了一定的担保责任，盲目担保常常给创业企业带来很多额外的风险。

◆**融资缺乏信用：**信用是企业重要的无形资产，一旦企业失信，就很难再寻求到后续的投资，资金周转就容易出现问题。

5.4 了解创业投资

在通过创业融资“拿钱”之后，大学生创业者还需要了解投资，也就是“花钱”的相关知识。花钱似乎是一件很简单的事情，但其实花钱也是一门艺术，要想把钱花得值、花得恰当、越花越多，这就考验大学生创业者的创业投资能力了。

5.4.1 创业投资概述

投资是指特定经济主体为了获得收益或资金增值，在一定时期内向一定领域投放足够数额的资金的经济行为。创业投资即是以新创企业作为主体进行的投资行为，是企业在创业时期的投资活动。

1. 创业投资的分类

创业投资可算是一种特殊的企业投资，其分类方式与企业投资相同。企业创业投资可以按照以下依据进行分类。

- **生产经营关系**：按照生产经营关系，可以将创业投资分为直接投资和间接投资，直接投资是指把资金投放于生产经营环节；间接投资是指把资金投放于证券等金融性资产。创业投资通常以直接投资为多，间接投资较少。
- **投资回收时间**：按照投资回收时间，可以将创业投资分为短期投资和长期投资，短期投资是指准备在一年以内收回的投资；长期投资是指一年以上才能收回的投资。通常长期投资的风险与收益都要高于短期投资。长期投资可以再划分为3～5年内收回的中期投资和5年以上的远期投资。
- **资产性质**：按照资产性质，可以将创业投资分为固定资产投资、流动资产投资和无形资产投资。固定资产投资是指企业对于房产、建筑物、机器、机械、运输工具等固定资产的建造、购置、改造等的投资；流动资产投资是指用以获得流动资产的投资，即在投产前预先垫付、在投产后的生产经营过程中周转使用的资金；无形资产投资是指企业购买专利权、非专利技术、商标权、土地使用权等无形资产的投资。

2. 创业投资的特点

和成熟企业的投资相比，新创企业的投资具有自己的特点。大学生创业者也应对此进行了解，以便更好地开展创业投资活动。

- **投资目的更为单一**：总体上看，企业投资的目的是获得投资收益，这对于所有企业都是一样的。但企业的投资是由各个相对独立的投资项目组成的，这些投资项目的直接目的有很多，包括扩充规模、控制相关企业、维持现有规模效益、降低成本、应对经营风险和承担社会义务等。新创企业的投资目的相对单一，是以维持企业运作为核心目的进行的必要投资。
- **投放时机的急迫性**：投资的目的是获利，所以只有客观上存在投资的有利条件时，企业才会进行投资。但是新创企业实力较弱、资金较少，需要尽快开展相关的投资活动以求获取收益，因此，其在投资时无法好整以暇，显示出急迫性。
- **投资收益的高不确定性**：投资收益在未来才能获得，最终的盈亏状况事先难以准确把握，这是投资的天然属性。而新创企业的投资相比于成熟企业，整体显现出更高的不确定性，收益和风险都较高。

5.4.2 影响创业投资的因素

在做出投资决策之前，大学生创业者需要根据一些标准来判断是否进行投资。而影响创业投资的因素包括投资收益、投资风险、投资弹性、筹资能力和投资环境等。只有充分考虑了相关因素，才能做出科学合理的创业投资决策。

- **投资收益：** 投资收益是做出投资决策时的考虑因素，大学生创业者应该选择收益高、收益具有确定性的投资方案。需要注意不能仅考虑财务收益，一些非收入性的投资，如工业安全投资仍是必需的，这种投资能够产生隐性的收益，如企业声誉、知名度、凝聚力等。
- **投资风险：** 投资风险也是进行创业投资必须考虑的因素，投资风险表现为未来收益和增值的不确定性，可由经济因素、技术因素、自然因素和企业自身因素等各种因素诱发，大学生创业者需要在权衡风险与收益的关系后再做出决策。
- **投资弹性：** 投资弹性就是对投资决策预留的调整空间，包括投资规模上的弹性和投资结构上的弹性。大学生创业者必须根据自身资金的可供能力和市场供求状况来调整参与投资的规模与结构，保持投资弹性。
- **筹资能力：** 创业投资的本质是往外花钱，大学生创业者必须做到“量入为出”，根据企业自身的筹资能力来进行投资活动，投资的最大限度为不影响本企业生产经营所需资金的正常周转。企业如果需要进行一项长期投入，则应保证资金的持续充足。
- **投资环境：** 投资环境具有构成复杂、变化较快等特点，大学生创业者需要根据投资环境的发展变化，采取相应的投资策略。

课堂讨论

成功企业的融资策略

国内的各个知名企业，都有各自不同的融资历程。

阿里巴巴从成立开始就在不断融资，在2004年获得了软银集团高达8 200万美元的投资，获得了迄今为止风险投资向纯互联网企业的最大单笔投资。2014年阿里巴巴在纽约证券交易所挂牌。

字节跳动在创立一年内就获得了两次共800万美元的融资。融资的脚步不停，字节跳动在2018年年底完成了约40亿元人民币的Pre-IPO轮融资，投前估值达到750亿美元。

同样，腾讯、金山等公司也积极谋求融资，纷纷上市，但其中也有“异类”。

华为技术有限公司（以下简称华为）是我国知名的科技公司，但是一直没有谋求上市融资。相反，华为选择了内部融资，给员工发虚拟股，让所有的员工都持有公司的虚拟股份。

贵阳南明老干妈风味食品有限责任公司（以下简称老干妈）是我国知名企业，是我国规模较大的辣椒制品生产企业，但是多年以来，老干妈依然坚持拒绝融资、拒绝贷款、拒绝上市的策略，仅依靠企业内部积累资金。

这些公司都是我国知名的成功企业，其在融资上各有策略，试结合相关案例，讨论融资对企业的影响。

活动说明：以现实案例为基础进行讨论，如积极融资挺过困难、审慎融资获得成功等，分析融资对企业的影响。

活动人数：分小组进行讨论，2~3人为一组，共4个小组。

讨论方式：各小组自行搜集一个企业作为案例，分析其融资策略、制订决策的原因以及融资决策产生的效果。各小组分别发言，发言完毕后总结融资策略对企业发展的影响，并说明大学生创业者适用的融资策略。

课后思考

参考答案

1. 创业融资的目的不包括（　　）。

A. 满足企业达成财务指标的需要

B. 满足扩大再生产的需要

C. 满足企业正常生产经营活动的需要

D. 满足偿还到期债务的需要

2. 以下关于创业融资手段的表述不正确的是（　　）。

A. 大学生创业贷款通常较银行商业贷款的利率更低

B. 商业信用融资包括应付账款融资、预收货款融资和商业票据融资

C. 风险投资具有高度风险性，但收益却不尽如人意

D. 天使融资通常只为企业提供“第一轮”投资

3. 以下有关创业融资计划的说法正确的是（　　）。

A. 企业的启动资金只需考虑两个月以内的资金需求即可

B. 企业的资金成本应该越低越好

C. 短期借款的利息较低，企业应该全部采用短期借款

D. 企业不可盲目对外出具融资担保函

4. 假设你马上要开始创业了，你准备采用哪种方式来获取创业资金？将其写下来，并详细说明原因。

5. 扫描右侧二维码，阅读其中材料，分析材料中企业的融资方式和投资项目。

阅读材料

第6章

企业的设立与建设

大学生创业者需要依靠一定的组织形式来进行创业活动，这种组织形式就是企业。因此，大学生创业者必须了解如何建立一个新企业并且进行持续运营。本章对企业设立与建设的相关知识进行讲解，帮助大学生创业者更好地处理相关事务。

6.1 设立企业的前期准备

企业是市场经济活动的主要参与者，大学生创业者要想开展商业活动，就必须首先设立一家企业。而设立企业的过程中一旦出现纰漏将对企业的经营发展带来巨大的影响，因此，在设立企业之前，大学生创业者应该充分地了解企业的相关知识。

6.1.1 企业概述

世界上第一家现代意义上的企业出现在1769年的英国，之后企业制度不断发展与完善，企业很快淘汰了其他的一些商业活动组织形式，成为市场经济活动的主要参与者。那么什么是企业？创业企业又有哪些类型呢？下面将一一进行讲解。

1. 企业的含义

企业是社会发展的产物，因社会分工的发展而成长壮大。企业一般是指以盈利为目的，以实现投资人、客户、员工、社会大众的利益最大化为使命，运用土地、劳动力、资本、技术和企业家才能等各种生产要素，向市场提供商品或服务，实行自主经营、自负盈亏、独立核算的具有法人资格的社会经济组织。

企业的含义十分丰富，不同的学科从不同的方面对企业的内涵做出了自己的解读，这些解读各有侧重，了解这些知识可以帮助大学生创业者对企业有一个全面的认识。

- **经济学**：传统经济学认为企业是创造经济利润的机器和工具。企业的唯一目的是获取利润，因此应该尽量增加收入而减少支出。而在近代，经济学也加入伦理学的角度，认为以长远角度来看，只有具备商业信誉、社会责任的企业，其利润才会最大化。
- **社会学**：社会学认为企业是人的集合，是社会运转的组成部分。企业的最终目的是满足人和社会的需要，也只有能够满足人和社会需要的企业才能够得到发展和壮大。
- **法学**：法学认为企业是一系列契约关系的结合体。这些契约包括企业与供应商、合作方、雇佣员工签订的书面契约，也包括企业与消费者间的不成文契约，即“企业为顾客提供保证质量和数量的商品或服务，而消费者交付给企业货币”，而企业能否成功则取决于契约的订立与履行的情况。
- **商科**：商科认为企业是一类组织、一种商业模式。企业能否成功取决于其组织能解决什么样的问题，解决问题的效率有多高，以及商业模式是否可靠。
- **现代管理学**：现代管理学认为企业本质上是“一种资源配置的机制”，能够实现整个社会经济资源的优化配置，降低整个社会的“交易成本”。

符合我国法律标准的企业，需要具有以下要素。

- **资源**：企业必须拥有一定的资源，包括库存现金、固定资产、技术专利等，在设立企业时，资源体现为注册资本。

◆**业务**：企业必须有一定的业务范围，业务可以是产品的生产或者流通，也可以是提供某种服务。

◆**经营场所**：经营场所指企业主要业务活动、经营活动的处所，是企业进行生产、经营、服务的基本条件。

◆**员工**：企业必须拥有一定数量的员工，达到一定规模的企业也需要有一定数量的管理者。

◆**盈利目的**：只有获取利润才能维持企业的经营与发展，企业必须拥有盈利目的，这也是企业区别于其他社会组织的的本质要素。

2．创业企业的类型

根据创业资金的不同来源或主创人员的不同构成，创业活动可分为独立创业、合伙创业、团队创业和家族创业等方式，每种方式又有其代表性的企业类型。如何选择合适的企业类型，是每一个大学生创业者都必须面对的重要问题。

（1）独立创业

独立创业即创业者依靠自己的力量进行创业活动，适合于个体工商户、私营企业和自由职业3种类型的创业者。

◆**个体工商户**：个体工商户是指在法律允许的范围内，依法经核准登记，从事工商业经营的自然人或家庭。也就是说，个体工商户业主只需一个人或一个家庭。这类组织只需要业主有相应的经营资金和经营场所，然后到工商部门办理登记手续即可开业。个体工商户个人经营的，以个人全部财产承担民事责任；家庭经营的，以家庭全部财产承担民事责任。由于注册资本无数量限制、从业人数无数量限制、开办手续比较简单等特点，个体工商户成为部分资金不充足、人脉资源薄弱的大学生创业者初次创业的选择。个体工商户主要涉及修理、服务、餐饮、商业等行业。

◆**私营企业**：私营企业是指由自然人投资设立或由自然人控股，以雇佣劳动力为基础的营利性经济组织。

◆**自由职业**：自由职业是指不受公司或企业制辖，以个人能力或特长为个人劳动力的一种职业，如艺术家、律师、自由撰稿人等。

独立创业的优势是利益驱动力强、工作效率高、营运成本低、灵活性强，但也有经营规模小、经营方式单一、决策随意性大、创业者常处于孤军奋战的境地等劣势，要求创业者必须具备一定的投资能力、极强的独立性、坚韧不拔的顽强斗志。

（2）合伙创业

合伙创业是指由两个以上的创业者通过订立合伙协议，约定共同出资、合伙经营、共享收益、共担风险，并对合伙企业债务承担无限连带责任的创业模式。根据合伙人出资的形式和承担的责任，合伙创业可分为普通合伙和有限合伙；根据合伙人身份的特点，合伙创业可分为个人合伙和法人合伙。

合伙创业通常能够拿出较多的资源进行创业，且可以发挥集体的智慧，容易形成内部的监督机制，有承担市场压力和风险的能力。但是由于每个合伙人承担风险的能力和心态不同，容易影响企业的发展决策，导致合伙人之间产生矛盾，影响企业的发展甚至导致企业内部分裂，因此，合伙创业适合于有协作意识、信义品格和宽容精神的创业者，同时在挑选合作伙伴时也需要慎重考量。

（3）团队创业

团队创业也就是创业者组织创业团队，依靠团队的力量进行创业活动的形式。一项对104家高技术企业的研究表明，这些年销售额达到或超过500万美元的公司中，有83.3%的公司是由团队创立的，可见团队创业的优越性。

团队创业主要以公司的形态出现，分为有限责任公司和股份有限公司。创业团队的所有成员都拥有一定比例的公司股份，并且其股份的多少决定了其在企业中的话语权。

关于团队创业在本书第1章中已经进行过相关介绍，这里不再赘述。

（4）家族创业

家族企业是主要的企业组织形式之一，英国的大多数企业都是家族企业。家族创业主要包括夫妻创业、父子创业、兄弟创业等。

家族创业的优势包括以感情的力量团结、鼓励成员，不需要雇佣大量的骨干员工，创业骨干队伍稳定等。家族创业的局限性是成员之间缺乏明确的责任、权利和义务的明文约定，容易各行其是，造成企业成员角色被家庭成员角色代替，影响企业正常运转等。

绝大多数大学生创业者在创业过程中可能都会得到家庭力量的支持，但不会达到家庭经营企业的程度，不能算作家族创业。只有有家族企业背景和家族企业资源的创业者才会使用这种形式开展创业活动。

6.1.2 新创企业组织形式的选择

不同的创业方式，不同的商业模式，不同的创业资源配置，使创业活动适用不同的组织形式。只有对创业企业的概念、组织形式有了深入的了解后，大学生创业者才能做出正确的选择，找到适合自己的企业组织形式，让创业活动事半功倍。

企业组织形式对比

1. 企业的组织形式

企业的组织形式是指企业存在的形态和类型，企业采用何种组织形式，对企业的经营发展具有重大的影响。现代企业主要包括公司与非公司企业两种。

（1）公司

公司是依照《中华人民共和国公司法》（以下简称《公司法》）在中国境内设立的企业法人，是适应市场经济社会化大生产的需要而形成的一种企业组织形式，即公司是一类特殊的企业。公司又包括有限责任公司和股份有限公司两种类型。

◆**有限责任公司：**有限责任公司又称为有限公司，指由符合法律规定的股东出资组建，股东以其出资额为限对公司承担责任，公司以其全部资产对公司的债务承担责任的企业法人。而有限公司中有一个特例，即一人有限责任公司。一人有限责任公司简称“一人公司”“独资公司”或“独股公司”，是指只有一个自然人股东或者一个法人股东的有限责任公司，一人有限责任公司的股东不能证明公司财产独立于股东自己的财产的，应当对公司债务承担连带责任。

◆**股份有限公司：**股份有限公司又称为股份公司，其注册资本由等额股份构成，股东通过发行股票筹集资本。我国《公司法》规定，股份有限公司是指其全部资本分为等额股份，股东以其所持股份为限对公司承担责任，公司以其全部资产对公司的债务承担责任的公司。

（2）非公司企业

不设立公司的企业形式包括个体工商户、个人独资企业、合伙企业。这些非公司企业都不具备法人资格，不能独立享有民事权利和承担民事义务。

◆**个体工商户：**个体工商户是结构最简单的企业形式，在上一节已经详细介绍过，这里不再赘述。

◆**个人独资企业：**个人独资企业简称独资企业，是指由一个自然人投资、全部资产为投资人所有的营利性经济组织。独资企业是一种很古老的企业组织形式，至今仍被广泛运用，其典型特征是个人出资、个人经营、个人自负盈亏和自担风险。

◆**合伙企业：**合伙企业是指由两个或两个以上的自然人通过订立合伙协议、共同出资经营、共负盈亏、共担风险的企业组织形式。合伙企业又分为普通合伙企业和有限合伙企业，在普通合伙企业中，所有合伙人承担同等无限连带责任；有限合伙企业由普通合伙人和有限合伙人组成，普通合伙人对合伙企业债务承担无限连带责任，有限合伙人以其认缴的出资额为限对合伙企业债务承担责任。

2．新创企业组织形式的优劣势

除特殊的个体工商户外，有限责任公司、一人有限责任公司、股份有限公司、个人独资企业和合伙企业5种企业组织形式都是大学生创业者常采用的企业组织形式，它们各有优劣，大学生创业者应该了解其具体优劣势。

◆**有限责任公司：**有限责任公司股东只对企业承担有限责任，不用担心搭上个人的其他资产，风险较小；公司的所有权与经营权分离，更能适应市场竞争；多元化的产权结构有利于科学决策。但是有限责任公司设立程序比较复杂，同时因为不能公开发行股票，筹集资金的规模和途径受限。

◆**一人有限责任公司：**一人有限责任公司设立比较便捷，运营和管理成本较低。但是公司的筹资能力受限，财务审计条件也较为严格。

◆**股份有限公司：**股份有限公司股东只对企业承担有限责任，风险较小；公司产权可以以股票的形式充分流动；可以公开发行股票，筹资能力强。但是股份有限公司的创立程序复杂，法规要求严格，企业需要定期报告自身财务状况，公司的相关事物无法严格保密。

◆**个人独资企业**：个人独资企业设立、转让和解散等行为手续简便且费用低；企业经营灵活性强，可迅速对市场变化做出反应；在技术和经费方面易于保密。但是创业者需要承担无限责任，且不易从外部获得信用资金，融资困难。同时企业的成功非常依赖创业者的个人能力。

◆**合伙企业**：合伙企业设立较为简单和容易；企业经营具有高度的灵活性；信用度较高，企业资金来源较广。但是合伙企业财产的分割和转让很困难；在合伙人有分歧时企业的决策困难；合伙人的个人因素也会在很大程度上影响企业的经营。

3．新创企业如何选择企业的组织形式

每种企业组织形式都有其自身的特点，大学生创业者需要综合考虑拟创业的行业、自身风险承担能力、税务、未来融资需要及经营期限等方面因素来选择企业组织形式。

◆**拟创业的行业**：选择企业组织形式首先应当考虑的因素就是行业可以采用哪些形式，因为对于一些特殊的行业，我国法律规定只能采取特定的形式，如律师事务所不能采用公司制形式，而银行、保险等金融行业则必须采用公司制形式。对于法律有强制性规定的行业，大学生创业者只能按照法律的要求执行，若法律没有强制性要求，则大学生创业者可以自行决定。

◆**创业者的风险承担能力**：企业组织形式与大学生创业者日后承担的风险息息相关。公司制企业股东仅以出资额为限承担有限责任，而普通合伙制企业投资人、个人独资企业投资人都要承担无限责任。可以说，选择后两种企业组织形式，大学生创业者要承担更大的风险。

◆**税务**：不同的企业组织形式所缴纳的税是不同的，个人独资企业和合伙企业的生产经营所得计征个人所得税，公司制企业既要缴纳企业所得税，又要在向股东分配利润时为股东代扣代缴个人所得税。因此，从税负筹划的角度看，选择个人独资企业和合伙企业税负更低。但是，对于一些特殊企业，如高新技术企业和小微企业，在可以享受税收优惠政策的情况下，公司制企业或许税负更低。

◆**未来融资的需求**：如果大学生创业者资金充足，拟投资的事业资金需求也不大，则采用合伙制和有限责任公司制均可；如果日后发展业务所需资金规模非常大，则建议采取股份有限公司组织形式。

◆**经营期限**：个人独资企业和合伙企业的运营与大学生创业者的人身依附性非常强，根据我国企业经营现状，以上两种企业的经营期限均不长。而公司制企业除出现法定解散事由或约定解散事由外，理论上是可能永远存续的。因此，如果大学生创业者希望企业长久发展，则建议采取公司制企业形式。

6.2 企业的设立流程

现在绝大多数成规模的大学生创业企业都采用了公司制，而公司的设立较非公司企业更为复杂，此处主要讲解公司的设立流程。公司设立是指公司设立人依照法定的条件和程序，为组建公司并取得法人资格而必须采取和完成的法律行为，其第一步是公司注册。在国家完成“多证合一”改革后，其具体流程为“多证合一”工商注册→印章刻制与管理→开立企业银行账户→办理税务登记。

6.2.1 “多证合一”工商注册

“多证合一”是指商事主体的营业执照、组织机构代码证、税务登记证、社保登记证、统计登记证、刻章许可证、住房公积金缴存单位登记等，在商事登记部门“一表申请、一门受理、一次审核、信息互认、多证合一、档案共享”登记模式的基础上，只发放加载有统一社会信用代码的营业执照。

“多证合一”实现了企业一照一码走天下，“一照”——营业执照就像身份证一样，成为企业唯一身份证，而“一码”——统一社会信用代码则成了企业唯一身份证代码。办理工商注册是设立新企业必不可少的第一步。“多证合一”后的营业执照如图6-1所示。

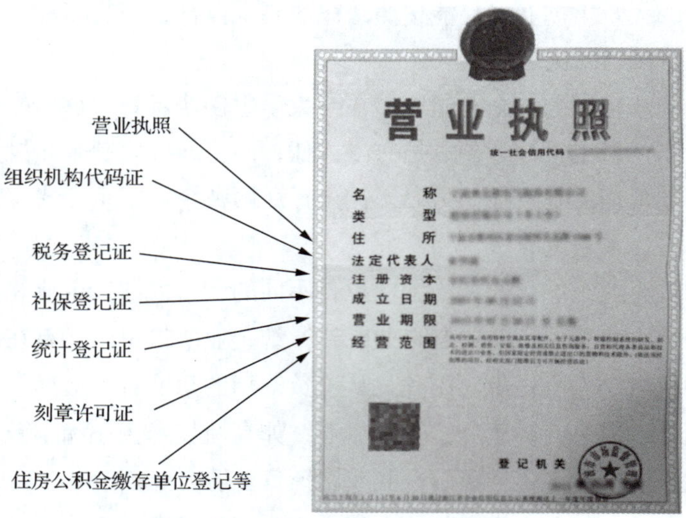

图 6-1 “多证合一”后的营业执照

1. “多证合一”工商注册的办理流程

“多证合一”制度推行后，企业只需到工商部门办理营业执照即可，减少企业往返各部门奔波之苦，为企业节省了大量的时间和精力。“多证合一”工商注册的办理流程相对简单，下面就进行详细介绍。

“多证合一”登记信息确认表

◆**提交申请**：商事主体申请人通过全流程网上登记系统填写“多证”联合申请书，并把相关材料提交到商事登记部门，由商事登记部门统一受理，实现“一表申请”“一门受理”。

◆**商事登记部门审核**：商事登记部门审核“多证”联合申请材料。“多证”申请经商事登记部门审核后，视为同时经代码登记部门、税务部门、公安部门及社保部门等相关部门审核。审核通过后，商事登记部门将相关登记信息和办理结果共享至代码登记部门、税务部门、公安部门和社保部门，实现“一次审核”和“信息互认”。

◆**领取证书**：经商事登记部门审核通过后，商事主体申请人即可持本人身份证，或法定代表人（法人企业）、负责人（分公司、分支机构）、投资人（个人独资企业）、执行事务合伙人（合伙企业）或者经营者（个体工商户）持本人身份证，根据网上注册系统提示前往指定发照窗口申请领取纸质营业执照。

◆**归档**：档案原件由商事登记部门保存，档案影像共享给代码登记部门、税务部门、公安部门、社保部门等相关部门，实现“档案共享”。

由于各地产业分布存在较大差异、涉企证照数量不一，需要整合的证照也存在较多差异，因此“多证合一”改革没有具体明确整合的证照，“多证”到底是指哪些证件，国家也没有做出统一的规定，需要由各省（区、市）根据实际情况来定，按照能整合的尽量整合的原则来进行即可。

2. “多证合一”工商注册的办理材料

要想办理“多证合一”，需要提前准备以下办理材料。

◆拟任法定代表人签署的《企业设立登记（一照一码）申请书》（原件1份）。

◆经办人身份证明（复印件1份，验原件）。

◆全体股东（发起人）签署的章程（原件1份）。

◆股东（发起人）的主体资格证明（复印件1份，自然人身份证明验原件，单位资格证明加盖公章，注明“与原件一致”）。

◆法定代表人、执行董事/董事长、董事、监事、经理的任职文件（原件1份）及其身份证明（复印件1份）（法定代表人身份证明验原件；执行董事/董事长、董事、监事、经理身份证明的复印件上需注明“与原件一致”并由法定代表人签字）。

6.2.2 印章刻制与管理

企业所用的印章具有法律效力，其刻制、补办、挂失等都有专门的规范，大学生创业者需要掌握相关知识，妥善管理企业印章。

1. 公司印章概述

新创企业申请刻制相应的印章，需持营业执照复印件、法定代表人和经办人身份证复印件各一份，以及由企业出具刻章证明、法人代表授权委托书，到公安局指定的机构进行刻章。需要刻制的印章包括公司公章、法人代表章、合同专用章、财务专用章、发票专用章5种，它们有严格的使用场合，误盖和漏盖都会造成文件失效。

◆**公司公章**：公章是公司所有印章的权威，代表公司的最高效力。不管对内、对外它都代表了公司法人的意志，使用公章可以代表公司对外签订合同、收发信函、开具公司证明。

◆**法人代表章**：法人章是公司法定代表人的个人用章，它对外具备一定的法律效力，可用于签订合同、出示委托书文件等。

◆**合同专用章**：合同专用章是公司对外签订合同时使用的。相关合同的签订在公司经营签约范围内必须盖上合同专用章才能最后生效，因此，它代表公司需承受由此产生的权利和义务。一般公章可以代表合同专用章使用。

◆**财务专用章**：财务专用章的用途比较专业化，一般针对单位会计核算和银行结算业务使用。

◆**发票专用章**：发票专用章就是公司在经营活动中购买或开具发票时需加盖的印章。值得注意的是，在发票专用章缺少时，可以用财务专用章代替，反之则不可行。

2．公章遗失

公章具有代表企业的效力，一旦出现遗失、被盗等情况会产生巨大的法律风险，影响公司的经营。凡是企业遭遇公章遗失或被盗的，应该立即采取相应措施控制风险，减少损失。公章遗失的具体处理流程如下。

◆**报案**：公章遗失，企业应该主动报案，法定代表人需持身份证原件及复印件、营业执照副本原件及复印件到丢失地点所辖的派出所报案，领取报案证明。

◆**登报声明**：公司可遣人持报案证明原件及复印件、营业执照副本原件及复印件在市级以上每日公开发行的报纸（如晨报、晚报等）上做登报声明，声明公章作废。报纸会在第二天刊登声明。

◆**补办公章**：自登报起公示3天后，公司法人代表需持整张挂失报纸，营业执照副本原件、复印件，法人身份证原件及复印件（身份证需正反面复印），以及法定代表人拟写并签名的丢失公章说明材料（需详细写明公章丢失的原因、时间、地点，报案的时间、地点，登报声明的时间和登报所在的版面），到公安局治安科办理新刻印章备案。

◆**刻章**：原公章作废，新公章大概需要3~7个工作日完成刻制。

6.2.3　开立企业银行账户

大学生创业者要创办一家企业，往往需要通过银行进行资金周转和结算，这就不可避免地要和银行打交道，因而大学生创业者要了解银行账户的种类及办理银行开户、销户的手续。

1．银行账户的种类

按照国家现金管理和结算制度的规定，每个企业都要在银行开立存款结算账户（即结算户），用来办理存款、取款和转账结算。银行存款结算账户分为以下4种。

◆**基本存款账户**：基本存款账户是企业的主要存款账户，主要用于办理日常转账结算和现金收付，以及存款单位的工资、奖金等现金的支取。一个企业只能在一家商业银行的一个营业机构开立一个基本存款账户。

- ◆**一般存款账户**：一般存款账户是企业因借款或其他结算需要，在开立基本存款账户以外的银行开立的账户。该账户只能办理转账结算和现金的缴存，不能办理现金的支取业务。
- ◆**临时存款账户**：临时存款账户是企业的外来临时机构或个体工商户因临时开展经营活动需要开立的账户。该账户可办理转账结算以及符合国家现金管理规定的现金业务。
- ◆**专用存款账户**：专用存款账户是企业因基本建设、更新改造或办理信托、政策性房地产开发、信用卡等特定用途开立的账户。该账户支取现金时，必须报当地人民银行审批。

2．银行开户手续的办理

2019年2月，中国人民银行发布《中国人民银行关于取消企业银行账户许可有关事宜的决定》，决定在2019年年底前实现完全取消企业银行账户许可。企业在银行开立、变更、撤销基本存款账户和临时存款账户由核准制改为备案制，中国人民银行不再核发开户许可证，开户许可证不再作为企业办理其他事务的证明文件或依据。这意味着企业只需在银行一端即可完成开户全部事宜，开户环节、开户时间将大幅压缩，现在的企业开立账户流程如图6-2所示。

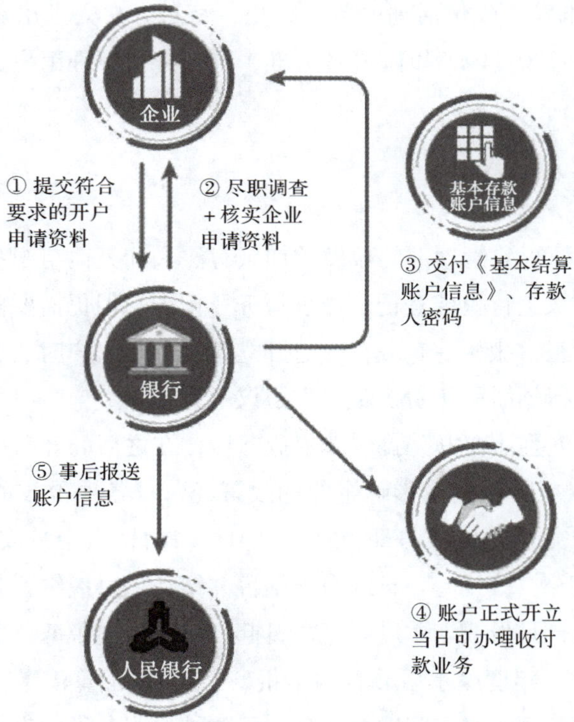

图6-2　企业开立银行账户流程

办理银行开户手续需要填制开户申请书并提供有关证明文件。开立不同的账户，所需材料也不同，具体如下。

- ◆**基本存款账户**：当地工商行政管理机关核发的营业执照正本。

◆**一般存款账户**：借款合同或借款借据或基本存款账户的存款人同意其附属非独立核算单位开户的证明。

◆**临时存款账户**：当地工商行政管理机关核发的临时执照。

◆**专用存款账户**：有关部门批准的文件。

3．银行销户手续的办理

开户人可以根据需要撤销其在银行开立的存款账户。开户人撤销存款账户时，应与银行核对账户余额，经银行审查同意后，办理销户手续。销户时，企业应交回剩余的重要空白凭证。办理银行销户手续时应遵循以下规定。

◆一般存款账户借款清偿后要办理销户。一般存款账户余额不得超过企业在开户银行的借款余额，超过部分开户行将通知开户单位5日内将款项划转至基本存款账户，逾期未划转的，银行将主动代为划转。

◆临时存款账户的使用期限不得超过1年，超过1年的将予以销户。

◆企业销货款、异地汇入款项中除基建或专项工程拨款外的非专项资金不得进入专用存款账户。

◆开户人改变账户名称的应先撤销原账户，再开立新账户。

◆开户行对1年内未发生收付活动的单位账户，将对开户人发出销户通知，开户人应当自收到通知之日起30日内（以邮戳日为准）到开户行办理销户手续，逾期不办理将视为自愿销户。

6.2.4 办理税务登记

新创企业领取由工商行政管理部门核发的加载有法人和其他组织统一社会信用代码的营业执照后，虽然无须再次进行税务登记、办理税务登记证，但仍需要前往税务机关办理相应的后续事项，才能进行正常缴税。企业在银行开立基本存款账户时，企业、银行与税务机关三方需要签订《委托银行划缴税（费）款三方协议书》。

特别注意的是，新创企业在办完首次涉税业务后，在之后的经营中要特别注意按时、按期、持续申报税费，以免延误纳税影响企业的政策经营。各项税收的缴纳时间不同，增值税、消费税的纳税期限分别为1日、3日、5日、10日、15日、1个月或者1个季度；自期满之日起5日内预缴税款，于次月1日起15日内申报纳税并结清上月应纳税款。企业所得税分月或者分季预缴，企业应当自月份或者季度终了之日起15日内，向税务机关报送预缴企业所得税纳税申报表并预缴税款，年度终了后45日内申报，5个月内汇算清缴。如有政策变动，大学生创业者可拨打纳税服务热线或访问国家税务总局的纳税服务平台进行咨询。

6.3 企业制度的设计

要想实现盈利，大学生创业者就必须让企业这个组织高效而平稳地运行起来。而企业制度就是企业运转的规则，因此，设计企业制度是建设企业的重要工作，大学生创业者应该掌握设计企业制度的相关知识。

6.3.1 企业制度概述

早在古罗马时期，企业制度就已初见雏形。在16世纪末到19世纪三四十年代之间，为了适应现代社会化大生产和市场经济体制要求，现代企业制度逐渐形成并发展。今天，人们对于企业制度的认识已经趋于全面和系统。

1. 企业制度的定义

企业制度是指企业为了实现企业既定目标和实现内部资源与外部环境的协调，在财产关系、组织结构、运行机制和管理规范等方面的一系列制度安排。

在企业的实际运作中，企业制度是关于企业组织、运营、管理等一系列行为的规范和模式的总称，是企业全体员工在企业生产经营活动中需共同遵守的规定和准则的总称。在微观上，企业制度通常包括以下内容。

- **人力资源管理制度：** 人力资源管理制度是企业运行的物质载体，是企业人力资源管理具体操作的规范体系，具体包括员工守则及行为规范、岗位职责（或岗位说明书）、考勤制度、招聘制度、人事档案管理制度、离职制度、企业管理培训制度、人员调动管理制度、奖惩制度等。
- **财务管理制度：** 财务管理制度是为了更好地实现资产的购置、资本的融通、经营中现金流量及利润的分配而制定的一系列条文，包括资金预结算制度、资金管理制度、现金管理制度、财务审批制度、财务盘点制度、审计制度、固定资产管理制度、出纳管理规范、会计档案管理制度、统计管理制度等。
- **行政事务管理制度：** 行政事务管理制度是关于企业日常事务的管理制度，包括会议管理制度、文件管理制度、档案管理制度、出差管理制度、办公用品管理制度等。

以上3大制度是维持企业运营必须具备的制度，除此之外，企业还需要根据自己的经营范围和业务情况制定其他的相关制度。如生产具体产品的企业必须建立生产管理制度、质量管理制度等，而以营销为主营业务的企业则要建立销售管理制度、物资管理制度等，一些安全隐患较高的企业还应建立专门的安全管理制度。

2. 企业制度的重要性

企业是多种生产要素的组合体，实际上就是通过制度安排来组织各种生产要素的，因而企业制度是对各种生产要素进行组合的核心纽带和基础，由此可见企业制度对于企业的重要性。具体来说，企业制度的重要性体现在以下6方面。

- **企业赖以生存的体制基础：** 企业是由出资人以契约方式规定出企业制度，然后按照所规定的企业制度来组建的。没有企业制度，企业就不可能存在，因而企业存在和发展的体制基础是企业制度。

- **企业及其构成机构的行为准则：** 企业本身的运行行为以及企业内部的各种组织机构的活动行为，都要受到企业制度的约束，遵守企业制度的安排，因此，企业制度实际上是企业本身以及企业的构成机构的行为准则。
- **企业员工的行为准则：** 所有的企业员工，无论是总裁还是普通员工，其行为都必须遵守体现企业制度要求的各种规则，也就是说企业制度会对员工的行为进行规范。
- **企业高效发展的活力源泉：** 如果企业制度的安排非常有利于调动企业中各种生产要素的积极性，那么这个时候企业就是最有活力的。反之，企业就会非常没有活力。因此，企业制度是企业活力的最重要的保证，没有良好的企业制度，就根本不可能有企业的活力。
- **企业有序化运行的体制框架：** 企业要有序化运行，就必须按照一定的程序运行，而要按照一定的程序运行，企业制度就是这个约束企业运作的程序。因此，企业制度实际上就是约束企业各种生产要素的行为以及企业本身行为的一种准则。
- **企业经营活动的体制保证：** 企业的所有经营活动都必须在一定的体制框架中进行，这种体制框架就是企业制度。没有一种合理的企业制度安排，就不可能有企业的高效经营活动，因为没有良好的企业制度，企业经营活动就没有体制保障，也无法高效地展开。

3．新创企业建立企业制度的原则

对新创企业来说，不能一味地向大企业看齐，追求制度的面面俱到，而应该根据自身的情况，建立简单易行的相关制度，既能约束员工的行为，维持企业的运转，又不至于增加过多的管理工作。大学生创业者在进行团队制度构建时，应该遵循以下原则。

- **权责明确：** 企业制度要想发挥其“行为准则”的作用，就必须明确制度所管理的对象的权利与义务。无论是员工还是企业中的各个组织机构，都承担着企业运作中的义务，也拥有自己的权利，企业制度需要明确这些权利和义务，员工和组织机构才能依照制度展开行动。
- **确保规章制度的合理性和规范性：** 制订制度是为了让企业员工遵守，只有合理、规范的制度才能得到大家的认可，才能行得通。脱离实际的条文无疑等于一纸空文。
- **听取员工的意见：** 在新创企业中，还没有严格的科层来阻碍上下级的交流，在制订企业制度的时候，大学生创业者要充分发挥这一优势，广泛听取员工的意见，这样制订出来的制度更受员工的拥护，有利于制度的执行和贯彻。
- **构建系统性的制度：** 在企业成立之初，设立的制度可以不多、不细化，但是必须全面、成系统。系统性的制度具有稳定性，在企业后续发展过程中可以不断优化补充，而如果制度不成系统，在企业发展过程中就需要不断对制度进行整体翻新。
- **留下余地：** 在创业初期，企业制度的制订应该留有余地，这样既能够使员工在制度框架下充分发挥主观能动性，而不受制于条条框框，又便于制度在未来能够与时俱进、灵活改变。

6.3.2 企业组织架构设计

企业制度的首要任务就是要确定企业的组织架构，企业的组织架构就是组织内部对工作的正式安排，它决定了企业的运作程序，关乎企业的存亡。大学生创业者应该学习企业组织架构的有关知识，为企业选择合适的组织架构，并且根据组织架构来制订后续的企业制度。

1. 企业组织架构概述

企业的组织架构就是一种决策权的划分体系以及各部门的分工协作体系。大学生创业者需要根据企业的规模、经营的项目、业务关系等因素来设计企业的组织架构，而企业的经营和管理则都围绕组织架构开展。

企业的组织架构设计需要考虑4个结构要素。

- **职能结构：** 职能结构是指实现组织目标所需要的各项业务工作以及比例和关系，一项业务的成功运作往往需要多项职能共同发挥作用。大学生创业者应该考虑企业经营到底需要哪些职能以及各职能间的比例与相互关系。
- **层次结构：** 层次结构即各管理层次的构成，也就是组织在纵向上管理层级的数量。一般来说，事务越多、规模越大的企业需要越多的结构层次，但是层次多意味着费用也多，沟通的难度和复杂性加大。
- **部门结构：** 部门结构即各管理部门的构成，也就是组织在横向设置的部门数量。通常企业的部门数量与需处理事务的多样性成正比，需处理的事物越多样、越复杂，就需要越多的专业部门来处理。
- **职权结构：** 职权指的是职务范围以内的权力，职权结构即各层次、各部门在权力和责任方面的分工及相互关系。大学生创业者在设计企业组织架构时应使各层次和部门的职权能够覆盖到企业的各个方面，且互相间职权不覆盖。

2. 金字塔型组织架构

金字塔型是一种经典的企业组织架构形式。其是指在组织规模已定的情况下，通过比较狭窄的管理幅度和较多的管理层次设计而使职能严格划分、层级严格确定的组织结构形态。金字塔型架构历史悠久，其中又分化出了直线制、职能制、直线－职能制、事业部制和矩阵制等形式，下面分别进行介绍。

（1）直线制

直线制是最早且最简单的组织架构形式，又称军队组织架构形式，它是指企业各级行政单位从上到下实行垂直领导，没有职能机构。直线制组织架构如图6-3所示。

- **优势：** 直线制组织架构权力集中，职权和职责分明、命令统一，信息沟通简捷方便，便于统一指挥、集中管理。
- **缺陷：** 直线制组织架构中各级部门领导必须熟悉与本部门业务相关的各种活动，最高层的企业领导必须是全能管理者；部门间缺乏横向的协调关系；没有职能机构作为各级领导的助手，容易产生忙乱现象。

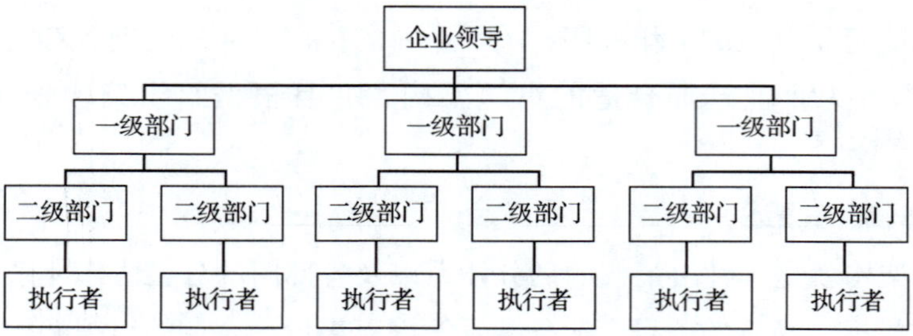

图 6-3　直线制组织架构

采用直线制组织架构的企业一旦规模扩大，管理工作复杂化，企业领导可能由于经验、精力不及而顾此失彼，难以进行有效的管理。因此，直线制只适合规模较小、业务单纯的新创企业。

（2）职能制

职能制是指企业内部各管理层次都设职能机构，行使管理职责和权力，下级除了接受上级主管指挥，还必须接受上级各职能机构的领导。职能制组织架构如图6-4所示。

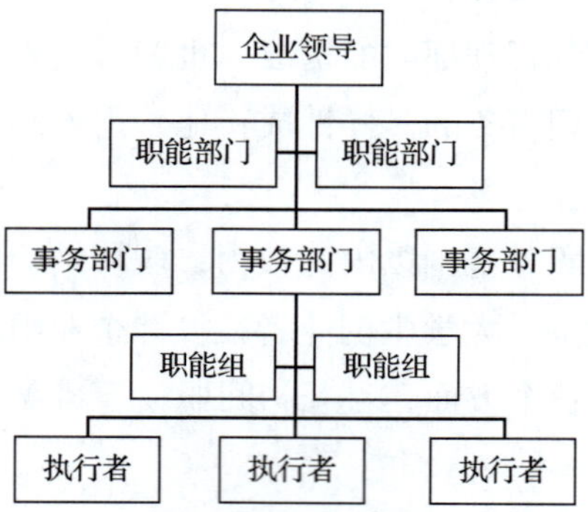

图 6-4　职能制组织架构

◆**优势**：职能制组织架构能适应现代化企业管理工作比较精细的特点；能充分发挥职能机构的专业管理作用，减轻直线领导人员的工作负担，利于业务专精，思考周密，提高管理水平；同类业务划归同一部门，利于建立有效的工作秩序。

◆**劣势**：职能制组织架构不便于行政组织间各部门的整体协作，容易形成部门间各自为政的现象，使行政领导难于协调；形成了多头领导，妨碍了必要的集中领导和统一指挥，易造成生产管理秩序混乱。

职能制组织架构适用于多品种生产，需要各种专业人员参与管理的企业。

（3）直线－职能制

直线－职能制组织架构集合了直线制组织架构和职能制组织架构的优点，是现代企业中最常见的一种结构形式。

直线－职能制组织架构以直线制组织架构为基础，在各级领导之下设置相应的职能部门从事专业管理，作为该级领导的参谋，下级机构既受上级部门的管理，又受同级职能部门的业务指导和监督。直线－职能制组织架构如图6-5所示。

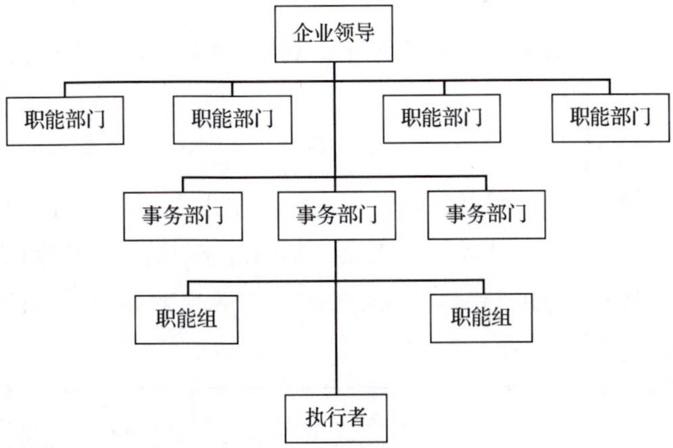

图 6-5 直线－职能制组织架构

◆**优势**：直线－职能制组织架构既保持了直线制组织架构集中统一指挥的优点，又吸收了职能型组织架构分工细密、注重专业化管理的长处，从而提高了管理工作的效率。

◆**劣势**：直线－职能制组织架构各职能部门之间的横向联系较差，容易产生脱节和矛盾；信息传递路线较长，反馈较慢，难以对环境变化做出迅速反应。

（4）事业部制

事业部制组织架构又称分公司制组织架构，是为满足企业规模扩大和多样化经营对组织机构的要求而产生的一种组织结构形式，即在总公司领导下设立多个事业部，每个事业部都有自己的产品和特定的市场，能够完成某种产品从生产到销售的全部职能。图6-6所示即为事业部制组织架构。

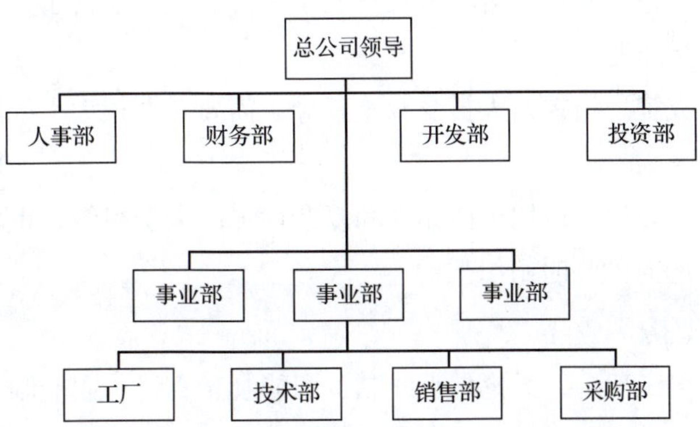

图 6-6 事业部制组织架构

◆**优势**：事业部制组织架构下的每一个事业部都具有较大的经营权限，实行独立核算、自负盈亏，是一个利润中心。其既有利于最高领导层摆脱繁杂事务，又能够使各事业部发挥经营管理的积极性和创造性，从而提高企业的整体效益。

◆**劣势**：事业部制组织架构中各事业部利益的独立性容易滋长本位主义（只顾自己，不顾整体利益）；同时事业部制组织架构对公司总部的管理工作要求较高，若达不到要求则容易发生失控。

事业部制组织结构主要适用于产业多元化、品种多样化、各有独立的市场且市场环境变化较快的大型企业。

（5）矩阵制

矩阵制组织架构是在直线－职能制组织架构的垂直形态组织系统的基础上，再增加一种横向的领导系统，由职能部门系列和为完成某一临时任务而组建的项目组系列组成，从而同时兼具了事业部制与职能制组织结构特征的组织结构形式。图6-7所示即为矩阵制组织架构。

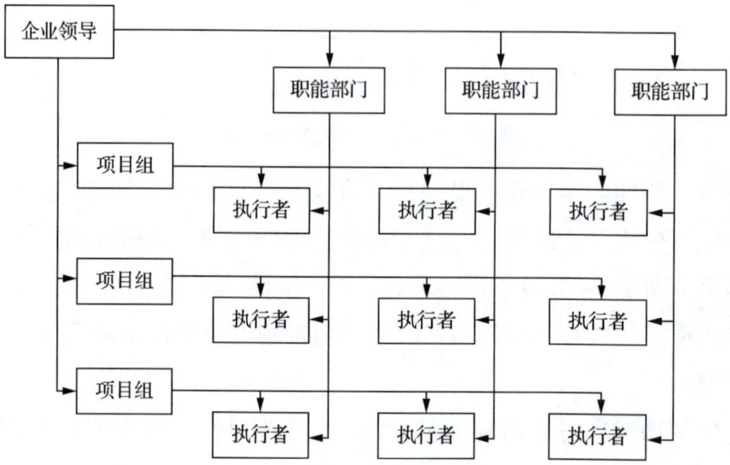

图 6-7　矩阵制组织架构

◆**优势**：矩阵制组织架构同时具备事业部制与职能制组织架构的优点，加强了部门和项目组间的横向联系，专业设备和人员得到了充分利用，实现了人力资源的弹性共享，有利于解决复杂问题。

◆**劣势**：不能形成统一指挥，人员受双重领导，需要花费很大力气用于协调，不易分清责任。

矩阵制组织架构一般比较适用于协作性和复杂性强的大型组织，也可以作为集全企业之力来解决某一复杂问题时的临时组织架构。

3．扁平化组织架构

所有的金字塔型组织架构，无论是直线制、职能制、直线－职能制、事业部制还是矩阵制，都是典型的科层制。科层制组织模式是建立在“专业分工、经济规模”这一假设之上的，各功能部门之间界限分明。近年来这种组织架构逐渐显现出无法适应环境快速变化的问题，于是一种新型的、非科层制的组织架构逐渐流行，这就是扁平化组织架构。

（1）扁平化组织架构的特点

扁平化组织架构改变了原来层级组织结构中企业上下级组织和领导者之间的纵向联系方式、平级各单位之间的横向联系方式以及组织体与外部各方面的联系方式，建立起了管理幅度宽、管理层级少、横向联系紧密的组织架构。这样的组织架构表现出了以下特点。

◆**以流程为中心**：扁平化组织架构不以部门职能来建立组织结构，而是以核心流程为中心来建立组织中的部门，部门也不再担负专业处理某一类事物的职能，而是负责处理“某一核心流程”。

◆**管理层次简化**：扁平化组织架构的管理层次简化，削减了中间管理层，缩短了企业的指挥链条，提高了信息传递效率。

◆**分权式管理**：扁平化组织架构中，单一层次的管理幅度很大，因此，领导普遍采取分权式管理，基层组织和员工具有很高的自主权。

◆**目标管理**：扁平化组织架构同时实行目标管理，以目标的设置和分解、目标的实施及完成情况的检查、奖惩为手段，通过员工的自我管理来实现企业的经营目的。基层组织和员工在工作中自主决策，同时也责任自负。

（2）扁平化组织架构的优劣势

近年来，扁平化组织架构逐渐发展并流行开来，很多知名企业都采用了扁平化组织架构。扁平化组织架构的优势与劣势如下。

◆**优势**：扁平化组织架构有利于缩短上下级距离，密切上下级关系，信息纵向流通快，管理费用低。而且由于管理幅度较大，被管理者有较大的自主性、积极性和满足感。

◆**劣势**：扁平化组织架构管理幅度较宽，权力分散，不易实施严密控制，加重了对下属组织及人员进行协调的负担。且随着企业规模的扩大，协调和取得一致意见就会变得更加困难。

6.3.3 企业分工管理制度的设计

企业的分工管理制度是现代企业管理中的主要管理制度之一，企业的所有工作都不是一个人可以单独完成的，只有具有完善且合理分工的企业才能够高效运行。大学生创业者在设计好企业的组织架构之后，就应该着手进行企业分工管理制度的设计。

1. 企业分工与分工管理制度

所谓企业分工，就是指在某个特定企业中，企业员工之间为完成某一项或多项任务而进行的分工协作。企业分工可以大幅度提高工作效率与工作质量。而企业的分工管理制度，就是固定企业中的各个职位，然后赋予各个职位相应的权利与责任。通常来讲，企业的分工分为以下两类。

◆**层次间分工**：其也称纵向分工，是对企业组织构架纵向上的层级分配工作。上层主要任务是对整个组织实行统一指挥和综合管理，制订组织目标及实现目标的一些大政方针；中层主要负责分目标的制订、拟订和选择计划的实施方案、步骤和程序，协调下级的活动；基层的主要任务就是按照规定的计划和程序，完成各项计划和任务。

◆**层次内分工**：其也称横向分工，是对企业内同层次机构和员工分配工作。层次内分工主要解决同一层次工作量过大的问题，即将整个工作分割成不同的份额，由不同的人来完成，最后汇总成完整的工作成果。

企业的分工管理制度，就是要规定如何做好这两类分工的工作，使所有员工都负担其各自的工作，而企业的工作也得以全部完成。

2．分工管理制度的设计原则

不同的企业，需要根据自身的组织架构、业务情况、人员情况、资源情况来具体设计企业的分工管理制度。大学生创业者可以通过掌握以下分工管理制度的设计原则，来设计出更适合自己企业的分工管理制度。

◆**权责对等原则**：企业的分工管理制度应该做到权责对等，每一个岗位担负了什么样的职责，也需要有相应的权力来处理本职工作。如果责任大而权力小，则该岗位员工在工作中就需要事事请示；而权力大责任小，则该岗位员工在工作中就会侵犯到其他岗位的职责。这两种情况都会导致工作效率下降。

◆**分工明确原则**：企业的分工管理制度应该做到分工明确，明确的分工可以使员工专注于自己的工作，各司其职，而混乱的分工则会导致员工之间互相推诿、扯皮，对一个岗位安排不相关的工作则会出现各项工作都没做好的情况。

◆**流程完整原则**：企业的分工管理制度应该流程完整，不能出现“三不管”地带，一旦业务流程中的某一环节无人负责，就会影响整个企业的运转。

◆**沟通有道原则**：企业的分工管理制度应该使每一个岗位都能够与相关岗位顺畅地沟通，岗位上的员工应该可以为上一环节提供反馈，为下一环节提供提醒，或者在遇到无法处理的事情时及时联系上一级领导。

◆**工作量合理原则**：企业的分工管理制度应该为各个岗位安排合适的工作量。如果某岗位工作量特别繁重，就会导致员工的不满以及工作失误的增加；岗位工作量特别小，则会浪费企业的资源；如果同一级职位，同等待遇下工作量差别很大，就会促使员工对立和分裂。

6.4 企业团队和企业文化建设

大学生创业者在完成了企业制度的设计后，还需要进行企业团队与企业文化的建设。优秀的团队是企业发展的主心骨，而有感染力的企业文化是企业凝聚人心、奋发前进的不竭动力。

6.4.1 企业团队建设

团队建设是指为了实现团队绩效及产出最大化而进行的一系列结构设计及人员激励等团

队优化行为。在现代企业竞争中，企业团队水平的高低在一定程度上决定了其竞争力的强弱。合理进行企业团队建设，有助于员工积极性的提高和组织绩效的提升。

1．提高团队的执行力

企业团队建设的首要任务就是要提高创业团队的执行力，执行力是团队成员自动、自发地为取得有价值的成果而不断努力的强烈意愿。一个优秀的团队应该拥有很强的执行力。提高团队执行力的方法如下。

- **职责明确：**做好有效清楚的职责分工，明确岗位职责的重要性。让每一位员工明确自己所处岗位的职责范围，这样他们才能认真负责地履行工作职责。
- **赏罚分明：**在明确成员的工作目标和工作标准之后，还需要制定奖惩制度和方式，做到赏罚分明。既让员工受到可能的奖励激励，也让其明白可能的处罚，这样可以调动员工的积极性。
- **过程控制与监督：**增强员工工作的透明度，在过程中对其工作进行控制与监督。一些企业仅仅施行结果监督，这样无法及时发现工作中的疏漏，可能会造成更大的损失，而过程控制与监督可以做到及时发现、纠正问题。
- **限定完工时间：**设立各项工作具体的完成时间，这样可以提高员工的紧迫感，提高工作效率。
- **监督工作质量：**除了对工作时间进行监督，还需要对工作质量进行监督，对于工作的质量问题，越早发现，损失越小。

2．合理搭配团队成员

团队成员的工作安排应该适材适所，大学生创业者应该在充分考虑团队成员特质和能力的情况下安排其工作岗位。只有在合适的岗位上，员工才能够发挥出其作用，为企业创造价值。一般来说，好的创业团队成员间的性格、能力，通常都能形成良好的互补关系，而这种互补关系能最大限度地调动团队成员的能动性，帮助团队成员高效完成工作。

3．培养互相信任的氛围

建立并维护互相信任的团队氛围，是团队成员互相协作的基础。如果团队成员之间互相猜疑，会导致企业内部分裂和企业瓦解。简单地说，就是要增加团队成员之间的信任，增强团队成员的凝聚力。

大学生创业者在选择团队成员时，要着重考虑合作伙伴的人品和能力，以及对方是否诚信、行为和动机是否带有很强的私心。只有成员之间彼此以诚相待、和平相处，才能够创造最大化的价值。

4．公平而有弹性的利益分配

创业之初的股权分配与创业过程中的贡献往往并不一致，因此会发生贡献与报酬不一致的现象。此时大学生创业者就要好好协调二者之间的比例，确定一套公平的利益分配机制，以弥补这种不公平的现象，避免团队成员之间因为利益问题而产生隔阂。

同时，在企业成立后，大学生创业者面临的一个关键问题就是如何制订团队成员间的股权分配方案。股权分配是对创业利益分配方式的约定，它有助于长期维持团队的稳定和企业的稳定发展。大学生创业者在股权分配上应该遵循3个原则。

◆**重视契约精神**：在创业之初，大学生创业者就要把股权分配方案以公司章程的形式确定下来，并以契约的形式明确创业团队成员的利益分配机制，从而保证创业团队的长期稳定。

◆**贡献决定权利**：大学生创业者应遵循贡献决定权利原则来分配股权。对于出资兴建企业的成员，可以依据出资额比例来确定股权分配方案；对于没有注入资金但持有关键技术的团队成员，则可以以技术的商业价值来计算其股权份额。

◆**控制权与决策权统一**：股权分配本质上是对公司控制权的分配。在企业建立初期，控制权和决策权的统一至关重要。新创企业持股最多的团队成员不享有公司的控制权是非常危险的，因为该成员更关注企业的长远发展，容易就决策问题与其他成员发生冲突，进而引发团队矛盾。

5. 有效的沟通机制

及时有效的交流和沟通可以消除企业经营和发展中出现的一些矛盾和问题。大学生创业者不仅要加强自己与员工之间的交流与沟通，还要加强员工与员工之间的交流与沟通。如果团队成员没有有效的沟通机制，轻则信息传递滞后，企业决策失当，重则成员各自为政，最后企业分崩离析。

6. 妥善处理内部冲突

人与人之间总会发生矛盾与冲突，在创业过程中也是如此。团队内部冲突一旦处理不当，就会导致工作效率的下降甚至整个团队的瓦解。

（1）内部冲突的含义

创业团队的内部冲突是指在人际关系或感情方面出现紧张情绪，主要表现为任务冲突、过程冲突和关系冲突3个方面。

◆**任务冲突**：任务冲突主要是团队成员对工作目标和内容的分歧。

◆**过程冲突**：过程冲突主要是团队成员关于完成工作任务的手段和方法的分歧。

◆**关系冲突**：关系冲突主要是团队成员情感上的矛盾，其主要特征是敌对和愤怒。

创业团队内部冲突如果保持在一个合适的水平上，是可以满足企业对于多样化和创造性的需求的。但如果超出一定范畴，就会给创业团队带来负面影响。

（2）内部冲突的处理原则

为了将内部冲突控制在合理的范围内，大学生创业者在处理团队内部冲突时应遵循以下原则。

◆团队内部意见不统一是一种常态，大学生创业者应使创业团队在不统一的意见中寻求合作的可能性，在一些正面的、建设性的冲突当中寻找更多可能性，做出最佳决策。

◆强调团队的整体利益和成就，不刻意突出某个个人，在保证团队利益的前提下，根据业绩分配利益，这样做有助于使团队成员认可利益的分配。

◆大学生创业者要广泛听取团队成员的意见，了解团队成员的诉求，但要避免出现“议而不决”的情况，适当的时候要果断拍板。

◆团队内部竞争是为了使团队更好地发展，一切都要以团队整体利益为导向，要避免过度冲突。

◆如果冲突过大，大学生创业者应理性地做出判断，通过成员调整来维持团队的稳定和发展。要正确认识团队成员的变动，完善的团队架构需要经过实践不断进行调整和磨合，团队成员出现变动是正常情况，大学生创业者也不用为此过度焦虑。

6.4.2 企业文化建设

企业的文化建设同样也是大学生创业者不可忽视的工作，每一个组织在其不断运行和发展的过程中都会产生一定的文化积淀。而这样自发形成的文化对组织的发展有利有弊，大学生创业者应该有意识地建设企业文化，引导企业形成正面的、有利于企业发展的文化。

1．认识企业文化

企业文化又称组织文化，是企业在经营活动中形成的经营理念、经营目的、经营方针、价值观念、经营行为、社会责任、经营形象等的总和。

企业文化由3个层次构成，大学生创业者在建设企业文化时也需要根据这3个层次来构思具体的措施。

◆**物质文化**：企业物质文化又称“硬文化”，居于企业文化的表层，是可见的企业文化体现，包括厂容、厂貌、机械设备，以及产品的造型、外观、质量等。

◆**制度文化**：企业制度文化是企业文化的中间层，包括领导体制、人际关系以及各项规章制度和纪律等。

◆**精神文化**：企业精神文化又称“软文化”或“企业精神”，是企业文化的核心层，也是企业文化建设的难点，包括各种行为规范、价值观念、企业的群体意识、职工素质和优良传统等。

2．企业文化的作用

企业文化体现在企业的每一个员工、每一件产品上，对企业的发展具有重要影响。优秀的企业文化具有以下作用。

◆**激发员工的使命感**：企业有其自身的责任和使命，企业使命感是全体员工工作的目标和方向，也是企业不断发展前进的动力之源。

◆**凝聚员工的归属感**：通过企业文化的提炼和传播，让全体员工都接收企业文化的熏陶，能够提高员工在企业的归属感，让新进员工更快、更好地融入企业。

◆**加强员工的责任感**：企业可以通过宣传企业文化，使员工认识到责任感的重要性，管理人员要给全体员工灌输责任意识、危机意识和团队意识，要让大家清楚地认识到企业是全体员工共同的企业。

◆**赋予员工荣誉感**：通过宣传企业文化、宣传优秀员工，可以在企业内部形成多作贡献、多出成绩、多追求荣誉感的气氛。

◆**实现员工的成就感**：一个企业的繁荣昌盛关系到每一个员工的生存，企业繁荣了，员工们就会引以为豪，就会更积极努力进取。荣耀越大，员工的成就感就越大、越明显。

3. 企业文化的建设

企业文化建设是指企业文化相关理念的形成、塑造、传播等过程。企业文化对企业的建设发展至关重要，然而企业文化看不见、摸不着，很难对其进行定量、定性的判断，这样的特性导致很多大学生创业者对企业文化的建设无从下手，或者对企业文化的建设流于形式和表面。为此，大学生创业者可以采取以下步骤来进行企业文化建设。

◆**初步剖析**：大学生创业者可以从业务发展阶段、团队构成、人员基础、员工日常行为等方面进行初步的文化状况评估，很多时候业务问题、管理问题，归根结底都源于文化的问题。相同的价值观是决定团队能否走到一起、走得更远的前提条件。

◆**全员参与**：大学生创业者需要邀请核心团队参与讨论、分析，剖析现状的痛点，大家达成共识，明确什么是被倡导的以及什么是被反对的，据此提炼企业文化内核。建设企业文化切忌闭门造车，一定要让员工有参与感，这样的企业文化才能深植在每一个员工心中。

◆**宣传贯彻**：宣传贯彻是企业文化建设的关键步骤，企业文化需要经过宣传贯彻才能在企业内部扩散、深化。宣传贯彻的常用方式包括研讨会、员工大会、内刊宣传、辩论会、情景模拟等方式。

◆**持续跟进**：企业文化的养成是一件水滴石穿的事情，大学生创业者既不能操之过急，也不能只有3分钟热度，而要长期坚持，将企业文化渗透进企业的方方面面。大学生创业者要有坚定的信念，无论处于哪个发展阶段，都要把文化工作排上日程。

阅读

阿里巴巴的企业文化建设

2001年，阿里巴巴还是一个名不见经传的小企业。关明生、蔡崇信、吴炯、金建杭和彭蕾等阿里巴巴的创业团队成员听马云讲阿里巴巴的文化。

关明生随口说了一句：“我们的文化这么厉害，现在是不是可以写下来？”于是所有人开始一起写阿里巴巴的目标、使命、愿景和价值观。马云一口气说了很多，关明生跟彭蕾花了7小时才把这些内容全部写在玻璃板上。在满玻璃板的企业文化条目中，在场的阿里巴巴骨干最终选择了9条作为阿里巴巴的价值观，分别是“激情、创新、教学相长、开放、简易、群策群力、专注、质量、客户第一”。

2005年，阿里巴巴召开了一个员工大会，300多人挤在一个小小的会议室里，花了一整天的时间，把9大价值观浓缩为6个，即“客户第一、团队协作、拥抱变化、激情、诚信、敬业”。这些价值观一直沿用至今。

根据这套价值观，阿里巴巴制定了一套员工考核标准，其中业绩和价值观考核各占50％的权重。这种考核不仅与收入挂钩，还关乎荣誉与认同。阿里巴巴的企业文化随着这样的考核慢慢深入基层。

启示：从阿里巴巴的企业文化建设过程中可以看出，企业文化建设并非一朝一夕之功，而是需要长时间坚持才能取得成果。阿里巴巴先精选出了9条价值观，后来又精炼到6条，这些价值观都是在企业长时间的商业活动中提炼出来的，而要将这些价值观推广到企业的基层，仍然需要付出巨大的努力。企业文化不是天上掉下来的，也不是空喊口号，而是需要企业真正花时间、花力气去实践。

课堂讨论

创业类型的选择

自20世纪80年代以来，我国逐渐涌现出了一批各具特点的创业者，这些创业者各自谱写自己的商场传奇，吸引着大众的注意力，至今仍被人们津津乐道。

在这些成功的企业家中，有在古稀之年依靠种植橙子创业成功的“橙王”褚时健；有年少成名，又历经大起大落的史玉柱。

而进入互联网时代，我国又涌现出了很多互联网行业的创业成功者，其中有代表性的如创立百度的李彦宏、创建腾讯的马化腾、创建阿里巴巴的马云等。这些企业家们通过不同的方式、不同的手段、在不同的市场上取得了成功，他们的事迹激励着一代代创业者投身创业的浪潮，去开辟自己的未来。

了解这些创业者的创业故事，试讨论大学生创业者应该选择哪一种创业类型。

活动说明：围绕创业类型展开话题讨论，如“独立创业”成功的创业者、“合伙创业”成功的创业者、“团队创业”成功的创业者、“家族创业”成功的创业者等，分析其创业成功的原因。

活动人数：分小组进行讨论，2~4人为一组，共8个小组。

讨论方式：每个小组选择一种创业类型；各小组内部讨论后，列举出该创业类型的典型特征、具有的优势、具有的劣势以及创业者如何改变自己的创业类型等；8个小组分别就本小组列举的内容进行发言，发言完毕后可总结大学生创业实际情况并推荐一种创业类型。

课后思考

参考答案

1. 以下关于企业的概念表述不正确的是（　　）。

A. 社会学认为企业是人的集合，是社会运转的组成部分

B. 传统经济学认为企业是创造经济利润的机器和工具

C. 法学认为企业是一系列契约关系的结合体

D. 现代管理学认为企业是一类组织、一种商业模式

2. 以下关于企业设立流程的表述不正确的是（　　）。

A. 注册企业的“一照一码”是指营业执照和全国统一信用代码

B. 公司印章包括公司公章、法人章、合同专用章、财务专用章、发票专用章

C. 企业在银行开立基本存款账户必须持有人民银行核发的开户许可证

D. 新创企业无须进行专门的税务登记

3. 以下企业组织架构类型与其内容对应不正确的是（　　）。

A. 直线制组织架构（企业各级行政单位从上到下实行垂直领导，没有职能机构）

B. 职能制组织架构（以直线制组织架构为基础，在各级领导之下设置相应的职能部门从事专业管理）

C. 矩阵制组织架构（由职能部门系列和为完成某一临时任务而组建的项目组系列组成）

D. 扁平化架构（管理幅度宽、管理层级少、横向联系紧密）

4. 根据本章中关于新创企业组织形式选择的相关知识，分析各个企业组织形式的优势和劣势，并制作成表格。

5. 扫描右侧二维码，阅读其中材料，分析该公司采用了哪种组织架构，并评价其分工管理制度。

阅读材料

第7章

创业决策与企业创新

管理企业是一个动态发展的过程，一家企业在发展壮大的过程中，必然要面临很多的抉择，一旦抉择错误，就可能导致创业失败。大学生创业者作为企业的掌舵者，需要做出正确的决策，带领企业走向辉煌。同时，企业在发展过程中还需要不断地进行自我创新，以不断地适应环境变化，获得更大的发展。本章将对创业决策和企业创新的相关知识进行介绍。

7.1 创业决策

企业发展的每个环节、每个时间点，都无一不受决策的影响。而新创企业的决策，相比于成熟企业更具不确定性，这无疑对大学生创业者提出了更高的要求。大学生创业者应该了解创业决策、掌握创业决策的方法，以便更好地领导企业。

7.1.1 创业决策概述

芝加哥学派创始人富兰克·奈特（Frank Hyneman Knight）认为，创业者应该是那些在不确定性环境中承担风险并进行决策的人。这一论述说明了决策是创业者的重要职能，是所有创业者的必修课。

1. 决策与创业决策

在企业管理中的决策问题很早就得到了行政学界的重视。20世纪30—40年代，学者古立克即在其著作《组织理论》中提出“决策是行政的主要功能之一”；行政学家赫伯特·西蒙认为“决策为管理的首要职能”；现在学界已取得普遍共识：科学决策是现代管理的核心，是现代管理者的主要职责。

而随着全球创业活动日益活跃，创业研究取得了快速发展，而创业决策正是其中的热点研究领域，取得了众多的成果。虽然迄今创业决策还没有一个通行的定义，但是大学生创业者可以从以下4个方面来认识创业决策。

- 创业决策是在企业孵化期或成立初期所进行的企业决策。这一说法明确了创业决策是企业决策的一种。因此，创业决策具有企业决策的一般特点，其目的在于增强企业实力、提高盈利水平。
- 创业决策是从创业意向产生、机会识别、机会评价再到方案形成的一系列的心理过程。该说法以创业者为核心，在时间维度上解析了创业决策，显示了创业决策贯穿于创业活动始终的特点和其作为一种心理活动的本质。按照该说法，要想做出正确的、及时的决策，大学生创业者需要不断提升自身素质，锤炼自己的创业逻辑和创业思维。
- 创业决策是对高度动态复杂条件下创业过程中基于动态行为的评价、判断和选择的决策过程。该说法基于创业的独特情境，创业活动的高度不确定性、高资源约束性使创业决策需要面对高度动态复杂的条件。这也显示出了创业决策的困难之处，只有高明的创业者才能排除干扰，做出正确的评价、判断和选择。
- 创业决策是决策者解决问题以及利用机会的过程。该说法认为创业决策的直接目的是解决问题或者利用机会，且决策本身是一个由多个步骤组成的过程。

这些说法从不同的侧面为创业决策做出了解释，大学生创业者应综合各种说法进行理解，以求更深刻、更全面地认识创业决策。

2. 创业决策的类型

在创业过程中，大学生创业者需要做出很多决策，所有细碎的单项决策共同构成了整个创业过程。这些具体的单项决策可以根据决策主体、决策地位、决策可靠程度、决策重复程度、决策影响时间以及决策起点的不同进行分类。

- **根据决策主体进行分类：**根据决策主体的不同，创业决策可以分为群体决策和个体决策。群体决策是指由多人参与决策分析、制订决策的整个过程，群体决策有利于发挥集体的智慧，但其决策速度、效率可能低下。个体决策是指个体独立进行决策，决策迅速有效，但是其科学性很大程度上依赖于决策者的个人能力。
- **根据决策地位进行分类：**根据各种决策地位的不同，可以由高到低地将决策分为战略决策、战术决策和业务决策。战略决策是指对直接关系到企业生存与发展的全局性、整体性问题进行的决策。战术决策是指局部的、短期的和执行性的决策，也指在执行战略决策过程中的基本战术决策。业务决策亦称“日常管理决策”，是指在日常工作中为提高生产效率、工作效率而做出的决策。
- **根据决策可靠程度进行分类：**根据各种决策可靠程度的不同，可以将决策分为确定性决策、风险性决策和不确定性决策。确定性决策是指决策者对决策效果有十分确定的比较，可以直接根据完全确定的情况选择最满意的行动方案的决策。风险性决策亦称“随机性决策”，是指已知决策方案所需的条件，但每种条件的执行都可能出现不同的后果，各种后果的出现有一定的概率，即存在“风险”。不确定性决策是指在面临多个随机自然状态下且无法估计行动方案所处状态概率的情况下进行的决策。
- **根据决策重复程度进行分类：**根据各种决策重复程度的不同，可以将决策分为程序化决策和非程序化决策。程序化决策亦称“常规性决策”，是指决策者在日常工作中经常需要解决的一般性或例行性的决策问题，程序化决策有章可循、有法可依，决策者依法照章办事即可。非程序化决策是指决策信息不全、不确定性高的决策问题，常常无先例可循。
- **根据决策影响时间进行分类：**根据各种决策影响时效的不同，可以将决策分为长期决策和短期决策，通常以一年为界，决策效力长于一年的为长期决策，短于一年的则为短期决策。
- **根据决策起点进行分类：**根据各种决策起点的不同，可以将决策分为初始决策与追踪决策。初始决策是指企业对某种活动或从事该种活动的方案所进行的初次选择，是从零开始的决策。追踪决策是指在初始决策的基础上对组织活动方向、内容或方式的重新决策，是对过去决策的调整。

这些决策各具特点，对于决策者的要求也不同。大学生创业者要想快速、有效地完成科学、准确的创业决策，就需要对不同的决策采取不同的决策方法。

7.1.2 决策理论

决策理论是有关决策概念、原理、学说等的总称，对大学生创业者的决策活动具有指导作用。了解相关的决策理论有利于大学生创业者理解决策的本质，在后续的企业管理中做出更周全、更有效的决策。

1. 古典决策理论

古典决策理论又称规范决策理论，主要盛行于20世纪50年代以前。古典决策理论是学界对于决策的早期研究成果，对大学生创业者的决策活动有重大的参考价值。

（1）古典决策理论的基础

古典决策理论认为，应该从经济的角度来看待决策问题，即决策的目的在于为企业获取最大的经济利益。决策者所做出的决策应该有经济上的意义，而且要符合经济利益最大化的原则。古典决策理论建立在以下四大假设之上。

◆组织要实现的目标是明确的、组织一致同意的。问题可以识别并精确地陈述。

◆决策者可以收集完全信息，从而使决策状态成为确定性的。所有可行性方案和可能的结果都是可以量化和评估的。

◆方案评估标准是明确的或可以确定的。决策者选择能够使组织利益最大化的方案。

◆决策者是理性的。他合乎逻辑地评估标准和权重，评估每一方案，并做出使组织利益最大化的决策。

（2）古典决策理论的主要内容

古典决策理论的主要内容包括以下4点。

◆决策者必须全面掌握有关决策环境的信息情报。

◆决策者要充分了解有关备选方案的情况。

◆决策者应建立一个合理的自上而下的执行命令的组织体系。

◆决策者进行决策的目的始终都是使本组织获取最大的经济利益。

（3）对古典决策理论的评价

古典决策理论被认为是一种规范或标准的决策理论，其价值在于使决策者在决策中更加理性。古典决策模型在程序化决策、确定性决策与风险性决策中有很强的应用价值。但是同时，古典决策理论也表现出不可忽视的局限性。

◆古典决策理论描述了决策者应该怎样做出决策，但没有说明实际上决策者是如何制订决策的，这就导致其在应用上更多地只能被当作一种思路而非确切的方法论。

◆决策者并不是绝对的理性人，其掌握的信息和处理信息的能力都是有限的，且决策制订总是要受到时间、空间、精力或其他成本的制约。因此，古典决策理论的基础实际是不成立的，古典决策模型也只是一种理想的模型。

综上，古典决策理论不能对某些决策提供帮助，如不确定性决策，因此，其只能被大学生创业者视为某种参考。

2．行为决策理论

西蒙认识到了古典决策理论的局限，他在《管理行为》一书中指出理性的和经济的标准都无法确切地说明管理的决策过程，进而提出“有限理性”标准和“满意度”原则。至此，行为决策理论登上了历史舞台。

（1）行为决策理论的基础

行为决策理论的理论基础在于：影响决策者进行决策的不仅有经济因素，还有其个人的行为表现，如态度、情感、经验和动机等，具体表现如下。

◆**人是有限理性的：**行为决策理论认为决策者在决策过程中的行为并非完全理性的，而是介于完全理性和非理性之间的有限理性。因为在高度不确定和极其复杂的现实决策环境中，人的知识、想象力和计算力是有限的。

◆**知觉影响：**行为决策理论认为决策者在识别和发现问题的过程中，容易受知觉上的偏差的影响，在对未来的状况做出判断时，人们往往使用直觉而非逻辑分析方法。知觉上的偏差无法完全消除。

◆**相对理性决策：**受决策时间和可利用资源等因素的限制，决策者即使充分了解和掌握了有关决策的完全信息，也无法完全了解每种备选方案的情况，因此，其选择的理性是相对的。

◆**风险厌恶：**在风险性决策中 ，决策者往往会因为厌恶风险而倾向于接受风险较小的方案，哪怕风险较高的方案能够带来更可观的收益。

◆**满意导向：**决策者在决策中往往只求满意的结果，而不愿费力寻求最佳方案。

事实证明，行为决策理论的“有限理性”准则对于企业经营管理决策具有相当的客观性、可行性和较强的现实意义。行为决策理论也取代了古典决策理论，成为20世纪50年代以来的主流观点。

（2）连续有限比较决策论

以行为决策理论为基础，西蒙又提出了连续有限比较决策论。该理论认为人的实际行动不可能合于完全理性，决策者是具有有限理性的“行政人”。“行政人”不可能预见一切结果，往往不能抓住决策环境中的各种复杂因素，而只能看到有限几个方案及其部分结果，因而只能在供选择的方案中选出一个“满意的”方案。

连续有限比较决策论提出决策贯穿于管理的全过程，管理就是决策，而决策是一个包括情报活动、设计活动、抉择活动和审查活动4个环节的过程，就此为决策者提供一种分析、解决问题的系统方法。

（3）理性组织决策论

理性组织决策论的代表人物是J.G.马奇，他承认决策者个人理性的存在，但人的理性受个人智慧与能力的限制，无法满足决策的需要，因此，在决策中决策者必须借助组织的作用。

组织对决策者的帮助主要体现在以下3个方面。

- **探索更多行动方案**：通过组织分工，每个决策者可以明确自己的工作，了解较多的行动方案和行动结果。
- **明确决策方向**：组织给决策者以一定的引导，使决策有明确的方向。
- **增加决策合理性**：组织运用权力和沟通的方法，使决策者便于选择有利的行动方案，进而增加决策的合理性。

（4）现实渐进决策论

现实渐进决策论的代表人物是查尔斯·林德布洛姆。现实渐进决策论的立论基点不再是理性，而是决策者所面临的现实并对现实所做出的渐进的改变。现实渐进决策论认为由于决策者自身条件和信息的局限，加之决策的时间、费用的限制，决策者只能采用应付局面的办法，在“有偏袒的相互调整中”做出决策。

现实渐进决策论要求决策程序简化，决策实用、可行并符合企业要求，是以解决现实问题为出发点进行决策的理论，比较适合新创企业使用。

3．当代决策理论

继古典决策理论和行为决策理论之后，决策理论在近年进入了当代决策理论阶段。当代决策理论的核心内容是决策贯穿于整个管理过程，决策程序就是整个管理过程。

对今天的决策者来说，在决策过程中可以广泛地使用规范化的程序和现代化的手段，系统理论、运筹学等都是可用的决策辅助工具。

以上决策理论都是学界多年的研究成果，能够在各个方面为大学生创业者的决策提供帮助，大学生创业者应该详细了解相关理论的内容，以建立起科学、严谨的决策观。但是这些决策理论毕竟只是理论，在具体的决策活动中，大学生创业者既要贯彻科学的决策精神，又要因地制宜，充分考虑实际情况。

7.1.3　决策的方法和过程

在了解了决策的相关理论后，大学生创业者还需要掌握具体的决策方法与决策过程。决策方法和决策过程能够帮助大学生创业者在微观的、单项的决策活动中快速高效地做出满意的决策。

1．创业决策方法

在长期的商业实践中，人们摸索出了一系列行之有效的决策方法。决策方法主要包括定性决策方法和定量决策方法。定性决策方法是一种直接利用决策者、决策群体或相关专家的智慧来进行决策的方法；定量决策方法则是运用数学来辅助决策的方法。掌握科学的决策方法可以有效地提高大学生创业者决策活动的效率和可靠性。

（1）定性决策方法

定性决策方法主要用于集体决策与有关活动方向的决策，在集体决策中常运用头脑风暴法、名义小组技术和德尔菲技术，在有关活动方向的决策中常运用经营单位组合分析法和定向政策矩阵，下面分别进行介绍。

①头脑风暴法

头脑风暴法的创始人是英国创造学家亚历克斯·奥斯本。其具体做法是将相关专家或人员聚在一起，在宽松的氛围中，大家敞开思路，针对要解决的问题畅所欲言，以寻求多种决策思路。头脑风暴法的参加者需要遵守4项原则。

- **自由畅谈：**参加者不受任何条条框框限制，大胆展开想象，提出独创性的想法。想法尽可能地标新立异、与众不同。
- **延迟评判：**当场不对任何设想做出评价，不能对某个设想发表任何评论性的意见，无论肯定还是否定。一切评价和判断都要延迟到会议结束以后才能进行。
- **禁止批评：**每个参加者都不得对他人的设想提出任何批评意见，因为批评会对创造性思维产生抑制作用。一些自谦之词或自我批评性质的说法同样会破坏会场气氛，影响自由畅想。
- **追求数量：**追求数量是头脑风暴法的首要任务，参加者要尽可能多地提出设想，至于设想的质量问题，自可留到会后去解决。

②名义小组技术

名义小组技术又称名义群体法、名目团体技术、名义群体技术等。在集体决策中，有时参与者对问题性质的了解程度有很大差异，或彼此的意见有较大分歧，此时直接开会讨论效果并不好。名义小组技术通过对参与者的讨论或人际沟通加以限制以保证其独自思考与判断，然后通过投票来确定最后的方案。

在具体实施上，大学生创业者需要先成立一个决策小组。小组成员先在不交流的情况下完成自己的备选方案和意见；然后按次序分别陈述自己的方案和意见；最后由小组成员对提出的全部备选方案进行投票，根据投票结果，赞成人数最多的备选方案即为最终决策结果。

③德尔菲技术

德尔菲技术在1946年被兰德公司首次使用，很快该方法便被广泛使用。该方法的具体实施步骤如下。

- **组建专家团队：**根据待解决问题的特点，选择并邀请研究相关领域或有相关经验的专家，组建起专家团队。
- **独立发表意见：**将与问题有关的信息分别提供给每位专家，请他们各自发表自己的意见。
- **综合反馈意见：**收集并综合专家们的意见后，管理者再将综合意见反馈给各位专家，请他们再次发表意见。如果分歧很大，必要时也可以开会集中讨论。

◆**反复多次**：如此反复多次，最后形成代表专家组意见的方案。

实践表明，多轮反复后，专家的意见会逐渐趋同，此时的决策结果充分利用专家的经验和学识，科学性较强。但是，使用该方法过程比较复杂，花费时间较长，不推荐大学生创业者使用。

④经营单位组合分析法

经营单位组合分析法亦称波士顿矩阵法，该方法认为在确定企业的经营活动方向时，应该考虑它的相对竞争地位和业务增长率两个维度。因为相对竞争地位常体现在市场占有率上，决定了企业的销售量、销售额和盈利能力；而业务增长率则反映了业务增长的速度，影响投资的回收期限，按照这两个维度，可以将业务分为4种类型，且对每种业务应该采用不同的策略。如图7-1所示。

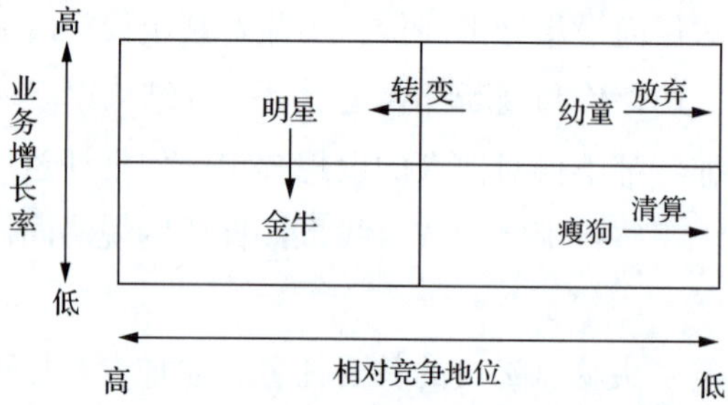

图 7-1　企业业务组合

◆**金牛**：“金牛”型业务的特点是市场占有率较高，而业务增长率较低，从而为企业带来较多的利润，同时需要较少的资金投资，是企业的支柱，需要尽力保持。

◆**明星**：“明星”型业务的市场占有率和业务增长率都较高，代表着高利润和高增长率，企业应该不失时机地投入必要的资金，扩大生产规模。大部分“明星”型业务在开发后就会转变为“金牛”型业务。

◆**幼童**：“幼童”型业务的业务增长率较高，但目前市场占有率较低。这有可能是企业刚开发的很有前途的领域。企业可以向该业务投入必要的资金，提高其市场份额，使其向“明星”型业务转变；如果判断它不能转化成“明星”型业务，则应及时放弃。

◆**瘦狗**：“瘦狗”型业务市场份额和业务增长率都较低，只能带来很少的现金和利润，甚至可能亏损。对这种不景气的业务，应该直接清算掉。

⑤定向政策矩阵

定向政策矩阵是由荷兰皇家壳牌集团开发的一个业务组合计划工具，用于多业务公司的总体战略制定。该方法从市场前景和相对竞争能力两个维度分析企业业务的现状和特征，用一个类似3×3的矩阵的形式表示，并且将对不同类型业务所应用的手段标注在矩阵中，如图7-2所示。

公司竞争能力 \ 业务部门发展前景	无吸引力	平均水平	强吸引力
较弱	剥离	阶段性退出	加倍或放弃
平均	阶段性退出	保护	更加努力
较强	产生现金	成长	充当领导者

图 7-2　定向政策矩阵

（2）定量决策方法

定量决策方法运用数学来辅助决策，确定性决策、风险性决策和不确定性决策适用不同的定量决策方法。

① 确定性决策方法

对于确定性决策，常使用线性规划法和量本利分析法。

- **线性规划法：** 线性规划法是在一些线性等式或不等式的约束条件下，求解线性目标函数的最大值和最小值的方法。具体有4个步骤，分别是确定影响目标大小的变量、列目标函数方程、找出实现目标的约束条件和求得最优解。
- **量本利分析法：** 量本利分析法也叫保本分析或盈亏平衡分析，主要通过分析生产成本、销售利润和产品数量三者的关系作为企业决策的依据。应用量本利分析法的关键在于企业的盈亏平衡产量。

② 风险性决策方法

风险性决策面临的困难在于涉及的条件中有些是随机因素，只知道它们的概率分布，对此可以使用期望值法和决策树法。

- **期望值法：** 期望值法是通过计算项目净现值的期望值和净现值大于或等于零时的累计概率，来比较方案优劣、确定项目可行性和风险程度的方法。
- **决策树法：** 决策树法是一种运用概率与图论中的树对决策中的不同方案进行比较，从而获得最优方案的风险性决策方法，如图7-3所示。

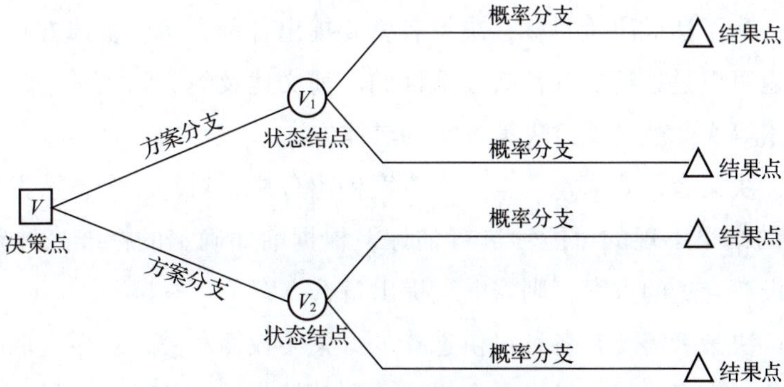

图 7-3　决策树法

③ 不确定性决策方法

不确定性决策问题涉及的条件中有些是未知的，对一些随机变量连概率分布也不知道，常用的解决不确定性决策问题的方法有以下3种。

- **小中取大法**：决策者对未来持悲观态度，认为未来会出现最差的情况。决策时，对各种方案都按它带来的最低收益考虑，然后比较哪种方案的最低收益最高。
- **大中取大法**：决策者对未来持乐观态度，认为未来会出现最好的情况。决策时，对各种方案都按它带来的最高收益考虑，然后比较哪种方案的最高收益最高。
- **最小最大后悔值法**：决策者首先计算各方案在各自然状态下的后悔值，并找出各方案的最大后悔值，然后进行比较，选择最大后悔值最小的方案作为最终方案。（后悔值=各个方案在该情况下的最优收益-该情况下该方案的收益）

2. 创业决策过程

决策的一般过程可以分为识别问题、确定决策目标、给每个标准分配权重、拟订方案、分析方案、选择方案、实施方案和评价决策效果8个步骤。

- **识别问题**：决策过程总是始于一个存在的问题，或是现实与期望状态之间的差异。识别问题需要3个条件：首先决策者要能在主观上意识到问题的存在；其次是决策者承受采取行动的压力，出现了改变的动力；最后是决策者拥有采取行动所必需的资源。而识别问题的精确程度依赖于信息的精确程度，所以决策者要尽力获取精确的、可信赖的信息。
- **确定决策目标**：在认识到决策需要解决的问题后，决策者还要确定决策目标。决策目标是指在一定的环境和条件下，根据预测所能得到的结果。决策目标是确定决策标准的基础。
- **给每个标准分配权重**：针对决策目标，决策者就可以确定决策的标准。决策的标准就是与决策有关的因素，而这些因素对决策的影响并非是同等的，因此，决策者还需要为每一个细微标准匹配不同的权重，这样才能保证做出的决策符合决策目标，具备科学性和可行性。
- **拟订方案**：为了达成决策目标，决策者就要提出各种方案。备选方案可以是标准的和显明的，也可以是独特的和富有创造性的。前文述及的头脑风暴法、名义小组技术和德尔菲技术等实际就是拟订决策方案的具体方法。
- **分析方案**：决策者需要对每一个备选方案做出分析，对每一个备选方案所希望的结果和不希望的结果出现的可能性进行估计，根据前面确定的标准来评判备选方案的价值，如果没有合适的方案，则需继续提出备选方案。
- **选择方案**：决策者需要在各种可供选择的方案中权衡利弊，然后选取其一或对一些各有利弊的备择方案优势互补、融会贯通、取其精华、去其不足，最终得到一个满意的最终决策方案。

◆**实施方案**：在确定了决策方案后，决策者还必须制订实施方案的具体措施和步骤，使方案付诸实施，方案的实施是决策过程中至关重要的一步。

◆**评价决策效果**：决策的最后一步就是评价决策效果，评估决策的实施情况及决策是否取得了预计的效果。这对于后续的追踪决策具有重要意义。

7.2 新创企业的创新

纵观整个商业史，成为巨头的大企业无不是各自领域的创新者，苹果公司创新了手机、阿里巴巴创新了网络购物……可以说所有企业的发展都离不开创新。下面就具体介绍企业创新方面的知识。

7.2.1 创新与企业创新

创新贯穿于人类的整个发展历程，是人类的一种独有的活动，对人类社会的发展和进步做出了巨大的贡献。其实创新与企业的发展具有密切的联系，大学生创业者要想带领企业不断发展，就必须学习企业创新的相关知识。

1. 创新的含义

创新一词最初起源于拉丁语，其原意有3层含义：一是更新；二是创造新的事物；三是改变。创新被科学叙述为一种理论，则是在20世纪。

从广义上来说，创新是指使用有别于常规或旧有见解的思维，本着理想化需要或为满足社会需求的理念，以别出心裁的方式运用现有的知识和物质，而改进或创造新的事物、方法、元素、路径、环境，并能获得一定效果的行为。

从哲学上讲，创新是一种人的创造性实践行为，这种实践行为的目的是增加利益总量，需要对事物、发现进行利用和再创造，特别是对物质世界矛盾的利用和再创造。人类通过对物质世界的利用和再创造，制造新的矛盾关系，形成新的物质形态。

在1912年，经济学家约瑟夫·熊彼特在其著作《经济发展理论》中提出："创新"是指把新的生产要素和生产条件重新组合后引入生产体系，即建立一种新的生产函数。至此创新被引入了经济学领域。

约瑟夫·熊彼特从企业角度提出了创新的5个方面。

◆**产品**：采用一种新产品。

◆**生产**：引入一种新的生产方法、工艺等。

◆**市场**：开辟一个新的市场。

◆**资源**：获得原材料或半成品的一种新的供应来源。

◆**组织**：实现任何一种工业的、新的组织形式。

约瑟夫·熊彼特的说法引起了广泛反响，很多研究者在其基础上对创新做进一步的解释，取得了很多成果，本书最终采用这一解释：对企业而言，创新是企业着眼于市场潜在的盈利机会，或技术的潜在商业价值，为了获取实现效益，对生产要素和生产条件进行新的组合，提升生产经营体系的效率，从而推出新的产品、新的生产（工艺）方法，开辟新的市场，获得新的原材料或半成品供给来源或建立企业新的组织。企业创新是包括科技、组织、商业和金融等一系列活动的综合过程。

2．企业创新的类型

企业创新是一个抽象的概念，可以根据客体、新颖性、创新成果自主性的不同来对创新进行不同的分类。

（1）根据客体划分

根据创新活动客体的不同，可以将企业创新分为理念创新、知识创新、技术创新、管理创新、服务创新以及制度创新等。

- **理念创新：**所谓理念创新就是对企业经营理念的创新，每个企业都有自己的企业文化和经营理念，并在企业发展过程中调整自身的经营理念。如吉列公司依靠“送剃须刀”进行推广就是理念创新。
- **知识创新：**知识创新是指对现有知识的改进、更新和发展，能够改变人类的认识。但不是所有知识更新都是创新，如企业每年统计员工数量并更新数据就不能算是知识创新，而是知识更新。
- **技术创新：**技术创新是指技术和工艺上的创新，包括开发新技术或是对已有技术进行新的应用。技术创新往往能够直接作用于生产环节，提供新产品、增加工作效率或降低工作损耗，对企业具有十分重大的影响。
- **管理创新：**管理创新是指通过一定的方法和手段，激发调动人的积极性和创造性，从而获得更高的收益。管理的对象是人，管理创新的实质是充分发挥“人”通过劳动为“物”附加额外价值的独特能力。
- **服务创新：**服务创新是指通过新设想、新技术来实现新的服务方式，从而提升服务对象在使用产品或服务时的体验。
- **制度创新：**制度创新是指人们在现有的生产和生活条件下，通过创设新的、更能有效激励人们行为的制度或规范体系来使人们创造更多的价值，最终实现社会的持续发展和变革。

（2）根据新颖性划分

根据创新新颖性的不同，可以将创新分为具有绝对新颖性的原始创新和具有相对新颖性的改进创新两大类。

- **原始创新：**原始创新是指创造前所未有的新事物，其最大的特点是拓展了人类认识的边界或者填补了某种空白。原始创新一般指的是科学发现、技术发明、原理性主导技术等。特别是在基础研究和高技术研究领域取得独有的发现或发明并最终获得成功的就是原始创新。原始创新是最根本、最能体现智慧的创新，它是一个民族对人类文明进步做出贡献的重要体现。

- **改进创新**：改进创新是指在原有事物的基础上，通过改变事物旧有情况，从而使其能够发挥更大的作用，产生更大的价值。如对原有的技术进行改进、在原有技术之上开发新的功能、使原有技术更加完善、改进原有技术使之适应新环境等。改进创新通常具有门槛低、投入小的优势。

（3）根据创新成果自主性划分

根据创新成果自主性的不同，可以将企业创新分为自主创新、引进创新和模仿创新3类。

① 自主创新

自主创新是指完全由自己团队、组织、企业等参与非系统内部的创新活动。自主创新的成果一般是新的科学发现以及拥有自主知识产权的技术、产品等，其优势是自身完全掌握创新成果，没有自主创新成果的企业的产品只能使用外部材料或元器件为核心，一旦外部供应断绝，该产品则无法生产。

对企业来说，自主创新成果是其核心竞争力的重要组成部分，持续的自主研发进程是保持自身行业地位、优势的必要选择。对国家来说也是如此，本国拥有的自主知识产权越多，其综合国力也会越强，在国际竞争中就越有主动权。

② 引进创新

在当前社会经济环境下，有些重点项目的研发周期和投入资本根本不是一般企业能够承担的。应对这样的问题一般有合作创新和使用外部成果创新两种方法。合作创新就是多方建立一个组织，各自负担一部分研发，以此来进行自主创新；使用外部成果创新就是指引进外部已有的产品作为自身研究的一部分，如我国的民用计算机芯片就是在进口芯片基础上进行创新的。

引进创新的优点是能够减少创新的工作量，避开一些创新难点，从而缩短创新周期、节省创新成本。其缺点是自身的产品依赖于外部供给，供给一旦中断，在短时间内很难找到替代品，具有一定的不确定性。

③ 模仿创新

模仿创新即通过对先进者的理念、制度、管理、技术等进行模仿，再结合自身情况进行改进的创新活动。模仿创新通常具有以下3个特点。

- **积极跟随性**：模仿创新的积极跟随性是指模仿者高度追随被模仿者的行为，这主要体现在技术和市场两个方面。被模仿者应用某一技术，模仿者则开发类似功能的技术而非自行开发技术；被模仿者开辟某一市场取得成效，模仿者也迅速进入该市场抢占市场份额。
- **市场开拓性**：模仿者在跟进抢占已开辟的市场的同时，还应该对新市场做进一步拓展和扩充。

- **学习积累性：** 模仿创新的学习积累性是指模仿者在模仿的过程中会对模仿的东西进行消化吸收，每一次模仿都能有内化和吸收，久而久之就成为其自身的积累。

7.2.2 企业创新能力

企业的创新能力就是企业在多大程度上能够系统地完成与创新有关的各项活动的能力。每一个企业的管理者都想增强自己企业的创新能力，都需要了解创新能力的内容、构成及类型。

1. 创新能力的内容

过去的研究者在考察企业的创新能力时，总是侧重于企业的研究开发活动，而实际上一个成功的创新活动必须是市场和技术的有机结合，如果只生产出了好的产品却无法推向市场，不能被消费者认识、感知和使用，那么就不能算是成功的创新活动。因此，企业创新能力实际上包括以下3项内容。

- 在技术上企业能否将科学的概念转化成为消费者开发的产品，并且生产、制造和提供给消费者，也就是狭义上的创新能力。
- 企业提供的产品是否能被消费者认可，企业能否有效地说服消费者接受自己的产品。
- 企业是否能有效地管理这一过程，并获得一定的财务回报。

因此，企业的创新能力实际上需要从技术和市场两个维度展开。企业不能仅仅研发出新产品或新服务，还要针对新产品或新服务进行市场推广，这样才是一个完整的创新过程。

2. 企业创新能力的构成

根据创新能力的内容，可以发现企业的创新能力实际上是由3大能力构成的，即市场能力、技术能力和整合能力。

- **市场能力：** 市场既是创新的起点，也是创新的终点。首先，企业需要决定针对什么样的消费者开发什么样的产品；然后，还要考虑如何完成新产品的销售。市场能力又可细分为产品定义能力、产品营销能力以及销售执行能力。产品定义是指企业对“开发什么产品”的回答；产品营销是指产品定价、广告与促销；销售执行是指产品的销售、配送与服务。
- **技术能力：** 在企业已经明确提供什么样的产品能够获得商业利益后，就需要在技术上实现创新的想法。技术能力包括技术研发能力、产品设计能力和生产制造能力。研发是指对新的技术和工程问题的研究，以使产品达到一定的技术性能，实现消费者的使用价值；产品设计是针对消费者对产品进行的设计，如产品的外观、包装设计等；生产制造是指对新产品的规模化生产。
- **整合能力：** 单靠技术和市场任何一方面的能力都不足以保证企业持续和稳定地进行产品创新活动，企业还需要将这些能力有效地整合到一起，共同服务于企业的创新活动。

把企业的创新能力按照技术和市场两个维度进行分解，就可以得到企业的创新能力矩阵，如图7-4所示。

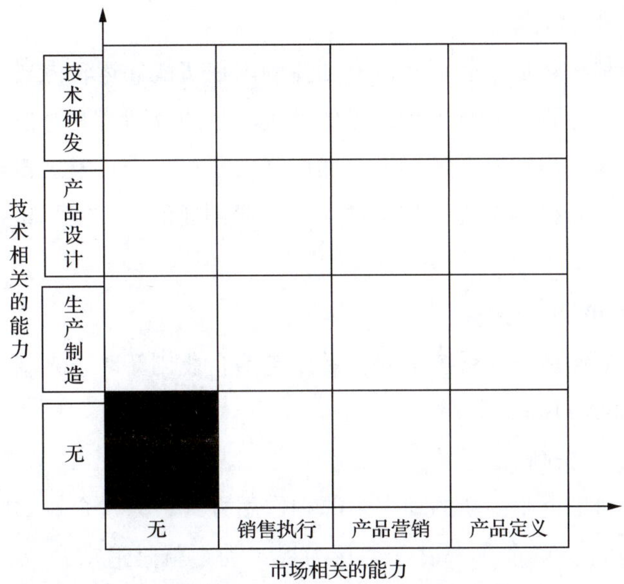

图 7-4　企业的创新能力矩阵

图7-4所示的横坐标为企业的市场能力，纵坐标为企业的技术能力，通过技术能力和市场能力两个维度，可以概要描述企业创新的现状。

3．企业创新能力的类型

以单项的创新活动为中心，企业的创新能力也可以分为创新资源投入能力、创新管理能力、创新激励能力和创新实现能力。

- **创新资源投入能力**：其是指投入创新资源的数量和质量，投入越大，创新能力就越高。在当今的市场中，知识已成为最重要的创新资源，企业的利润也主要归结于对知识和智力的大量投入带来的递增收益。
- **创新管理能力**：其表现为企业发展和评价创新机会、组织管理创新活动的能力，包括对创新人员的安排使用、企业内部各部门的协调合作机制、企业与外部的资源交换方式和制度等。
- **创新激励能力**：其是使企业产生创新愿望，鼓励其将愿望变成现实的能力，是使员工具有创新主动性和前瞻性的能力。
- **创新实现能力**：其是指企业完成创新过程的能力，即企业完成开发创新想法、创新产品论证、开发样品、进行试验、不断改进、批量生产、推向市场、获取反馈并继续改进这一整套流程的能力。

7.2.3　企业创新机制

企业的创新是一项长期的、持续性的活动，大学生创业者不可能像一个研究者一样自己负责企业的创新工作，而更多地需要作为一个领导者来建立起企业的长效创新机制，推动企业持续创新。

1．企业创新机制的含义

所谓企业创新机制，就是企业不断追求创新的内在机能和运转方式。企业的创新活动是一个螺旋式上升的循环过程，它从创新设想的产生与形成到研究与开发，从创新内容的形成到创新结果的扩散，再到市场效益的形成，然后又由于市场需求发展再进入新一轮创新，只有在正确有效的企业创新机制的支持和推动下，企业创新活动才能真正得以不断循环，持续发展。

2．企业创新机制的组成部分

企业创新机制的构建是一项系统工程，具体包括企业创新动力机制、企业创新运行机制和企业创新发展机制3大机制。

（1）企业创新动力机制

企业创新动力机制是企业创新的动力来源和作用方式，激发企业和职工创新的积极性，推动企业创新有效运行。对企业来说，创新的根本动力就是追求企业自身经济利益的最大化，而在具体实践中，则分为以下3种直接动力。

- **市场拉动：**由于市场需求和市场竞争的影响，企业会产生创新的需求。市场需求的影响，如某生产要素价格提高，会促使企业进行能节约该要素或寻找替代要素的创新。市场竞争的影响是指由于市场竞争给企业造成实际威胁，而迫使企业从事创新，这也会导致企业间的创新竞争。
- **科技推动：**科技发展日新月异，越来越多的先进科学技术被应用于经济领域，从而促使企业不断采用先进科技进行创新。科技进步是创新的源泉，仅有市场需求而没有科学技术的企业无法实现创新。
- **制度激励：**企业可以通过制定各种激发员工创新积极性、鼓励员工创新的政策和措施来推进企业不断创新发展。政策激励能够促使员工主动开展创新活动，员工是创新的主体，只有员工的创新能力被充分发动，企业创新才能健康。

（2）企业创新运行机制

企业创新运行机制的主要作用就是使企业创新活动在正确决策下得以持续不断地高质量、高效率运行。为此，大学生创业者需要在创新管理的组织机构、运行程序和管理制度上下功夫。

（3）企业创新发展机制

企业创新发展机制是在创新利润的驱动下，企业充分挖掘利用和发展内部资源并广泛吸纳外部资源，加强资源储备，不断谋求创新发展的机制。资源的储备是企业创新机制的物质基础，优秀的资源积累机制对创新有很大帮助。企业的资源储备包括人力资源、社会资源、财务资源、物质资源、技术资源以及组织资源。

◆**人力资源**：人力资源是指企业所拥有的用以制造产品和提供服务的人力，人力资源是企业最关键的资源，也是开展创新活动的基础。

◆**社会资源**：社会资源是指由人际和社会关系网络而形成的关系资源，它不会直接作用于产品的开发、生产、运输和销售等具体的经营环节，却能够帮助企业获取、利用其他的资源，间接作用于企业的方方面面。

◆**财务资源**：财务资源是指企业所拥有的所有以货币形式存在的资源，包括固定资产和流动性资产。财务资源是企业进行创新活动的必要支撑。

◆**物质资源**：物质资源是指企业所拥有的各种有形资源，能为企业的创新活动提供工具、材料并能用于验证创新成果。

◆**技术资源**：技术资源是指企业在产品生产加工、储存、运输的过程中特有的关键技术和工艺流程等，广义的技术资源还包括应用这些技术的专业设备。技术资源是企业进行技术创新的必要条件。

◆**组织资源**：组织资源是指企业的组织结构、制度建设以及企业的规范管理、市场营销策划等，企业的创新活动需要组织的统筹和支持。

企业创新动力机制、企业创新运行机制和企业创新发展机制并非简单叠加，而是相互有机联系在一起的，构成了企业创新活动不断循环增值的新机制系统，并贯穿于企业创新的整个过程。

3．企业创新机制的构建

构建起有效的创新机制会促进企业蓬勃发展，大学生创业者应该重视创新机制的重要性。企业创新机制的构建也需要分为企业创新动力机制的构建、企业创新运行机制的构建和企业创新发展机制的构建来考虑。

（1）企业创新动力机制的构建

企业创新动力机制的构建需要注意以下内容。

◆**企业制度完善**：在产权清晰、权责明确、管理科学的现代企业制度前提下，企业才有最大的经营自由，才能够以市场为导向，开展活跃的创新活动。完善的企业制度是建立创新机制的前提条件。

◆**领导者素养**：企业领导者是创新活动的主要倡导者、决策者和组织者，其素质直接影响企业的创新活动。大学生创业者应该具备创新精神和创新能力，能敏锐地发现和接受新事物，并敢于冒风险进行创新活动。

◆**建立激励制度**：企业应该通过干部人事管理制度、工资奖金分配制度等制度来鼓励员工创新。

◆**企业文化**：企业可以通过企业文化建设，在企业中营造出一种强烈的创新氛围，人人崇尚创新，形成以创新为特色的企业精神。

（2）企业创新运行机制的构建

在构建企业创新运行机制时，企业应该根据创新的不同阶段有针对性地为创新活动提供帮助。创新过程由感性阶段、概念化阶段、开发阶段和作业阶段组成，企业创新运行机制也应该根据这些阶段来构建。

- ◆**感性阶段**：在感性阶段，创新还只是一个想法，企业应该为创新者提供必要的时间和信息，创造一个有利于创新的环境。同时还要有机构来收集、处理和管理创新想法，为之后的创新打下基础。
- ◆**概念化阶段**：在概念化阶段需要根据技术、市场等条件对创新想法的可行性加以论证，企业应该利用组织能力使其他员工和企业外专家支持这一项目，并鼓励员工间的合作。
- ◆**开发阶段**：在开发阶段创新想法已经转化为了具体的试验制品，此时企业组织需要高效地将人力资源、资金及其他要素整合起来，以便大规模生产新产品。
- ◆**作业阶段**：在作业阶段企业需要准备一个适当的生产结构，使创新成果与企业日常活动衔接起来。

总之，在企业创新运行机制构建方面，企业应建立一套有效的包括决策、指挥、控制、信息反馈的组织、制度，形成既能够调动创新所需的各种资源，又可以协调管理和实施创新过程中诸多环节的有机运行的组织系统，从而促进企业创新顺利进行。

（3）企业创新发展机制的构建

在企业创新发展机制的构建上，企业应该做到以下3点。

- ◆**重视人才**：现代企业的竞争归根到底就是人才的竞争，企业要牢固树立“人本观念”，积极网罗优秀人才，建立能充分发挥人才积极性、能满足人才成就感的机制。同时还要加强对现有员工的培训，留住人才。
- ◆**提升技术水平**：企业必须建立内部学习积累机制以总结企业技术经验、提高员工技术水平，从而不断提高企业整体技术水平和创新能力。同时积极搜集相关技术和信息资料，及时跟踪国际国内科技发展动态。即使企业不具备独立发展技术条件，也可以购买知识成果或与其他企业、高校、科研院所合作开发技术。
- ◆**加大创新投入**：资金是创新活动的基础，企业需要加大对科研创新经费的投入，为企业员工从事创新提供必要的资金支持，以稳定企业科技队伍、增强持续创新能力、抢占创新的先机。

归根到底，新创企业的创新机制依赖于大学生创业者的创新动机，大学生创业者需要敢设想、敢投入、敢冒险，而不能认为新创企业无须创新、不能创新。

阅读

全员创新机制

丰田汽车公司（以下简称丰田公司）是世界知名的汽车制造商。丰田公司方针中有一项为“培养人”，即培养所有员工的创新能力。这项方针不仅贯穿于专家和工程师团队，甚至包括普通的一线员工。在丰田公司生产线上忙碌的车间中，有一块空闲的区域——创新区，创新区中摆满了车床、台钳、砂轮等一系列加工工具以及各式的钢板、钢管、轴承等原料和配件。一旦生产线上的任何工人有了什么特别的想法，就可以来到创新区，随意使用里面的工具和材料来实现自己的想法，不必支付任何费用，也不会有人追究他的“擅离职守”。

如果创新者取得了能够改善现有汽车生产技术的成果，就可以通知技术人员和管理人员，后者会评估与检测创新成果，如果确实值得一用，那么这项一线工人的创新就会应用到整个汽车生产线中。就算创新没能成功，也可以将半成品放在创新区，然后在上面贴上纸条，把想法和困难写在上面，其他人可以在创新区继续这项研究。

启示：丰田公司构建了良好的创新机制，这种机制能够将全体员工特别是基层员工的创新积极性调动起来，同时丰田公司为他们提供了创新的物质条件。这种创新机制在丰田公司运作良好，对企业的发展产生了重大的影响。

课堂讨论

孩童与棕熊

一天，4个孩子在山顶上做游戏，突然山下的树林里蹿出一只大棕熊。

第1个小孩反应很快，拔腿就跑。等他感到安全了，才回过头来向山顶望去。他发现3个伙伴还在山顶没动。于是，他着急了，向山顶喊：“你们快跑啊，棕熊上来是要吃人的！”

第2个小孩回答说：“我的第一任务不是跑，而是穿好跑鞋，系好鞋带儿，我不用跑过棕熊，我只要能跑过你们就行了！”

第2个小孩转身看了看第3个小孩，问道：“你在这儿愣着干什么？”

第3个小孩说：“你们都跑吧，千万不要干扰了棕熊的视线，我要让棕熊离我近一点儿。然后，我带着棕熊跑，把棕熊带到我爹开的森林动物园，给我爹融入一笔‘固定资产’。”

第3个小孩问第4个小孩：“你为什么不跑？”

第4个小孩说：“我们4人来此地的目的是痛快地玩一场，不要轻易改变初衷。你怎么知道棕熊是奔我们来的？也许棕熊的威胁根本就不存在！”

大家定睛向山下望去，果然发现山坡上有一只羊，原来棕熊是奔着羊去的。于是，大家接着玩耍……

这是管理学上的一个小故事，试讨论故事中4个小孩的决策，哪一种更合理？他们的决策各有什么特点？

活动说明：以故事中的4种决策为基础进行讨论，分析每一种决策的特点，对每一种决策进行讨论，然后提出你认为最合理的决策。

活动人数：分小组进行讨论，4~6人为一组，共4个小组。

讨论方式：每个小组内部讨论故事中小孩的决策，提出各自的意见；4个小组分别就本小组讨论的内容进行发言，发言完毕后各小组之间可以进行辩论。

课后思考

1．以下关于创业决策的表述不正确的是（　　）。

参考答案

A．创业决策是在企业孵化期或成立初期所进行的企业决策

B．创业决策是从创业意向产生、机会识别、机会评价再到方案形成的一系列的心理过程

C．创业决策是对高度动态复杂条件下创业过程中所有行为的评价、判断和选择的决策过程

D．创业决策是决策者解决问题以及利用机会的过程

2．根据创新活动客体的不同进行分类，企业创新包括（　　）。

A．理论创新、知识创新、技术创新、管理创新、服务创新、规章创新

B．理论创新、知识创新、技能创新、管理创新、服务创新、制度创新

C．理念创新、知识创新、技能创新、管理创新、服务创新、规章创新

D．理念创新、知识创新、技术创新、管理创新、服务创新、制度创新

3．下列各项中，不属于企业创新机制的是（　　）。

A．企业创新动力机制

B．企业创新反馈机制

C．企业创新运行机制

D．企业创新发展机制

4．某企业生产A和B两种产品，这两种产品都需要经过两道工序a和b，有关资料见表7-1。现假设市场状况良好，该企业生产出的所有产品都能够全部卖出，在不考虑其他状况的情况下，试问：何种产品组合能够使企业利润最大化？

表7-1　某企业产品生产资料

项目	A	B	工序可利用时间/天
a工序所需时间/天	2	4	48
b工序所需时间/天	4	3	60
单位产品利润/万元	8	6	—

提示：使用线性规划法完成本题。

5．扫描右侧二维码，阅读其中材料，对于材料中企业的创新模式提出你的看法。

阅读材料

第8章

新创企业激励机制

企业是由人组成的组织，要想使企业持续高效稳定地运转，大学生创业者就需要想办法提高企业员工的工作效率和工作积极性，而激发员工工作积极性的方法就是加以激励。激励机制是企业将远大理想转化为具体事实的强大助力，大学生创业者应该掌握激励机制的相关知识，为自己的企业设计出合适的激励机制。

8.1 认识激励机制

2018年年底，某企业以特别股息的形式向企业全员1500名员工发放了总额为20亿美元的年终奖。这笔平均每人130万美元的年终奖一时间引起了全球企业职员的热议。年终奖是一种常见的激励手段，激励到底有什么魔力，使这家企业投入重金呢？下面具体介绍激励机制的相关知识。

8.1.1 激励机制的内容与作用

激励一词用于管理学，意思是激发员工的工作动机，也就是使用各种方法来调动员工的积极性和创造性，使员工努力完成企业的任务，最终实现企业的目标。而激励机制就是指通过特定的方法与管理体系，来长久、系统化、规范化、相对固定地对企业的员工进行激励的机制。

1. 激励机制的内容

在企业中，激励行为的主体是企业，而激励的客体则是所有的企业员工，企业激励员工，员工则更努力地工作以回报企业。激励机制的内容就是反映激励主体与客体的相互作用的一套理性化制度。具体而言，激励机制包含以下内容。

- **诱导因素集合**：诱导因素就是用于调动员工积极性的各种奖酬资源。员工加入企业是因为企业能提供其所需要的各种奖酬，而这些奖酬就成为员工努力工作的刺激因素，企业便可将这些刺激因素作为引发员工符合期望的行为的诱导因素。需要注意的是，不同的员工对于各种诱导因素具有不同的偏好，因此，对诱导因素的提取必须建立在对员工需要进行调查、分析和预测的基础上。
- **行为导向制度**：行为导向制度是企业对其员工所期望的努力方向、行为方式和应遵循的价值观的规定，是激励目的实现中带有把关作用的环节和内容。因为诱导因素诱发的员工行为只是个体行为，并非都利于企业目标的实现，行为导向制度就需要强调有利于实现企业目标的全局观念、长远观念和集体观念。
- **行为幅度制度**：行为幅度制度是对由诱导因素所激发的行为在强度方面的控制规则，是调节激励投入与激励效果之比值的一个重要手段。员工个人行为幅度会随着奖酬与绩效之间的关联性以及奖酬本身的价值而浮动，而激励对于员工效率的提高作用会随着时间的推移而逐渐下降，行为幅度制度可以通过对诱导因素的调整来控制员工行为的幅度，延缓激励效率的下降。
- **行为时空制度**：行为时空制度是指激励制度在时间和空间方面的规定，即在特定的时间和特定的地方进行激励。这样的规定可以使激励制度所期望的员工行为在一定的时期和空间范围内发生，使激励效果具有一定的持续性，如年终奖固定在年末发放，就可以激励员工一整年努力工作。

◆**行为归化制度**：行为归化是指对员工进行组织同化和违反行为规范或达不到要求的处罚与教育。关于各种处罚制度，要在事前向员工交代清楚，一旦违反行为规范和达不到要求的行为实际发生了，企业在给予员工适当处罚的同时，还要加强教育，提高当事员工对行为规范的认识和行为能力。

激励机制就是以上5个制度的总和，其中诱导因素起到发动行为的作用，后四者则起导向、规范和制约行为的作用。只有这5个制度都发挥了应有的作用，整个激励机制才能健全、良性地运行。

2．激励机制的作用

诱导因素能调动员工的行为，是激励机制的基础。研究者发现在激励机制中，诱导因素实际存在3种类型，即激励因素、保健因素、去激励因素。它们共同决定了激励机制的实际效果，使激励机制能够在企业中发挥出不同的作用。

◆**激励因素**：激励因素是指那些能为员工带来积极态度、满意和激励作用的因素。满足激励因素能使员工产生满意感，提高其工作效率和积极性。

◆**保健因素**：保健因素是指不使员工产生不满意感，能保护其积极性，使其维持原状的因素，保健因素得不到满足，则员工会产生不满；保健因素得到满足，员工的工作积极性和效率也不会提升。

◆**去激励因素**：去激励因素与激励因素相对，是指能使员工产生不满意感、使其工作效率降低或维持在低水平状态的因素。去激励因素与激励因素相对，二者之间可以相互转化，如评选优秀员工能够调动员工的积极性，是激励因素；但若选拔不公，则会打消员工的积极性，成为去激励因素。

激励机制一旦形成，就会持续地在企业内部发生作用，从而影响企业的生存和发展。由于激励机制中不可避免地存在3类诱导因素，因此激励机制对于企业的作用也呈两面性，既显示出助长作用，也显示出致弱作用。

◆**助长作用**：激励因素对员工符合企业期望的行为具有反复强化、不断增强的作用，而保健机制则维持员工的满意度。在这样的激励机制作用下，企业不断发展壮大，不断成长。

◆**致弱作用**：由于去激励因素的存在，企业并不会完全表现出员工所期望的行为，因此势必会影响员工的工作效率。实际上无论怎样设计激励机制，都无法完全消除去激励因素，因此，激励机制始终会对一部分员工的工作积极性起抑制作用和削弱作用，激励机制对企业的致弱作用也是不可避免的。

对于激励机制，大学生创业者所要做的就是尽可能提高其助长作用，同时尽可能抑制其致弱作用，不断将激励机制中显现的去激励因素替换为有效的激励因素，这样才能使企业不断做大做强。

阅读

长着兔耳朵的送餐员

美团外卖是美团网旗下的网上订餐平台，用户众多，人们经常能在街上看到身着黄衫的美团外卖配送员。一天，一位网友忽然发现路边的美团外卖配送员的头盔有些不同——这个头盔上有两只招摇的黄色兔耳朵，上面还有美团外卖的Logo和标语，在两只兔耳朵中间，还有一顶小王冠。

这样“别致”的外卖配送员引得路人纷纷注目，甚至还有人上去摸了一把他的头盔。但其实这个兔耳朵来头不小，是美团外卖每个区域送餐冠军的限定头套，戴着这样头套的外卖配送员正是该区域的业绩第一名获得者。

相关视频和图片被上传到社交网络，美团外卖这种别出心裁的激励方式迅速吸引了广大网友的关注，据悉这副“专属头套”只是美团外卖区域送餐冠军奖励的一个小彩头，送餐冠军还有其他种种福利，一时间引得网友纷纷留言，想去当配送员竞争这个兔耳朵头套。

启示：美团外卖平台利用“给区域送餐冠军发兔耳朵头套”这样一个简单的激励手段，使区域送餐冠军具有了高度的辨识度和话题性，引发了广大网友的热议。这种做法不仅对配送员起到了精神激励的作用，还提高了企业的关注度，可谓惠而不费。

8.1.2 常用的激励手段

激励机制是一个多样化、系统性的机制，由于各个员工对于诱导因素的偏好不同且其偏好会不断发生变化，因此大学生创业者只有采取多样化的激励手段才能满足企业的需要。常用的激励手段包括精神激励、薪酬激励、工作激励和荣誉激励。

1. 精神激励

精神激励是指企业以满足员工精神方面的需求为出发点的内在激励手段。精神激励的影响持久深远。首先，精神激励可以满足员工的自尊、自我满足等深层次的需要；其次，精神激励带来的满足感、成就感会使员工产生深刻的认同，自觉地与企业同甘共苦；最后，有效的精神激励能够在员工中形成具有企业特色的组织道德和组织风气，塑造积极向上的企业文化氛围，进而潜移默化地推动每一个员工做出自我约束、自我激励行为。总之，精神激励是企业激励机制的必要组成部分。

（1）精神激励的特征

现实中每一种激励方式都是物质激励和精神激励的复合形态。精神激励总要以一定的物质形态为背景，以物质激励为参照；物质激励也体现着一定的精神意义。不过精神激励侧重于通过满足员工的精神追求来调动其积极性，精神激励具有以下特征。

◆**抽象性：**相较于其他激励手段，精神激励的思想情感是抽象的，这使精神激励的过程难以把握。精神激励中的激励载体虽然是抽象的，但精神激励的目标却是客观、可度量的，如提高有效行为出现的频率、增加产值等。

- **迟效性**：一般说来，精神激励往往具有迟效性，其作用的潜伏期较长，引起的心理反应也较强烈，持续时间较长。其他的激励手段往往能够起到立竿见影的效果，而精神激励还需要一个内化环节，员工认同该激励方式后，才会转化为某种情绪反应或行为方式。
- **社会性**：精神激励的出发点是满足员工的精神需要，而这种精神需要不仅带有个人色彩，而且具有社会性。精神激励受主流文化影响较大，总体上需要符合主流文化的意识形态。虽然精神激励的资源也来源于社会，是人类智慧劳动的成果，但值得注意的是，并非所有的精神因素都具有激励作用，大学生创业者需要进行一定的筛选。
- **复杂性**：精神激励通过满足员工的精神追求来调动其积极性，其内容和激励过程相较于物质激励都表现出一定的复杂性。在有一定物质保障的前提下，运用一定的激励技术实施物质激励并不太难，而精神激励则不同，可能涉及更多的因素，遇到更多的障碍，因此更难以把握。
- **无限性**：金钱等物质刺激的边际效应递减，即当人们的物质需要满足达到一定水平之后，物质刺激就不再有多大的激励作用了，要激发或保持同等程度的积极性，就必须支付越来越多的金钱。而人的精神需要，如成就感、人际和谐、自我实现等需求是无止境的，精神需要总是呈递增趋势，即越是高层次精神需要，其激励效果越强烈。

（2）精神激励的方式

对大学生创业者而言，精神激励是一项深入细致、复杂多变、应用广泛、影响深远的工作，因此，掌握合适的方式方法尤其重要。常用的精神激励方式如下。

- **情感激励法**：情感是影响人行为的直接因素之一，所有人都有各种情感方面的需求，因此，大学生创业者可以通过情感来激励员工，几句关心、一个问候甚至只是能记住员工的姓名都能让员工备受鼓舞。
- **榜样激励法**：榜样激励法是指有意识地将在工作中做法先进、成绩突出的个人或集体，加以肯定和表扬，要求大家学习，从而激发员工的积极性。榜样激励法树立起行为的标杆，通过榜样的示范来规范、引导员工的行为，从而形成合力，指向企业的目标。
- **目标激励法**：目标激励法是指制订切实可行的目标，激励员工奋发工作，不断取得进步。企业通过设置阶段性和长远的生产或销售目标，可以有效诱发、导向和激励员工的行为，调动其工作积极性。
- **信任激励法**：信任激励法是指在上下级之间、企业与员工之间、员工与员工之间，建立起相互理解、相互信任、合理协作的工作关系，这样有助于团队精神和凝聚力的形成。如给予年轻的设计师充分的信任，就可以促使他充分发挥自己的主观能动性。

- **竞争激励法**：竞争激励是指在企业内部建立良性的竞争机制，是一种积极的、健康的、向上的引导和激励。

2．薪酬激励

日常中人们所接触和了解到的激励，很多并非无形的精神激励，而是实打实的物质激励，如发奖金或者企业组织聚餐和旅游等。这些“实打实”的激励手段都属于薪酬激励，薪酬激励也是企业目前普遍采用的一种激励手段。

（1）薪酬与薪酬激励

所谓的薪酬，是指员工因向所在的组织提供劳务而获得的各种形式的酬劳，是企业对员工提供劳务和所做贡献的回报。狭义的薪酬指货币和可以转化为货币的报酬，广义的薪酬还包括获得的各种非货币形式的满足。

而薪酬激励，就是指企业运用各种薪酬的刺激，使员工采取某种积极行为，努力实现某种目标，从而提高劳动生产率。合理的薪酬激励能够有效地提高企业竞争力。相对于精神激励，薪酬激励更容易控制，而且也较容易衡量使用效果。

在薪酬激励中，本书使用的薪酬概念为狭义的薪酬概念，而狭义的薪酬又可分为直接薪酬和间接薪酬2种形式。

- **直接薪酬**：直接薪酬也称货币性薪酬，表现为货币或实物。直接薪酬包括工资和奖金，其中工资相对固定，以时薪、月薪、年薪等不同形式发放；而奖金是指对员工提供的超额劳动所支付的报酬，不固定。因此，工资表现出保健因素的特征，而奖金则趋向于激励因素。
- **间接薪酬**：间接薪酬又称福利薪酬，多以实物或服务的形式支付，主要包括福利、红利和股权等。其中，福利是对工资或奖金等难以包含、准确反映情况的一种补充性报酬，如带薪节假日、医疗、安全保护、保险等；红利是将企业利润分配给员工；股权则是将企业的所有权部分让渡给员工。在间接薪酬中，福利往往作为保健性因素，而红利和股权则是激励性因素。

（2）薪酬激励的方式

根据各种薪酬类型，大学生创业者可以设计出不同的薪酬激励方式，主要包括以下5种方式。

- **提高工资水平**：上调工资水平是最简单直接的激励方式，能够提高员工的满足感，激发其工作积极性。但上调工资水平会增大企业的财务压力，大学生创业者要注意工资水平的上调幅度与范围。
- **改变计酬方式**：调整计酬方式也可以起到激励效果，一些企业以“吃大锅饭”的方式计酬，导致员工的工作效率和积极性都较低。调整计酬方式的目的是让有能力、工作努力、对企业贡献大的员工拿到更多的报酬，通过薪酬差距来促使员工不断提高工作效率，努力工作。

◆**建立奖金制度**：奖金本身就是对员工超额劳动所支付的报酬，主要目的是能在员工为企业做出额外贡献时，给予激励。但部分企业的奖金在相当程度上已经失去了奖励的意义，变成了固定的附加工资。大学生创业者需要建立科学的奖金制度，把奖金真正奖励给多付出的员工。

◆**构建福利体系**：福利的作用是吸引员工、保持员工和凝聚员工，一些福利是强制的，如休假与社会保险，而大学生创业者则需要着重考虑企业的自主福利，如企业聚餐、过节礼品、旅游以及员工的生日关怀等，福利不仅是薪酬激励，也体现了企业对员工的关怀，具有精神激励的特点。

◆**员工持股计划**：员工持股计划是一种新型股权形式，是指企业内部员工出资认购本企业股权，并参与到企业的分红和决策中。员工持股能为员工带来长期的报酬，且该报酬与企业的经营情况息息相关，能够使员工与企业的利益更加一致，激发员工的主人翁意识，主动维护企业利益。

3．工作激励

工作激励是指通过工作本身来提高员工的满意度。员工与企业通过其工作连接起来，因此，员工对于工作内容本身是否满意就会极大地影响他对企业的感受。要让员工为企业创造更大的价值，就必须让员工能够更好地工作。

大学生创业者可以通过以下手段开展工作激励。

◆**合理分配工作**：在工作分配上，大学生创业者需要把分配工作与员工的兴趣尽量结合起来。每个人都有自己的特长和爱好，都希望在组织中最大限度地发挥自己的聪明才智，将工作与人的能力有机地结合起来，不仅能使工作任务很好地完成，同时还满足了员工自我实现的需要，能够极大地激发员工的工作积极性。

◆**提供挑战性工作**：简单的工作会很快让员工感到烦躁，感到自己的潜能没有得到发挥，员工的工作积极性和效率很快就会降到低水平。大学生创业者要使员工的工作要求和目标具有一定的挑战性，这样能够激发员工奋发向上的精神。

◆**使员工参与管理**：大学生创业者要让员工在不同程度上参与组织决策及各级管理工作的研究和讨论，使员工对企业形成归属感和认同感，从而焕发出强烈的工作积极性。

◆**改善工作环境**：工作环境对于工作的影响很大，大学生创业者应该着力于为员工改善工作环境，如更换办公用品、提高办公舒适度等，使员工工作起来更加得心应手，自然工作效率和质量就会得到提升。

◆**开展职业技能培训**：职业技能培训不仅能够提高员工的技能水平，还能让员工感觉自己受到企业的重视和自己更优化的职业道路，从而提高员工的工作积极性。

◆**职位晋升**：晋升是企业领导将员工从低一级的职位提升到新的更高的职位，同时赋予与新职位一致的责任、权力、利益的过程。晋升能够直接提高员工的收入水平，对其激励的效果极佳，同时也能让其他员工意识到被提升的可能性，达到普遍的激励效果。

4. 荣誉激励

荣誉激励是一种终极的激励手段，行为科学认为人的行为由动机决定，而动机则产生于需要，也就是说人的需要是产生行为的原动力。因此，满足需要是调动人的积极性的重要途径，而由于自我实现的需要是人类最高层次的需要，那么荣誉就是一种终极的激励手段。荣誉激励大体上可以归于精神激励之下，但因其特性与重要性，这里予以单独介绍。

（1）荣誉概述

所谓荣誉，是指社会或集团对人们履行社会义务的道德行为的肯定和褒奖，是特定人从特定组织获得的专门性和定性化的积极评价。可以从以下方面对荣誉进行认识，理解荣誉的重要性。

- **荣誉是人的追求：** 荣誉是众人或组织对个体或群体的崇高评价，是满足人们自尊需要，激发人们奋力进取的重要手段。从人的动机看，人人都具有自我肯定、争取荣誉的需要。
- **荣誉是贡献的象征：** 荣誉是个人对组织贡献的象征，当个体获得荣誉时，就代表他对组织的贡献得到了高度肯定，自我的价值得到了高度认同。荣誉足以支撑人格，成为生命的意义之所在。

（2）荣誉激励的方式

荣誉激励就是通过给予荣誉来激励员工，增强其工作积极性、工作主动性、对企业的认同感、归属感。荣誉激励的主要方式如下。

- **满足个人的自尊需要：** 荣誉激励通过满足员工的自尊需要而达到激励目的。尊重意味着能够按照员工的本来面目看待其人，能够意识到他的独特秉性。尊重意味着让他自由发展其天性。尊重每一个员工是施行荣誉激励的基础，没有充分的尊重，企业所颁发的所有荣誉都将沦为笑料和讽刺。
- **对员工的贡献公开表示承认：** 对于一些工作表现比较突出、具有代表性的先进人物，大学生创业者要给予必要的精神奖励，如当着其他员工面的一句赞扬、让员工为大家分享经验等，这种对员工贡献公开承认的做法不需要成本，但激励效果却相当显著。
- **给予头衔和名号：** 大学生创业者不要太吝啬一些头衔、名号，因为每个人都会追求一定的荣誉感，而一个令人满意的头衔或名号可以很好地起到激励员工、提升员工工作热情的作用。

8.2 新创企业激励机制构建

在了解了企业激励机制与常用的激励手段后，大学生创业者还需要自主构建企业的激励机制。企业的激励机制绝不是各种激励手段的排列组合，新创企业在构建激励机制时尤其需要谨慎，且要注意遵循一定的原则。企业中需要特别设计的激励机制主要包括薪酬体系、股权激励模式和晋升机制。

8.2.1 构建激励机制的原则

企业激励机制的构建需要大学生创业者结合企业自身的客观条件和具体需要，不能够照搬其他企业的激励机制。在构建企业的激励机制时，大学生创业者需要遵循以下原则。

- **目标结合原则：**在激励机制中，目标设置必须同时体现组织目标和员工需要的要求。目标结合原则是激励机制能够发挥正面作用的基础。
- **多措并举原则：**企业的激励机制，应该以薪酬激励为基础，但是其他的激励手段也不可缺失，只有多种激励手段有机结合，才能使激励制度持续、稳定地发挥作用。在企业发展中，激励机制应该逐步从以薪酬激励为主过渡到以非薪酬激励为主。
- **注重引导原则：**外在的激励措施的效果取决于被激励者对激励措施的认识和接受程度。对于被激励者，激励应该是自觉接受而非管理者强加的。因此，大学生创业者应该注重激励机制的引导性，通过激励将个体成员的积极性集中引导到组织目标上来，实现个体与集体的协调发展。
- **公平合理原则：**企业的激励机制应该公平而合理。其中，公平是指激励机制应该按照统一的标准对所有的员工进行一视同仁的激励，否则激励机制就不是在激励员工努力工作，而是在激励员工钻漏洞、攀关系、走后门；合理是指激励的措施要适度，要根据所实现目标本身的价值大小确定适当的激励量，激励太轻会打消员工的积极性，而激励过重则会造成企业损失。
- **直观公开原则：**首先，企业的激励机制应该是直观的，让员工知道如何才能够获得奖励，能获得多少奖励；其次，激励应该公开，特别是如分配奖金等员工关注的利益问题。直观性和公开性与激励影响的心理效应成正比。
- **注意时效原则：**企业的激励要把握好激励的时机，激励越及时，越能使员工产生更大的心理效应，有利于员工创造力连续有效地发挥。而滞后的激励就如同“雨后送伞”，其效力将大打折扣。
- **奖惩结合原则：**企业的激励机制中包括正激励和负激励，正激励是奖励、赞许、肯定，负激励是批评、斥责和否定，在激励时应该将正负激励相结合，奖优惩劣，使被激励者自觉发扬好的行为，放弃不好的行为。
- **按需激励原则：**激励产生效果的基础是满足员工的需要，只有满足最迫切需要的激励措施，其效果才好，激励强度才大。

8.2.2 构建薪酬体系

在现代企业管理中，合理的薪酬体系一直是企业不断追求的。薪酬体系是指薪酬的构成和分配方式，是向员工支付报酬的政策和程序。要想构建起合理、有效的企业激励机制，首先就需要构建合理的薪酬体系。

1．薪酬体系的类型

企业薪酬的设定有5种主要依据，也因此形成了相应的5种主流薪酬体系，即基于岗位的薪酬体系、基于绩效的薪酬体系、基于技能的薪酬体系、基于市场的薪酬体系和基于工龄的薪酬体系。

◆**基于岗位的薪酬体系**：顾名思义，基于岗位的薪酬体系就是以岗位的价值作为确定薪酬的基础和依据，即在确定员工的薪酬时，首先对岗位本身的价值做出客观的评价，然后再根据评价结果赋予承担这一岗位工作的人与该岗位价值相当的薪酬。通俗地讲，就是在什么岗拿多少钱，对岗不对人。

◆**基于绩效的薪酬体系**：基于绩效的薪酬体系是以员工的工作业绩为基础确定薪酬，薪酬高低的主要根据是工作成绩或劳动效率，通过将员工的绩效同制定的标准相比较来确定其绩效工资，其主要形式有计件（工时）工资制、佣金制、年薪制等。基于绩效的薪酬体系适用于生产工人、管理人员、销售人员等。

◆**基于技能的薪酬体系**：基于技能的薪酬体系是以员工所具备的能力或技能作为其薪酬高低的根本基础。这种体系下，员工之间报酬的差异主要来自其本身能力水平的差异，而非职位等级、职位价值的高低。基于技能的薪酬体系下，员工有好的能力就会有高的报酬。

◆**基于市场的薪酬体系**：基于市场的薪酬体系是根据市场价格确定员工薪酬水平，根据地区及行业人才市场的薪酬调查结果，来确定岗位的具体薪酬水平。至于是采取高于、等于还是低于市场水平，则要考虑企业的盈利状况及未来策略。市场经济供求关系决定价格的基本规律也适用于员工的工资，即人才资源的稀缺程度在很大程度上决定了薪酬的水平。

◆**基于工龄的薪酬体系**：基于工龄的薪酬体系是一种简单而传统的薪酬制度，按照员工为企业服务期的长短而支付或增加薪酬，往往与终生雇佣制相关联。其基本特点是员工的企业工龄越长，工资越高。

这5种薪酬体系各具特点，具有各自的优势与缺陷，而在实际应用中，往往也不会使用一种薪酬体系来确定所有员工的薪酬，而是根据企业、岗位、员工等方面的情况来综合设计企业的薪酬体系。

2．薪酬体系的设计

薪酬体系的设计是一个庞大的工程，不仅需要大学生创业者精心设计，还需要企业全体员工参与和认可。同时，薪酬体系设计是一个系统工程，每个环节都很重要，企业薪酬体系构建的基本步骤如下。

（1）工作分析

工作分析是对企业中某个职务的所有相关信息进行收集，并对该职务进行全面分析的过程。工作分析是设计薪酬体系的基础，是后续步骤的参考标准，工作分析的质量决定了薪酬体系设计的合理性。

① 工作分析的内容

工作分析需要明确的内容包括对工作内容的分析和对工作岗位的分析两部分。

- ◆**对工作内容的分析**：对工作内容的分析需要明确的内容包括工作流程、工作的核心控制点、工作环境、工作的资源配置以及工作需要的辅助手段等。对工作内容进行分析是为了界定相关员工所要从事的工作内容和承担的工作职责。
- ◆**对工作岗位的分析**：对工作岗位的分析分为岗位特性分析和岗位任职要求分析，岗位特性分析包括岗位名称、工作饱和度（员工的有效工作时间与规定的劳动时间的比值，通常与工作效率呈正相关关系）、岗位与其他岗位的关系、岗位的关键考核指标和岗位能力素质要求等的分析；岗位任职要求分析包括任职者的年龄、学历、经验、知识技能和职业素养等的分析。

② 工作分析的方法

工作分析的方法很多，其中常用方法包括职位问卷法、工作日写实法、测时法、工作抽样法、访谈法、关键事件法等，下面进行介绍。

- ◆**职位问卷法**：职位问卷法是工作分析中最常用的方法，通常由有关人员事先设计出一套职位分析问卷，再由某一岗位的员工来填写问卷，最后将问卷加以归纳分析，做好详细的记录，并据此写出工作职位描述。
- ◆**工作日写实法**：工作日写实法又称工作日志法，是指某岗位的任职者按时间顺序详细记录自己的工作内容与工作过程，然后经过归纳、整理，从而得出对该岗位的工作分析。
- ◆**测时法**：测时法是指通过调查某一岗位的员工对于固定工作内容所需时间，以此计算该岗位员工的工作强度。测时法简单易行，但是一些岗位的工作内容难以划分为均等的几部分，如设计工作中，完成一幅设计稿的时间波动非常大。因此，测时法只适用于工作重复度高、单位工作量易计算的岗位。
- ◆**工作抽样法**：工作抽样法是在一段较长的时间内，以随机的方式对某岗位员工的工作进行间断的观测，并对数据进行累积、统计。该方法对员工工作的影响很小，不会使操作过程失真，因而可以保证观测数据的准确性。
- ◆**访谈法**：访谈法又称为面谈法，是应用较为广泛的工作分析方法。该方法主要是就某一岗位面对面地询问任职者、主管、专家等人对该岗位工作的意见和看法。在应用访谈法时通常以标准化访谈格式记录，以便控制访谈内容，并对同一岗位不同任职者的回答进行相互比较。
- ◆**关键事件法**：关键事件法要求分析人员、管理人员、某一岗位员工将工作过程中的“关键事件”详细地加以记录，在大量收集信息后，再对岗位的特征和要求进行分析研究。但是该方法在收集、归纳事例并加以分类时要耗费大量时间。另外，该方法需要描述工作中特别有效或特别无效的行为，所以很难对平均的工作行为形成总的概念，因此可能会遗漏一些不显著的工作行为。

（2）岗位价值评估

岗位价值评估是指在工作分析的基础上，采取一定的方法，对岗位在企业中的影响范围、职责大小、工作强度、工作难度、任职条件等特性进行评价，从而确定岗位在企业中的相对价值。岗位价值评估是薪酬分配的客观基础，如果岗位评估失真，就会导致岗位的价值与薪酬不对等，引起员工的不满。

① 岗位价值评估的方法

在岗位价值评估中，有两个基本的导向，即基于市场进行评估和基于工作内容进行评估。

- **基于市场进行评估：**其是指基于市场上其他同类岗位的薪酬来决定岗位价值的差异。基于市场评估制定出的薪酬体系，薪酬水平能够和市场平均水平较好地保持一致。
- **基于工作内容进行评估：**基于工作内容的评估强调企业内部的价值体系，它可以根据每一个岗位在企业的战略角色来构筑内部岗位价值结构，有利于真实反映岗位对于企业的价值。

无论是基于市场进行评估还是基于工作内容进行评估，岗位价值评估在具体操作上都可以选择以下方法。

- **岗位参照法：**岗位参照法是指用已有工资等级的岗位来对其他岗位进行评估。在实施时首先需要选出几个具有代表性、容易评估的岗位作为标准岗位，对其进行岗位价值评估；然后以标准岗位为标准，对其他岗位进行评估。岗位参照法通过选择、评估标准岗位价值，再推广到所有岗位，所需花费的时间、精力和成本较低，且评估的结果具有较高的准确性。但是标准岗位的选择具有一定难度，而且在将标准岗位的价值类推到其他岗位时，其精确度也不好把握。
- **分类法：**分类法是将企业的所有岗位根据工作内容、工作职责、任职资格等方面的不同要求分成不同的类别。如管理工作类、事务工作类、技术工作类及营销工作类等。然后给每一类确定一个岗位价值的范围，并且对同一类的岗位进行排列，从而确定每个岗位不同的岗位价值。
- **排列法：**排列法是根据某个固定的标准，如工作内容的复杂性、工作对企业战略的重要性等，将所有的岗位从高到低进行排序。排列法需要对每个岗位完整地进行考虑和分析，因此只适用于岗位比较简单的企业。
- **评分法：**评分法是一种应用非常广泛的岗位价值评估方法，它并不直接对各个岗位的具体职责、工作内容、工作环境和任职资格等进行比较，而是将所有岗位的工作特性抽象成若干个评价要素，再将岗位的具体内容与这些要素标准相比较，从而得到每个岗位的价值分数，然后通过分数排序就得到了岗位价值序列。

◆**因素比较法：**因素比较法最初是评分法的一个分支。因素比较法不关注具体岗位的岗位职责和任职资格，而是将所有岗位的内容抽象为若干个要素，再根据每个岗位对这些要素的不同要求得出岗位价值。常用的做法是将岗位内容抽象成智力、技能、体力、责任及工作条件5个要素。

在以上方法中，岗位参照法、分类法、排列法属于定性评估方法，而评分法和因素比较法则属于定量评估方法。大学生创业者需要根据需要灵活选择。

② 岗位价值评估的一般程序

大学生创业者在掌握评估方法的基础上，还需要了解岗位价值评估的具体程序。一套完整的岗位价值评估体系，其程序一般包括以下6个环节。

◆**设计和选择岗位价值评估模型：**目前国际上有一些应用广泛的岗位评估模型，如海氏法岗位评估模型、美世岗位评估模型等，但是每个企业的实际情况不同，因此，这些成熟模型只可作为参考，企业仍需自己设计岗位价值评估模型。岗位价值评估模型设计的重点在于确定评估的要素与各评估要素的权重、分值。评估要素反映的是企业对岗位的要求，如学历、年龄、技能等；评估要素的权重、分值反映的是企业对各要素的需求程度。岗位价值评估模型用于衡量岗位的价值，只有使用合适的模型，得出的评估结果才能满足企业需要。

◆**成立评估小组：**在岗位价值评估模型选定之后，企业就需要运用选定的模型去评价所有岗位的价值。通常的做法是，企业组建一个专门的评估小组来进行岗位价值评估工作，这样可以保证评估活动的有序开展以及评估数据的一致性。评估小组成员需要接受统一的培训，以使他们对工作职责、工作内容、任职资格和模型本身达成一致的认识和看法。

◆**岗位价值试评估：**由评估小组展开对个别岗位的试评估，此时通常由外聘专家指导、企业领导参与，试评估结论用于测试评估效果，并由此对岗位价值评估模型进行适当的修正。如果试评估效果太差，则企业可能需要重新设计岗位价值评估模型或重组评估小组。

◆**岗位价值正式评估：**在试评估通过后，评估小组即可对企业所有岗位进行正式的评估。正式评估岗位价值是评估过程中最重要的环节。

◆**岗位价值评估数据处理：**在正式评估的结果出炉后，企业需要指定数据处理者对评估数据逐个核查并进行数据统计工作，如果发现数据存在异常，则需要评估小组成员进行再次确认，甚至对个别岗位进行重新评估。

◆**岗位价值评估数据应用：**岗位价值评估数据的应用是对评估数据进行处理并由此得出结论的过程，其具体应用方式主要有绘制岗位价值曲线图、绘制岗位层级关系图和确定岗位价值系数等级3个方面。

（3）薪酬调查

薪酬调查是薪酬设计中的重要组成部分，是指通过各种途径，采集市场上相关企业相关岗位的工资福利待遇及其支付状况的信息。薪酬调查有利于解决薪酬的对外竞争力和对内公平性的问题，能够帮助企业达到个性化和有针对性地设计薪酬的目的。

① 薪酬调查的内容与范围

在激烈的市场竞争环境下，企业工资水平只有和当地的劳动力市场工资水平相近，才有机会吸引到并留住优秀的员工，因此，薪酬调查对企业的薪酬体系设计至关重要。薪酬调查主要包括以下内容。

◆**同行业的薪酬水平**：薪酬调查的重要内容就是调查同行业的薪酬水平，因为同行业的工作在人力资源上处于竞争态势。面对薪酬高的同行企业，企业不仅难以招聘到合适的员工，现有的员工也会产生不满甚至直接跳槽。

◆**本地区的薪酬水平**：不同地区因为生活费用水平、生产发展水平的不同，工资水平可能会有较大差别，因此，本地的薪酬水平也是薪酬调查的重要内容。

◆**薪酬结构**：薪酬结构是指员工薪酬的各构成项目及各自所占的比例，行业其他企业的薪酬结构对于企业薪酬体系的设计具有很高的参考价值。

同时，在薪酬调查中还需要注意调查的范围。

◆**普通岗位**：对于低薪或无专长的普遍工种岗位，薪酬调查只需辐射企业所在地区，因为这一类的劳动力流动区域一般局限在当地，外地企业的薪酬参考价值很低。

◆**专业岗位**：对于企业所需的行政、管理岗位的复合型人才和高新技术人才，最好进行全国性的工资调查，因为这些人才的流动性比较大，很可能跨城市、跨地区发展。

◆**中间岗位**：对于介于二者之间的中级技术人员和管理人员，则可结合当地薪酬调查水平和全国薪酬调查水平综合确定。

② 自行开展薪酬调查

企业可以选择自行开展薪酬调查，实施薪酬调查一般来讲应该分为确定调查目的、确定调查范围、选择调查方式、整理和分析调查数据4个步骤。

◆**确定调查目的**：企业应该首先明确调查的目的和调查结果的用途，再着手制订调查计划。一般而言，调查目的包括调整整体薪酬水平、调整薪酬结构、调整薪酬晋升政策、调整某具体岗位薪酬水平等。

◆**确定调查范围**：根据调查的目的确定调查的范围。调查前需要确定待调查的企业名单、待调查的岗位名单、需调查岗位的特性以及调查的起止时间等。

◆**选择调查方式**：一般来讲，薪酬调查的主要方式是企业之间的相互调查。企业可以与相关企业进行联系，或者通过行业协会等机构进行联系，以促成薪酬调查的展开。若无法获得相关企业的支持，也可以考虑委托专业机构进行调查。目前普遍采用的调查形式是问卷法和面谈法等。特别需要注意的是，由于薪酬管理政策及薪酬数据在许多企业属于商业秘密，一定要在得到被调查企业准许的情况下进行调查，否则就会涉及违法犯罪。

◆**整理和分析调查数据**：在完成调查后，企业需要对收集到的数据进行整理和分析。在整理中要注意剔除无效信息、错误信息，并将不同调查内容的信息进行分类，并根据调查的目的有针对性地对数据进行分析，形成最终的调查结果。

③ 使用既有资料进行薪酬调查

除了自行开展薪酬调查，企业还可以购买和使用第三方的薪酬调查资料来进行薪酬调查。虽然自行开展薪酬调查可以根据企业自己的情况来选择调查问题，得到更有用的信息，但是大多数的企业都没有合格的专业人员来完成调查工作。因此，在实际的企业经营中，反而是使用既有资料进行薪酬调查的企业更多。

不同于自行开展薪酬调查，使用既有资料进行薪酬调查的工作重点在于对资料进行筛选和评判，尽可能得出真实的、符合企业需要的调查结果，这就要求调查人员注意以下7个方面的问题。

◆**资料对职位的描述是否清楚**：薪酬调查所使用的资料应该对所调查的职位进行明确而清楚的描述。内容应包括每一职位的名称、职位目的（该职位对企业的主要价值和贡献）、职位职责（该职位所从事的主要活动）、任职资格（该职位对任职者的知识、学历、经验、能力等方面的要求）等。因为同样的职位名称，可能其工作内容相差特别大，或者其对任职者的资格要求有很大的差别。因此，在购买和使用薪酬调查结果时，大学生创业者一定要注意该调查是否包含所调查职位的职位描述，有职位描述的薪酬调查所获得的结果会比没有职位描述的薪酬调查结果更加准确可靠。并且，应将调查所提供的职位描述与企业相应的职位进行比较，只有当二者的重叠度达到七成以上时，才能根据所调查职位的结果来确定企业相应职位的薪酬水平。

◆**资料的职位层次是否清晰**：某些职位类别可能会包括不同层级的职位，比如市场营销类职位就有可能包括市场营销总监、市场营销经理、市场营销专员等。每个企业职位类别设置不同，同样的职位类别其包含的职位层级也可能不一样。这就导致薪酬调查资料所包括的职位层级数很有可能与企业的职位层级数不一致，并且即使二者的职位层级数相同，每一层次职位的职位描述也有可能不一样。所以在薪酬调查过程中，大学生创业者一定要注意薪酬调查资料对职位层级的说明。如果薪酬调查资料所包括的职位层级与企业的职位层级不完全一致，那么最好参照不同的薪酬调查资料，根据这些数据进行分析，来确定本企业的每一层级职位的薪酬水平。

◆**资料是否最新**：薪酬调查从策划、实施、数据处理到最后向市场推出，需要一段时间。时间越长，受到外界环境变化的影响，数据的有效性就越值得怀疑；时间越短，相对来说数据就更有效。因此，大学生创业者在购买薪酬调查资料时，要注意调查的时间，最好购买最新的薪酬调查资料。当然，如果能购买不同时间段的薪酬调查资料，然后自己根据这些资料进行分析，效果会更为理想。

- **资料中参与调查的企业名单**：理论上参与调查的企业最好是本企业在人才、产品和市场等方面的竞争对手。调查中若包含与本企业竞争人才的企业，可以了解市场同类职位的薪酬水平，确保企业的薪酬方案具有外部竞争力；调查中若包含本企业在产品和市场方面的竞争对手，可以确保本企业的薪酬方案与这些企业保持同步，同时也可以了解这些企业的劳动力成本。因此，大学生创业者在使用相关资料时一定要了解哪些企业参与了调查。
- **资料的数据处理方法**：同样的数据，采用不同的统计处理方法得到的结果可能不一样。大学生创业者在购买薪酬调查资料时，要注意数据的统计处理方法，对于不能提供最终数据处理方法的调查数据，最好不要相信其调查结果。这是对数据可信度和效力进行判断的简单方法。
- **资料的数据搜集方法**：采用不同的数据搜集方法，调查结果也可能不同。在进行薪酬调查过程中，常用的方法有问卷调查法、访谈法等。问卷调查法相对来说实施起来更容易，成本更低，但是由于不同的人对不同的问题可能会有不同的理解，从而使调查结果会受到影响。访谈法实施难度大，成本高，相对来说数据更可靠，但是数据的可靠性会受到访谈员的影响。不管采用什么方法搜集数据，都应在调查报告中附上调查问卷或者访谈提纲。大学生创业者在购买薪酬调查资料时，应通过调查问卷或访谈提纲来判断其薪酬调查结果的准确性和可靠性。
- **资料的平均数、25P、50P和75P之间的关系**：一般的薪酬调查资料应该显示薪酬的平均数、25P、50P、75P等指标。所谓25P、50P、75P是指在调查了100家公司，并将这100家公司的薪酬水平从低到高排序的情况下，分别处于排名第25位、第50位、第75位的薪酬水平。通过检查平均数、25P、50P、75P的关系，大学生创业者可以对调查结果有一个初步的了解。一般情况下，平均数和50P应该比较接近，25P与50P的差额应该和50P与75P的差额比较接近。

目前，社会上比较流行的薪酬调查类型包括专业薪酬调查公司的薪酬调查和人才服务机构的薪酬调查等。这些调查各有特点，大学生创业者可以根据实际需要来进行选择。

（4）薪酬结构设计

薪酬结构是指薪酬水平的比例关系，即薪酬的构成部分以及各部分的比例。通常来说，员工的薪酬由基本薪酬、绩效薪酬、津贴和福利构成。而薪酬结构设计就是指对员工薪酬组成部分以及各部分比例的设计。优秀的薪酬结构能够在确保企业合理控制成本的前提下帮助企业有效激励员工。

① 常见的薪酬结构

常见的薪酬结构主要有3种，即激励型薪酬结构、保健型薪酬结构和调和型薪酬结构，如图8-1所示。下面分别进行介绍。

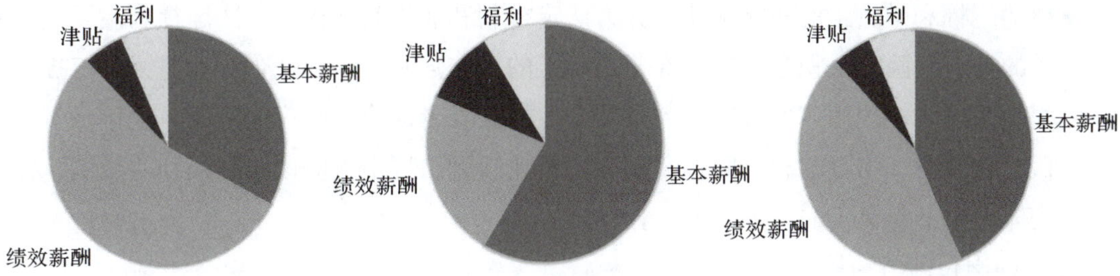

（a）激励型薪酬结构　（b）保健型薪酬结构　（c）调和型薪酬结构

图 8-1　常见的薪酬结构

- **激励型薪酬结构：**激励型薪酬结构又称高弹性薪酬模型，绩效薪酬是薪酬结构的主要组成部分，基本薪酬等处于非常次要的地位，所占的比例非常低。激励型薪酬结构对员工的激励性很强，员工的薪酬完全依赖其工作绩效的好坏；但是员工收入波动很大，易使员工缺乏安全感及保障。激励型薪酬结构常用于销售岗位。
- **保健型薪酬结构：**保健型薪酬结构又称高稳定薪酬模型，其基本薪酬是薪酬结构的主要组成部分，而绩效薪酬等处于非常次要的地位，所占的比例非常小。保健型薪酬结构下员工收入波动很小，员工安全感很强，但是缺乏激励功能，容易导致员工懒惰。保健型薪酬结构常用于技术类岗位和专业性岗位。
- **调和型薪酬结构：**调和型薪酬结构是一种既有激励性又有稳定性的薪酬模型，绩效薪酬和基本薪酬各占一定的比例。调和型薪酬结构下员工既有激励性又有安全感，但是其中的尺度需要企业好好把握。

② 不同薪酬类型的设计

不同的薪酬类型，会对员工起到不一样的激励作用，因此，对于不同的薪酬类型，大学生创业者应该进行专门的设计。

- **基本薪酬：**基本薪酬主要是指固定工资，其作用一般是保障员工的基本生活收入，使其能够专注工作。基本薪酬的绝对数值必须大于当地最低生活标准线，而其比重需要综合考虑年基本收入和职级，职级较低的员工固定工资的比例通常较高。同时基本薪酬中也可设立工龄工资，工龄工资随员工的工作年限增长，以嘉奖员工对企业的忠诚，增强企业的凝聚力。
- **绩效薪酬：**绩效薪酬包括月绩效工资、年度延迟支付工资、企业业绩分享、销售奖金和计件工资等。绩效薪酬属于浮动的不确定的收入，主要与工作完成的及时性和质量挂钩。不同的岗位适用不同类型的绩效薪酬，其比重也根据各岗位的不同而浮动。绩效薪酬一定要明确约定衡量指标和计算方式，让员工心中有数，才能起到激励的作用。
- **津贴：**津贴是指补偿职工在特殊条件下的劳动消耗及生活费额外支出的工资补充形式，常见的如房租补贴、交通补贴、高温津贴、燃油津贴以及通信补贴等。企业对于津贴的发放应该严格控制。

◆**福利**：福利是员工的间接报酬，分为法定福利和非强制性福利，法定福利主要指强制性的社会保险与公积金，这一部分是固定的；非强制性福利是企业自愿为员工提供的福利，通常体现为各种员工服务以及企业补充养老保险、医疗保险等，也包括带薪休假、员工餐、生日福利等间接薪酬。在企业薪酬结构中，应该控制福利的比例，让福利体现企业对员工的关怀。

③ 不同岗位薪酬结构

显然，不同的岗位适用不同的薪酬结构，因此，在设计薪酬结构之前，大学生创业者需要首先根据工作内容、工作性质的不同，对岗位进行归类。一家企业通常拥有以下5个类别的岗位。

◆**管理类岗位**：管理类岗位即从事管理工作并拥有一定管理职务的职位，一般是企业的中高层。通常情况下，企业管理层需要保持稳定性，但是也要体现一定的激励性，因此，管理类岗位适用调和型薪酬结构。管理类岗位的薪酬中企业业绩的分享常占据较高的份额，即企业的效益越好，其绩效薪酬越高。

◆**职能类岗位**：职能类岗位指从事职能管理、生产管理等职能工作且不具备或不完全具备管理职责的职位。职能类岗位适用调和型薪酬结构，同样参与企业业绩的分享，但是比例较低，其绩效薪酬主要在于年终奖等。

◆**技术类岗位**：技术类岗位指从事技术研发、设计、操作的职位，表现为需要一定技术含量的岗位，企业付薪依据主要是该岗位所具备的技能。技术类岗位适用保健型薪酬结构，其绩效薪酬主要表现为少量的项目奖金。

◆**销售类岗位**：销售类岗位指在市场上从事专职销售的职位，适用于激励型薪酬结构，固定工资常常只够基本生活开支，薪酬的主要组成部分是销售奖金。

◆**操作类岗位**：操作类岗位指在公司内部从事生产作业或销售的职位，其工作量往往体现为可以计数的产出。操作类岗位适用激励型薪酬结构，固定工资较低，薪酬的主要组成部分是计件工资。

8.2.3 建立股权激励模式

股权激励是股份有限公司和有限责任公司为了激励和留住核心人才而推行的一种长期激励机制，也是目前常用的激励员工的方法之一。新创企业资金大都比较紧张，这就容易导致人员流失，尤其是团队的高级管理人员、核心员工的流失，会对企业造成不可估量的影响。股权与期权激励便可以很好地解决这一问题。

1．股权激励与期权激励

股权激励的本质是企业拿出部分股权，在一定条件下让渡给企业高级管理人员或优秀员工，以激励其工作。员工在获得股权后，其利益就与企业的利益绑在了一起，激励效果显著。

股权激励的主要激励方式包括股权激励和期权激励，需要企业综合考虑公司的股权结构、现金流状况、激励对象的诉求等因素来确定。

- **股权激励**：股权是指股东基于股东资格而享有的、从公司获得经济利益并参与公司经营管理的权利。股权激励就是指公司直接将部分股权给予被激励者。
- **期权激励**：期权又称为选择权，是指期权拥有者在一定的期限内按照某个既定的价格购买一定公司股票的权利。期权本身并没有价值，其价值在于公司后续的发展，如某员工得到股票期权1 000股，若公司上市，每股定价10元，那么该员工手中的期权价值就为10 000元，若公司最终没能上市，那么期权就是白纸一张。

2．股权激励的模式

在长期的商业活动中，企业管理者们开发出了各式各样的股权激励模式，主要包括股票期权模式、股份期权模式、期股奖励模式、虚拟股票期权模式、年薪奖励转股权模式和股票增值权模式等。

- **股票期权模式**：股票期权模式是最为经典、国际上使用最为广泛的股权激励模式。即公司经股东大会同意，将预留的已发行未公开上市的普通股股票认股权作为报酬的一部分，以事先确定的某一期权价格，有条件地无偿授予给公司的部分员工，股票期权的享有者可在规定的时期内做出行权、兑现等选择。
- **股份期权模式**：股份期权模式实际上是对股票期权模式的改造。该模式规定：经公司出资人或董事会同意，公司高级管理人员可以群体形式获得公司5%~20%的股权，其中董事长和总经理的持股比例应占群体持股数的10%以上。公司高级管理人员欲持股就必须先出资，而其所持股份额以其出资金额的1~4倍确定。3年任期届满，完成协议指标，再通过两年对其经营管理成效的考察，公司高级管理人员就可按届满时的每股净资产变现。
- **期股奖励模式**：期股奖励模式是我国上市公司中比较流行的一种股权激励模式。具体实施为从当年净利润中或未分配利润中提取奖金，折股奖励给高层管理人员。且一般这部分股票的交易会被冻结，在离职半年或一年后才可以抛出变现。
- **虚拟股票期权模式**：虚拟股票期权不是真正意义上的股票认购权，而是将奖金的给予延期支付，并把奖金转换成普通股股票发放给激励对象。这部分股票享有分红、转增股等权利，但在一定时期内不得流通，只能按规定分期兑现。虚拟股票期权的资金来源于企业积存的奖励基金，与期股奖励模式不同。
- **年薪奖励转股权模式**：年薪奖励转股权模式是由武汉国有资产经营有限公司设计并推出的，因此也被称为“武汉期权模式”，其本质上也是一种期股奖励模式。武汉国有资产经营有限公司（以下简称国资公司）原本实行年薪制，改为年薪奖励转股权模式即是将其所控股的上市企业的管理者年薪中的货币收入转化为股票期权（这部分股票的表决权由国资公司行使），在第二年经对企业的业绩进行评定后按比例逐年返还给企业的经营者，返还后的股票才可以上市流通。

- **股票增值权模式**：其主要内容是激励对象通过模拟认股权方式，获得由公司支付的公司股票在本年度末与本年度初的净资产的增值价差。这种模式直接拿每股净资产的增加值来激励员工，只要经股东大会通过即可实施，操作起来方便、快捷。值得注意的是，股票增值权不是真正意义上的股票，没有所有权、表决权、配股权。

3．股权激励的实施

与其他激励方式不同，股权激励不仅会影响企业的现金流，还可能导致企业股价变动、所有权分割、企业决策方式转变等后果，大学生创业者一定要谨慎实施。股权激励的实施方法很多，复旦大学薛中行博士创立了5步连贯股权激励法，该方法具有较高的实用性与可操作性，可以为大学生创业者提供参考。5步连贯股权激励法的具体实施步骤如下。

- **定股**：定股是指确定企业采用的股权激励模式，不同的股权激励模式，其激励效果不同，其实施要求也不同，如股票期权模式就要求公司必须是公众上市公司，有合理合法的、可资实施股票期权的股票来源。
- **定人**：定人即确定股权激励的对象，股权激励的对象应该具有尚未开发的潜在的人力资源价值，通常是企业的骨干员工。
- **定时**：定时是指股权激励计划要有明确的有效期，同时在股权激励计划有效期内，每期授予的股票期权均应设置行权限制期和行权有效期，并按设定的时间表分批行权，这样才能够减少股权激励对股价的冲击。
- **定价**：定价即确定股权的授予价格或行权价格，上市公司股权的授予价格应不低于股权激励计划草案摘要公布前一个交易日的公司标的股票收盘价和股权激励计划草案摘要公布前30个交易日内的公司标的股票平均收盘价中的较高者。
- **定量**：定量即确定股权激励中用于激励的股权的总量，包括确定总量和确定个人量两方面。确定总量是指确定股权授予的总数量，即“共×××股，占公司总股本的××%”；确定个人量是指单个激励对象的持股上限。

做好了定股、定人、定时、定价和定量5项工作，股权激励计划就能够发挥出可观的激励效果，同时限制其对公司股价、决策体系和所有权的冲击。

8.2.4 构建晋升机制

晋升是指员工由较低层级职位上升到较高层级职位的过程，晋升激励是工作激励的重点和核心，也是一种常见的激励手段。晋升机制是指规定员工晋升的条件、方法与流程等的制度，在激励机制中具有重要地位。

1．构建晋升机制的原则

晋升机制不仅是对员工的激励方式，同时也是企业实现人力资源合理配置的重要方式。只有合适的人，处在合适的岗位，进行合适的工作，才能保证员工和企业的双赢。因此，大学生创业者在构建晋升机制时需要遵循以下原则。

- **德才兼备原则：** 德指员工的品行，才指员工的能力，在企业的晋升机制中，既要考察员工的才，也要考察德，二者不可偏废。重用和晋升一些才高德寡的员工会在员工中造成不良影响，从而打击员工的积极性。
- **机会均等原则：** 企业的晋升机制要使每个员工都有晋升的机会，即对管理人员要实行公开招聘、公平竞争。只有不唯学历、不唯资历，唯才是举，才能真正激发员工的上进心和积极性。
- **"阶梯晋升"和"破格提拔"相结合原则：** "阶梯晋升"是指按部就班地逐级晋升，这种晋升的方法可避免盲目性，准确度高，便于激励多数员工。"破格提拔"则是指打破一般规则的越级晋升，只适用于非常之才、特殊之才。

2. 晋升计划的制订

晋升计划是微观的，企业的晋升机制不能大而化之，而应该将每一次晋升做好，制订并贯彻有效的晋升计划。晋升计划的制订通常包括以下4个步骤。

- **挑选晋升对象：** 挑选具有潜力的人才作为晋升考察对象，对其工作职责和发展轨迹进行调整，提前为其做好晋升的准备工作。
- **制订个人发展规划：** 为晋升考察对象制订个人发展规划。确定哪一种规划符合这些晋升考察对象的愿望，哪些措施对晋升考察对象有效。同时还要考察这些晋升考察对象的不足之处与弥补措施执行情况。
- **进行晋升：** 对晋升考察对象进行晋升，晋升后其担任新的职务，享有新的职权和待遇，并担负相应的责任。
- **制订辅助计划：** 企业需要制订一个辅助计划，帮助晋升者尽快进入角色，适应新岗位，圆满完成晋升过程。

3. 晋升机制需解决的问题

在实践中发现，晋升并不总能激励员工，部分员工在晋升后工作满意度反而下降了，甚至很快辞职。这主要是由以下问题造成的，企业的晋升机制应该要解决这些问题。

（1）彼得陷阱

管理学家、现代层级组织学的奠基人劳伦斯·彼得（Laurence Peter）提出了彼得原理，该原理称每个人在层级组织里都会得到晋升，直到不能胜任为止。

在组织中，员工晋升的先决条件就是必须在现有职位上工作称职。称职就具备了晋升的可能性；不称职者就不能继续晋升。因此，组织中晋升的一般规律是：只要胜任，或迟或早就会晋升；在上一层级依然胜任，那么还会晋升；而一旦晋升到不胜任的岗位，这个晋升过程就会终止。这就导致了组织中的成员到最后几乎总是会停留在自己不能胜任的岗位上。

事实上，员工在原来的职位上干得好并不表明他在高一层级的职位上同样可以成为出色的员工。若员工仍然占据不能胜任的职位，必然会出现失落感和压抑感增强、满意度下降的现象；而其下属面对这样一位无法胜任的上司，同样会感到不满，工作缺乏动力，工作绩效下降。可是若将该员工降职回归本位，其自尊心就会受到极大伤害，因为没有人愿意体会降职的痛苦。因此，员工最后通常选择离职，到劳动力市场上重新寻找合适的职位。

（2）背离员工的职业愿景

员工可能并不热衷于追求在企业中的层级，而更多地期望从自身的职业中、工作中获得一种社交、自尊甚至是更高层次的自我实现的满足感，体会到工作中蕴涵的价值。因此，每位员工都会对自己的职位系列有一个定位，都有心目中的职业通道。

但晋升的现实情况往往与员工的职业愿景不符。如一名技术人员拥有出色的技术，企业因此就将其晋升到了管理岗位，而他本人更喜欢钻研技术而不是从事管理，这样的晋升可能就会使他对工作感到不满。这样背离员工职业愿景的晋升也会导致人才的流失。

课堂讨论

薪酬制度改革

某公司主要承担区域内的道路、安置房、土地一级开发、房地产开发等项目的建设管理业务。该公司现有员工不到100人，总体上学历和职称水平较高、业务能力较好。现有领导成员8人，包括董事长、总经理、副总经理、总工程师等。

该公司现有薪酬体系的主要内容如下。

企业领导薪酬为绩效工资制，领导班子薪酬=月基本工资+年绩效奖金。其中，月基本工资逐月发放，年绩效奖金根据年终考核结果进行发放。若考核结果为优秀，则发放8个月基本工资作为奖金；考核结果为良好，则发放4～6个月基本工资作为奖金；考核结果为合格，则发放3个月基本工资作为奖金；考核结果为不合格，则不予发放。

员工实行职称及学历挂钩，并倾向专业（工程）技术人员的工资分配制度，月工资总额=基本工资+级别工资(指职称或职务)+工龄工资，每个级别（职称高低）工资相差1 000元。年绩效奖金根据考核结果给予发放。考核结果为优秀，发放4个月基本工资作为奖金；考核结果为良好，发放2个月基本工资作为奖金；考核结果为合格，发放1个月基本工资作为奖金；考核结果为不合格，则不予发放。

这套薪酬制度是5年前制定并实施的，中间除了基本工资有提升，其余都无改动。最近两年里，该公司出现人才流失严重且工作效率降低、新聘人才困难等情况。试讨论：该公司的薪酬制度有哪些问题？该如何解决？

活动人数：分小组进行讨论，6~8人为一组，共4个小组。

讨论方式：首先进行小组内讨论，得出讨论结果，然后汇总讨论结果，得出结论，最后小组选择代表，陈述全组讨论成果。

课后思考

参考答案

1. 在激励机制中分别起导向、规范和制约行为作用的是（　　）。

A. 行为导向制度、行为幅度制度、行为时空制度

B. 行为导向制度、行为时空制度、行为归化制度

C. 诱导因素集合、行为幅度制度、行为时空制度

D. 诱导因素集合、行为导向制度、行为归化制度

2. 以下关于常用激励手段的表述正确的是（　　）。

A. 精神激励的影响持久深远

B. 薪酬激励是一种终极的激励手段

C. 工作激励包括职位晋升、参与管理、职业技能培训和给予头衔

D. 荣誉激励的主要手段是榜样激励法和信任激励法

3. 以下关于薪酬体系的描述正确的是（　　）。

A. 工作分析是薪酬分配的客观基础，如果岗位评估失真，就会导致岗位的价值与薪酬不对等，易引起员工的不满

B. 薪酬体系的设计包括工作分析、岗位价值评估、薪酬调查和薪酬结构设计等环节

C. 薪酬调查的范围应该尽量大，调查内容应该尽量详细

D. 薪酬结构设计是设计薪酬体系的基础，是后续步骤的参考标准

4. 阅读以下材料，分析材料中人物的薪酬结构。

小王上个月实发工资为3 450元，包括基本工资2 300元、奖金1 250元、全勤奖300元、岗位津贴200元、交通补贴100元、扣除社保700元。

小李上个月实发工资为3 820元，包括基本工资1 800元、销售提成2 050元、销售月冠军奖励500元、交通补贴200元、扣除社保730元。

王经理上月实发工资为8 152.5元，包括基本工资5 000元、项目奖金4 000元、职务津贴500元、燃油补贴300元、扣除社保1 550元、缴纳个人所得税97.5元。

5. 阅读以下材料，分析其中运用的激励手段及其效果。

在征服意大利的一次战斗中，拿破仑夜间巡岗查哨，他发现一名士兵斜倚着树根睡着了。他没有喊醒哨兵，却拿起枪替哨兵站岗。哨兵从沉睡中惊醒，认出了正在替自己站岗的司令官，十分恐慌和绝望，跪倒在他跟前，请求处罚。拿破仑和蔼地说："朋友，你们艰苦作战，又走了那么长的路，打瞌睡是可以理解的。但是目前，一时的疏忽就可能断送全军的性命。我正好不困，就替你站哨了，下次可要小心。"众所周知，哨兵在岗位上睡觉，是要以军纪论处的，但拿破仑对长途跋涉、疲惫不堪而偶尔失职的哨兵没有那样做，而是带着关爱的情感批评哨兵，这就使哨兵从内心拥护他、爱戴他，不折不扣地执行他的命令。

第 9 章

新创企业管理

大学生创业者既是企业的创立者，又是企业的第一任领导者，而领导的基本职责就是进行企业管理。企业的管理对企业发展具有非常巨大的影响，因此，大学生创业者有必要了解企业管理的相关知识。本章将介绍企业管理的基本职能、原理与方法以及新创企业的资源管理和危机管理的相关知识。

9.1 企业管理的基本职能、原理与方法

企业管理对企业的生存和发展至关重要，优秀的管理能够让组织活动更加富有成效，大学生创业者应掌握企业管理的基本职能、原理与方法。

9.1.1 企业管理的基本职能

企业管理是社会化大生产发展的客观要求和必然产物，随着社会生产的发展，在规模较大的共同劳动中，势必需要进行指挥协调，于是管理的雏形便诞生了。自18世纪下半叶以来，企业管理不断发展更新，管理理论不断丰富，历经了传统管理、科学管理和现代管理3个阶段，至今已经形成了科学完备的理论体系。

现代管理学将企业管理定义为“创业者通过计划、组织、领导、控制等职能来有效协调人力、物力和财力等资源，以便更好地完成组织目标的过程”。管理具有以下基本职能。

- **计划：**计划是指管理者根据生产经营的需要，为企业的各个部门、环节和人员在时间和空间上规定其具体任务。计划先于其他管理工作，是决定生产经营系统能否有秩序、有效率地进行活动的首要条件，其包括确定或指定目标、措施、工作程序和各种标准等工作。企业的计划管理，除需保证按期、按量、按质地生产产品之外，还应突出经济效益和社会需要。因此，管理者要重视对市场的调查和预测，使计划建立在可靠的基础上。
- **组织：**组织是指管理者根据企业的总目标和管理的要求，将生产经营的各个要素，在劳动分工、协作和人员配备等方面，用各种结构形式，合理、紧密、高效地加以组合与协调，以形成一个有机的整体。有效的管理组织系统，应该明确各级管理机构和人员的职责范围，迅速准确地传递各种信息。组织是达到目标、完成计划的保证。
- **领导：**领导是指管理者利用职权和威信施展影响，指导和激励企业员工努力实现目标的过程。领导工作包括激励下属、指导下属行动、选择最有效的沟通途径或解决组织成员间的纷争等。领导工作的核心和难点是调动组织成员的积极性，它需要领导者运用科学的激励理论和合适的领导方式。
- **控制：**控制是指管理者对一切工作加以分析和检查，判断其是否背离原定的计划和目标，找出弱点和错误，及时分析原因，并予以纠正，使企业资源有效运用于企业的各方面。企业应尽可能做到预先控制，并建立标准，加强信息反馈。

9.1.2 企业管理的基本原理

企业管理的基本原理是管理理论的核心，是经营和管理企业必须遵循的一系列基本的管理理念和规则，也是实现企业有效管理的基础。大学生创业者应该掌握的企业管理基本原理主要有以下6点。

◆**人本原理**：人本原理是指一切管理活动应以调动人的积极性、挖掘人的潜能为根本。人是管理活动中最活跃的因素，既是管理的主体，又是管理的客体。因此，现代企业管理强调以人为中心，要求对组织活动的管理既做到“依靠人的管理”，又做到“为了人的管理”。

◆**系统原理**：系统原理是指在管理活动中必须运用系统理论、系统思路、系统工程、系统方法来进行系统管理。企业是一个系统，由各子系统及要素构成，外部环境是一个大系统。管理者要正确掌握整体、局部及内外彼此之间的关系和相互作用，使企业整体效益最优。

◆**整分合原理**：整分合原理是指现代管理的高效率和高效益，必须在整体的规划下，进行明确的分工，并在分工的基础上进行有效的结合。“整”是集权、统一，“分”是分权、分工，二者要妥善结合、互相协调。

◆**反馈原理**：反馈原理是指管理者为了确保及时、准确、高效地完成既定计划，达成组织目标，必须快速准确掌握组织内部和外部环境的变化，及时将系统的运行状态和输出结果与原计划和目标进行比较，以便出现偏差时立即采取行动加以纠正或修改，保证组织目标的实现。

◆**能级原理**：能级原理是指管理者应建立一个合理的能级结构，并按一定的规范和标准，将管理内容置于相应的能级之中，以实现管理的高效能。不同的能级随组织机构层次的不同而不同，要各尽所能。

◆**弹性原理**：弹性原理是指管理必须保持充分的弹性，并留有余地，以适应客观事物可能发生的变化，有效地实行动态管理。企业应随时保持应变能力，以信息方式运用弹性原理，并适当地掌握物质动力和精神动力，作为一切工作的推进力。

9.1.3 企业管理的基本方法

企业的管理方法是管理者在管理活动中为实现管理目标、保证管理活动顺利进行所采取的工作方法。人们在长期的经营实践以及科学研究中，总结出了很多行之有效的管理方法，而管理的基本方法就是从各种具体方法中概括出的、基础性的、具有普适性的方法，主要包括以下4种。

1. PDCA循环

PDCA循环的研究起源于20世纪20年代，先是有“统计质量控制之父”之称的统计学家沃特·阿曼德·休哈特（Walter Andrew Shewhart）在当时引入了“策划-实施-检查（Plan-Do-See）”（以下简称PDS循环）的雏形，后来由威廉·爱德华兹·戴明（William Edwards Deming）将PDS循环进一步完善，发展成为“策划-实施-检查-处置（Plan-Do-Check-Act）”（以下简称PDCA循环）这样一个质量持续改进模型。PDCA循环的基本思想是所有的管理活动按照策划、实施、检查、处置的循环过程不断地重复进行，如图9-1所示。

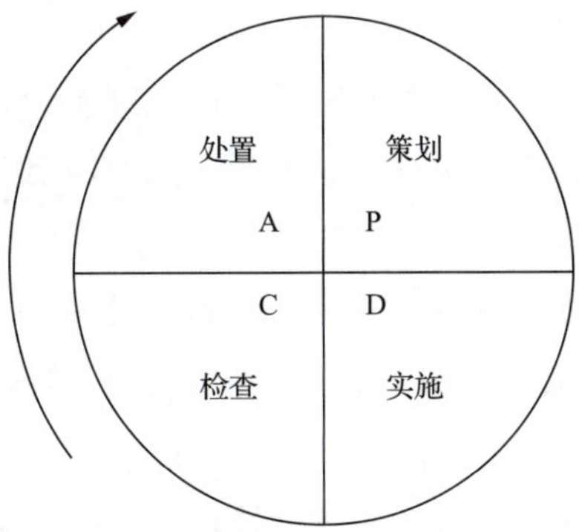

图 9-1　PDCA 循环示意

（1）PDCA循环的流程

PDCA循环可以分为4个阶段8个步骤，如图9-2所示，具体如下。

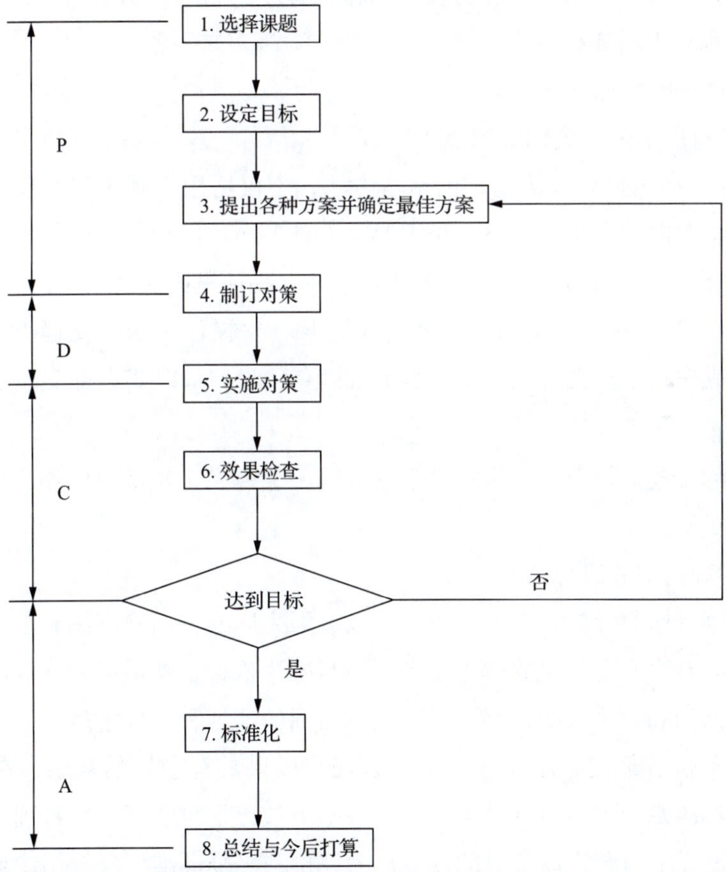

图 9-2　PDCA 循环的流程

◆**策划阶段（P阶段）**：根据用户的要求和组织的方针，为提供结果建立必要的目标和过程。具体分为4个步骤，分别是选择课题、设定目标、提出各种方案并确定最佳方案、制订对策。

- **实施阶段（D阶段）：** 按照预定的计划，在实施的基础上，努力实现预期目标的过程。对策制订完成后需要进行实验和验证，此时除了按计划和方案实施，还必须对过程进行测量，确保工作能够按计划进度展开。同时应进行数据采集，收集过程的原始记录和数据等项目文档。
- **检查阶段（C阶段）：** 确认实施方案是否达到了目标，即确认方案是否有效、目标是否完成。如果没有出现预期的结果，就需要严格检查实施阶段是否按照计划实施对策，若是，则意味着对策失败，需要重新确定最佳方案。
- **处置阶段（A阶段）：** 对检查的结果进行处理，包括标准化和问题总结两个步骤，标准化是指对已被证明的有成效的措施，要进行标准化，编制成工作标准，以便以后的执行和推广；问题总结是指对于效果不显著的方案或者实施过程中出现的问题进行总结，为开展新一轮的PDCA循环提供依据。

在一个PDCA循环后，没有解决或新出现的问题转入下一个PDCA循环去解决，如此周而复始，推动管理水平不断提高。

（2）PDCA循环的特点

PDCA循环具有以下两个突出的特点。

- **大小嵌套：** PDCA循环作为管理的基本方法，不仅适用于整个工程项目，也适用于整个企业和企业内的科室、工段、班组及个人。各级部门根据企业的方针目标，都有自己的PDCA循环，层层循环，形成大环套小环，小环里面又套更小的环。
- **螺旋上升：** PDCA循环不是在同一水平上循环，每循环一次，就解决一部分问题，取得一部分成果，工作就前进一步，水平就提高一步，最终实现螺旋式上升。

2. 目标管理

目标管理亦称“成果管理”，由管理学家彼得·德鲁克于20世纪50年代提出，具有“管理中的管理”的美称。

（1）目标管理的中心思想

目标管理是以目标为导向，以人为中心，以成果为标准，而使组织和个人取得最佳业绩的现代管理方法。其中心思想是管理者以企业总目标为依据，从最高领导开始，各级主管与下属协同制订本部门和每个人的目标，以及达到目标的计划和实施进度。

企业内每个单位、部门、层次和成员的责任与成果具有密切的联系，在目标执行过程中，需要根据目标决定上下级责任范围，上级权限下放，下级实现自我管理。

在成果评定过程中，严格以各自的目标作为评价和奖励标准，最终组织形成一个全方位的、全过程的、多层次的目标管理体系，以提高上级领导能力，激发下级积极性，保证企业目标的实现。

（2）目标管理的特点

目标管理并非简单分配任务，然后到期检查任务完成情况就可以了，其有自身的特点。

目标管理的特点主要表现在以下4个方面。

- **目标明确：**马里兰大学的早期研究发现，通常给予员工明确的目标相较于只要求他们尽力去做可取得更大的成果。目标管理就是通过使每一个员工拥有明确的目标，从而促使他们主动去追求更高的业绩。
- **普遍参与决策：**传统的目标设定由上级单向给下级规定目标，而目标管理通过上下协商，逐级制订出整体组织目标、经营单位目标、部门目标直至个人目标，既是“自上而下”的，又是“自下而上”的。
- **强调时限：**目标管理规定制订的每一个目标都有明确的时间期限，要求对应的层级在规定时限内达成目标。在典型的情况下，组织层次的位置越低，为完成目标而设置的时间往往越短。
- **评价绩效：**目标管理需要不断地将实现目标的进展情况反馈给相应的层级，使其能够即时调整自己的行动，也使每个员工对他所在部门的贡献更加明确。同时按照预先设立的目标来评价每个员工的业绩，可以刺激其努力工作。

3．满负荷工作法

所谓满负荷就是“人尽其力，物尽其用，时尽其效”，满负荷工作法即是使企业内部人、财、物等因素达到最佳性能，并加以适当组合，从而使企业整体效益达到最佳状态的管理方法。

管理者先对企业的各项工作提出较为先进的目标，然后把目标分成几个阶段逐步实现，而后层层落实，形成保证体系，并与个人报酬挂钩。满负荷工作法的主要内容有以下9项。

- **质量指标满负荷：**其是以产品的外观质量、内在质量、品级率和实物质量为考核内容。
- **经营工作满负荷：**这里的经营工作主要指供应和销售。按照设备生产能力的高低确定销售目标和原材料供应目标，达到产、供、销高度协调。
- **设备运转满负荷：**除正常维修检修所占用的时间外，所有设备以平均运转率达到90%为满负荷标准。
- **物资使用满负荷：**其主要是指原辅材料、工房和厂地都要达到充分利用。原辅材料的消耗，以本厂历史最好水平为基数，逐年降低消耗指标。
- **资金周转满负荷：**其主要考核指标是流动资金周转天数，应尽量加快资金周转速度。
- **能源利用满负荷：**根据不同产品，分别考察其单位耗电量、耗煤量、耗水量等，逐步降低消耗。
- **费用降低满负荷：**逐步降低每万元产值中可变费用含量，保证消费基金的增长速度永远低于生产发展速度。
- **人员工作量安排满负荷：**把每个员工的工作量安排饱满，人尽其力。同时压缩非生产人员、非科研人员的数量。
- **8小时工作满负荷：**尽量提高工时利用率。

4. 例外管理

例外管理最初由“科学管理之父”弗雷德里克·温斯洛·泰勒（Frederick Winslow Taylor）提出，是指企业内部各级主管将日常发生的例行工作授权给下级人员处理，而自己只处理那些没有或无法规范化的例外工作。

例外管理要求企业各级主管在进行工作分类时，应先制定一些必要的标准和规章，然后把常规性工作交给经过训练或有经验的下属，使其在规定范围内按章执行、定期汇报。当遇到例外的事情时，则必须立刻报告主管，由主管亲自处理。

例外管理的优点是主管可以集中精力处理重要事务，同时给下属提供了更多的机会参与管理、锻炼管理能力。缺点则是制定标准和规章需要技巧和经验；下属若不能及时汇报例外情况，则容易导致失误。

9.2 新创企业资源管理

企业发展的过程就是资源合理配置与充分利用的过程，麻省理工学院管理科学教授伯格·沃纳菲尔特（Birge Wernerfelt）在1984年提出了企业资源基础理论，认为资源管理是企业管理的基础和重点。新创企业受资源限制较大，大学生创业者更应重视资源管理工作。

9.2.1 企业资源管理概述

企业资源管理就是企业对资源进行全面规划配置、利用开发等系统管理活动，即是对企业资源配置、利用、开发活动进行组织、计划、协调、监督、控制的整个过程。其主要包括取得企业资源、合理配置资源、合理开发资源、综合利用资源、挖掘资源潜力、充分发挥资源作用等活动。

1. 企业资源管理的内容

企业需要的资源多种多样，需要针对这些资源的特性分别进行管理。根据资源类型，企业资源管理可以分为人力资源管理、基础设施管理、工作环境管理、财务资源管理、外部资源管理、无形资源管理和自然资源管理。

- **人力资源管理**：人力资源管理是指通过招聘、甄选、培训、报酬等管理形式对企业内外相关人力资源进行有效运用，满足组织当前及未来发展的需要，保证组织目标实现与成员发展的最大化的所有管理活动。
- **基础设施管理**：基础设施是企业开展经营活动的物质保证，通常包括生产经营所需的场所、设备，经营过程中的硬件、软件设备，以及运输、通信等支持性服务。基础设施管理就是确定、提供和维护这些基础设施的管理活动。
- **工作环境管理**：工作环境是指工作地周围的物理环境，工作环境对工作效率和产品质量有巨大影响，工作环境管理就是指对办公室、工厂、车间等地的照明、通风、噪声、温度、湿度等的控制，也包括工作场地的布置、绿化、装修等。

◆**财务资源管理**：财务资源管理是指对企业所拥有或控制的财务要素进行充分开发、合理配置、有效利用以实现企业价值最大化的过程。其包括资产管理、资金管理、投资管理、筹资管理、债权债务管理、预算管理、会计信息管理等。

◆**外部资源管理**：外部资源管理是指对供方和合作伙伴资源的管理，一个企业的生存与发展离不开价值链上的合作伙伴，因此需要对外部资源进行选择、评价与改进。

◆**无形资源管理**：企业的无形资源主要指知识、信息与技术资源，无形资源管理就是识别、获取、维持、保护、使用和评价无形资源的过程。

◆**自然资源管理**：企业的生产经营还可能涉及一些自然资源，包括土地、水、空气、矿石以及能源等。企业对自然资源的管理就是获取、使用以及维护自然资源。

2．企业资源管理的方法

企业资源管理的根本目的，就是要实现企业资源的有效利用，使企业利用有限的资源创造出尽量大的价值。为了达到这样的目的，大学生创业者可以按照以下步骤来开展企业资源管理。

◆**企业资源分析**：其是指对企业已拥有的资源进行调查、统计、分析、评价等。企业资源分析是企业资源管理优化的基础和起点，其主要内容包括对企业现有资源的数量、质量、功能、组合状况、利用程度及潜在能力进行专项和综合分析评价。

◆**企业资源规划**：在资源分析的基础上，按照市场经济发展趋势和企业发展规划，对企业资源的组合、开发、利用、保护进行总体设计，以保证企业资源的统筹安排、最佳配置、合理开发、有效利用。

◆**企业资源开发**：企业中的资源不可能被完全认识，资源的效用也不可能完全开发。资源开发就是在一定经济技术条件下，运用科学的方法和手段，挖掘那些尚未在企业生产经营活动中发挥其应有作用的资源或进一步挖掘资源的潜力，以增加企业资源的总量和利用效率。

◆**企业资源组合配置**：按照各种资源的性质、特点和运动规律，以及企业生产经营活动的具体要求，合理分配和有机组合各类资源，实现资源的优化组合、合理配置、彼此协调、综合运用。

◆**企业资源的保护**：企业难免会遇到内外各种不利因素的影响和冲击，导致企业资源的破坏或减少，此时就需要采用一定的法律、行政、经济和科学技术手段，保证企业资源的完好性和完整性。

3．企业资源管理的原则

企业资源管理活动的开展必须遵循和依据自然规律、经济活动规律、各类资源管理的运行规律，才能达到资源管理的目的。大学生创业者在进行企业资源管理活动时应当遵循以下原则。

◆**适度开发、永续使用原则**：企业资源的数量和质量在一定时间条件下总是有限的，因此，为了满足企业长期经营活动开展的需要，不能急功近利、损耗资源，而应注重长期利益，确保资源的永续使用。

◆**全面规划、统筹管理原则：**各种资源相互联系、相互制约、相互影响、相互结合，是一个有机综合体。只有实现有机结合、统筹安排，才能保证资源不会被过度使用或者闲置，避免造成资源结构失调、利用效率低下。

◆**重点与一般兼顾原则：**重点是指在一定时期内对企业经济活动具有重大影响或者巨大作用的任务，企业在资源管理中要围绕重点进行安排，确保主要任务顺利完成。同时也要注意一般任务对资源的需要。

◆**责、权、利相结合原则：**企业在赋予一个项目、部门或个人一定资源使用权限的同时，应相应明确其使用资源所应承担的经济、行政、法律责任，使三者有机结合，保证资源的有效利用和合理开发。

◆**社会效益和经济效益相统一原则：**注重企业资源管理的社会效益和经济效益，加强资源的回收和再利用，促进资源循环利用。同时利用新技术、新方法、新理念，以降低使用消耗，减轻对环境的影响。

9.2.2 人力资源管理

人力资源管理是企业资源管理的重要内容，所有的企业都是由人组成的，企业价值的实现需要人来完成。松下电器的创始人松下幸之助说过：“企业最好的资产是人。”然而人恰恰是难以量化、难以评价的对象，因此，人力资源管理是企业管理的一大难点，需要大学生创业者学习科学的理论与方法。

人力资源管理理论

1. 人力资源管理理论

传统的人事管理将人视作成本，对人进行外部的、孤立的、静止的管理。直到1954年，彼得·德鲁克在其著作《管理的实践》中提出了“人力资源”这一概念并加以明确界定。在20世纪70年代末，人力资源管理成了一门独立的学科，随后得到了长足的发展，逐渐取代了传统的人事管理。

了解人力资源管理的特征能够帮助大学生创业者客观、科学、深入地认识人力资源管理。现代人力资源管理具有以下特征。

◆**以人为本：**人力资源管理奉行人本主义思想，将员工视为企业的宝贵财富，强调对员工的关心、爱护，把员工真正作为资源加以保护、利用和开发。

◆**专业性与实践性：**人力资源管理具有很细的专业分工和广博的专业知识，具有较高的专业性，需要管理者掌握相应的理论知识；同时人力资源管理也是企业管理的基本实践活动，表现出高度的应用性。

◆**双赢性与互惠性：**人力资源管理强调管理应该是获取组织绩效和员工满意度的双重结果；强调组织和员工之间的“共同利益”，并重视发掘员工的主动性和责任感，希望企业与员工双赢。

- **战略性与全面性**：人力资源是企业最重要的资源，是为企业创造价值的根基。人力资源管理是企业最高层进行的一种决策性、战略性管理。同时人力资源管理也渗透到了企业的每个环节和部门，只要有人参与的活动与地方，都会体现出人力资源管理的影响。
- **学科交叉性**：人力资源管理还需要使用管理学、心理学、经济学、法学、社会学等多个学科的知识，对管理者素质提出了更高的要求。
- **系统性和整体性**：人力资源管理强调整体地看待人和组织，强调运作的整体性。一方面，人力资源管理的各项职能之间具有一致性；另一方面，人力资源管理与组织中其他战略相配合，支持着整个企业的战略和管理。

2．人力资源管理的主要活动

人力资源管理的主要活动包括9个环节，分别是人力资源规划、人员招聘、人员选拔、绩效评估、员工培训、员工激励、劳动关系、员工沟通与参与和人事档案记录。

- **人力资源规划**：其是指将组织对员工数量和质量的需求与人力资源的有效供给相协调。其中需求源于公司运作的现状与预测，供给则涉及内部与外部的有效人力资源量。人力资源规划活动将概括出有关组织的人力需求，并为人员选拔、人员培训等活动提供所需信息。
- **人员招聘**：人员招聘是企业寻找、吸引并鼓励符合要求的人到本企业中任职和工作的过程。人员招聘对整个管理过程，乃至整个企业的活动，都具有极其重要的影响，企业需要以职位的要求、人员的素质和能力为依据开展招聘活动。具体的招聘途径包括网络招聘、线下招聘会等。
- **人员选拔**：人员选拔是指从候选者中选出最适合企业岗位要求的人的过程，其途径主要包括内部提升和外部招聘。
- **绩效评估**：绩效评估是指运用数理统计、运筹学原理和特定指标体系，对照统一的标准，按照一定的程序，通过定量定性对比分析，对员工在职务上的工作行为和工作成果做出客观、公正和准确的综合评判。绩效评估的目的是衡量员工的工作质量，也是员工培训和员工激励的依据。
- **员工培训**：员工培训是指企业为开展业务及培养人才的需要，采用各种方式对员工进行有目的、有计划的培养和训练的管理活动。员工培训包括员工技能培训和员工素质培训两类，具体方法有讲授法、视听技术法、讨论法、案例研讨法、角色扮演法、自学法、互动小组法、网络培训法、场景还原法等。
- **员工激励**：员工激励是指企业通过各种有效的手段，对员工的各种需要予以不同程度的满足或者限制，从而提高员工工作积极性和效率。员工激励在第8章中已有详细介绍，这里不再赘述。
- **劳动关系**：涉及劳动关系的环节包括与员工签订劳动协议或雇用合同、处理员工与公司或员工之间出现的纠纷、明确员工的权利和义务、按照劳动法处理各类员工问题、制定员工投诉制度等。

◆**员工沟通与参与**：员工沟通与参与是指构建企业与员工之间、员工与其他员工之间的沟通机制，使企业能够将必要的信息传达给员工，使员工能对公司决策做出贡献、员工之间能够合作。

◆**人事档案记录**：员工的人事记录是企业人力资源的第一手资料，对后续的管理有很大的参考价值。需要归档的人事档案记录包括最初的应聘材料和后续工作中添加的反映员工资历、成绩和潜力的资料。

3．人力资源管理的经典方法

人力资源管理并无定式，企业需要根据自身愿景、组织架构、企业文化和实际的人才需要自主开展工作。在西方过去的商业实践中，有6种经典的人力资源管理方法取得了成功，大学生创业者可以从中吸取经验。

（1）“抽屉式”管理

“抽屉式”管理在现代化管理中也叫作“职务分析”，其主要含义就是在每个管理人员办公桌的抽屉里，都有一个明确的职务工作规范，具体包括以下两点。

◆对每个人的职、责、权、利4个方面进行明确的规定。在管理工作中既不能有职无权，也不能有责无权，更不能有权无责。

◆明确每个人上下左右的对口单位等，理顺企业管理关系。

“抽屉式”管理明确了部门和个人岗位职、责、权、利的关系，是一个非常有效的人力资源管理方法，许多世界500强企业都在实施“抽屉式”管理。企业进行“抽屉式”管理可参考以下5个步骤。

◆建立一个由企业各个部门组成的职务分析小组。

◆正确处理企业内部集权与分权关系。

◆围绕企业的总体目标，层层分解、逐级落实职责权限范围。

◆编写“职务说明”“职务规格”，制订出对每个职务工作的要求准则。

◆结合考核制度制订奖惩制度。

（2）“危机式”管理

企业界认为，如果一位管理者不能很好地与员工沟通，不能向员工表明危机确实存在，那么他很快就会失去信誉，因而也会失去效率和效益。“危机式”管理的核心在于向员工传递这样一个信息：企业时刻处在危机之中，如果不提高工作效率，严格把关工作质量，企业的“末日”很快就会降临。

（3）“一分钟”管理

“一分钟”管理包括一分钟目标、一分钟赞美及一分钟惩罚3项内容。

◆**一分钟目标**：企业中的每个员工都将自己的主要目标和职责明确地记在一张纸上。每一个目标及其检验标准，都需要在250个字内表达清楚，使人在一分钟内能读完。这样便于每个员工明确认识自己为何而干、如何去干，并且据此定期检查自己的工作情况。

- **一分钟赞美：** 这是一种激励手段，是指管理者经常花费一分钟以内的时间，在职员所做的事情中挑出正确的部分加以赞美。这样可以促使每位员工明确自己所做的事情，更加努力地工作，使自己的行为不断地向完美的方向发展。
- **一分钟惩罚：** 在员工出现不当的错误后，管理者及时对其批评，指出其错误。然后提醒员工，你是如何器重他，所不满的是他此时的工作成果，总时间控制在一分钟内。这样可使做错事的员工乐于接受批评，感到愧疚，并注意避免同样错误再次发生。

“一分钟”管理最大的价值在于它大大缩短了管理过程，有立竿见影之效果，而且简单实用。

（4）“破格式”管理

“破格式”管理是与传统论资排辈的管理相对应的管理方法。所谓破格，就是根据能力、绩效决定员工升降去留，而不考虑资历等因素。

（5）“和拢式”管理

“和拢”表示管理必须强调个人和整体的配合，创造整体和个体的高度和谐。“和拢式”管理具有以下特征。

- **既有整体性，又有个体性：** 企业的每个成员对企业产生使命感，“我就是企业”是“和拢式”管理中一句响亮的口号。
- **自我组织性：** 企业是由所有员工支撑起的，而那些具有创新精神的员工作用尤其大。管理者放手让下属做决策，使他们自我管理，尽情为企业贡献心力。
- **波动性：** 企业人力资源管理必须实行灵活战略，在波动中产生进步和革新。
- **相辅相成性：** 每个员工的生活经历、学识水平各不相同，会产生不同的看法和做法，管理要促使不同的看法、做法相互补充交流，使一种情况下的缺点变成另一种情况下的优点。
- **个体分散与整体协调性：** 在“和拢式”管理中，企业中的各单位、小组、个人都是整体中的个体，个体具有分散性、独创性，但是通过协调形成整体。
- **韵律性：** “和拢式”管理促使整个企业与个人之间达成一种融洽和谐、充满活力的氛围，激发人们的内驱力和自豪感。

（6）“走动式”管理

“走动式”管理是指企业主管经常抽空前往各个办公场所走动，以获得更丰富、更直接的员工工作问题，并及时了解下属员工工作困境的一种策略。“走动式”管理是一种方法或技术，不是一种理论，它强调管理者应及时收集第一手信息。“走动式”管理具有以下特点。

- **模范性：** “走动式”管理具有“身先士卒”的垂范作用，管理者深入基层，切实了解员工的基层情况，甚至与员工一起吃饭、闲话家常。这样的行为能够使员工得到模范的感召，积极沟通、积极合作。

◆**投资小，收益大**："走动式"管理并不需要太多的资金和技术，但可以切实提高企业的生产力。

◆**看得见的管理**：管理者到达生产第一线，与员工见面、交谈，希望员工能够对他提意见，能够认识他，甚至与他争辩是非。

◆**现场管理**：管理者亲临生产现场，能够及时发现基层的问题，并且基层人员为了应对管理者的"走动"，也会加强自我管理，事先消除一些问题。

◆**员工拥护**：管理者的经常性"走动"，会让员工觉得主管重视他们，工作积极性和效率自然会提高。

9.2.3 企业财务资源管理

财务资源是企业的核心资源，是企业开展其他活动的基础，也是企业经营行为的重要目的之一。早在15世纪末16世纪初，企业财务管理便已萌芽，如今财务资源管理工作已经成为企业的基础性管理工作。

1．企业财务资源管理的内容

企业财务资源管理的内容主要包括筹资管理、投资管理、营运资金管理和利润分配管理4个方面。

◆**筹资管理**：筹资管理是企业由于自身需要，通过筹资渠道和资本市场，运用筹资方式筹集所需资金的财务行为，即企业从外界获取财务资源的行为。筹资管理的相关知识已经在第5章述及，此处不再赘述。

◆**投资管理**：投资管理是企业按照自身规划，花费资金向外部购买、租赁相应产品或服务的过程，即企业将财务资源转换为其他资源的行为。筹资管理和投资管理是企业财务资源管理的基础。

◆**营运资金管理**：营运资金管理是企业对流动资产及流动负债的管理。营运资金是企业维持正常经营所必需的资金，营运资金管理是企业财务资源管理的重要组成部分。

◆**利润分配管理**：利润分配是企业将一定时间内所获得的净利润按规定在国家与企业、企业与企业之间进行分配。利润分配管理就是对利润分配的比例、权重等进行管理的过程。利润是企业经营的主要目标，利润分配管理是企业财务资源管理的重要内容。

2．企业财务资源管理的原则

财务资源管理有以下10项基本原则，大学生创业者在企业的财务资源管理中，需要严格遵守这10项基本原则。

◆ **风险收益的权衡原则**：风险与收益对称，额外风险需要额外收益补偿。无论是筹资还是投资，都是风险行为，需要考虑风险与收益的平衡。在筹资中，风险高的筹资行为需要支付更高的报酬，否则无法吸引投资者；在投资时则要仔细衡量预期收益与其对应风险是否匹配。

◆**货币时间价值原则**：货币时间价值的核心思想是“今天的一元钱比未来的一元钱更值钱”。在经济学中货币时间价值可用机会成本表示，将项目未来的成本和收益都以现值表示，如果收益现值大于成本现值则可以接受，反之则应拒绝。但并不是所有的货币都具有时间价值，货币只有被当作资本投入生产流通才具有时间价值。

◆**现金优先原则**：价值的衡量要考虑的是现金而不是利润，利润是一个不确定的数字，而且现金流和利润的发生往往是不同步的，利润需要一定的时间才能兑付，而没有现金，企业连一个星期都撑不过。因此，现金流反映了收支的真实发生时间，比利润更能体现公司价值，企业财务资源管理要重视现金的作用。

◆**增量现金流原则**：并非所有的现金流都是增量，增量现金流是指由决策引起的企业未来现金流量的变化，或者说是企业在开展或不开展活动状况下未来现金流量的差值。投资管理应该着重考虑增量现金流，只有增量现金流才是与活动相关的现金流。增量观念也不仅局限于现金流，如收入、成本、税金等因素都可以从增量的角度来考察。

◆**竞争利润原则**：在竞争市场上没有利润特别高的项目，即利润特高的项目在竞争市场上是不能长久存在的。而要减少市场竞争，保持项目利润高于平均收益率，则要么使产品具有独特性，要么降低产品成本。

◆**资本市场有效原则**：在有效的资本市场中，从信息的公布到价格根据信息做出调整之间的时间很短暂，其速度之快使投资者无法通过公开信息获利。因此，只有当投资者确信了价格已经恰当地反映了企业预期的利润和风险，进而反映了企业真实的价值的情况下，才会进行理性的投资行为。而大量独立的、理性的投资者构成了资本市场，因此，资本市场是灵活的、有效的。

◆**代理问题原则**：代理问题是由于公司的管理人员（股东的代理人）和股东之间发生利益冲突而产生的问题。股东希望自己的财富最大化，而管理人员在做出决策时可能并不以股东财富最大化为目标。财务资源管理正是解决或部分解决代理问题的手段，财务资源管理可以通过期权、奖金等手段将管理人员的利益与股东的利益部分统一起来，以及通过财务报表和审计来监督管理人员。

◆**纳税影响业务决策原则**：税收环境是财务决策的前提条件，在评价新项目时，要考虑所得税，当企业要购买工厂或设备时，投资收益要在税后的基础上衡量。不同的税种对企业的财务结构会产生不同的影响，如债务融资所支出的利息可以在所得税前列支，可以使企业减免一定的所得税。而股票的股息在所得税后列支，不能抵减所得税。

◆**风险类别原则**：风险可分为不同的类别，有些可以通过分散化消除，有些则不能。如战争、经济衰退、通货膨胀等风险属于不能通过多元化投资来分散的系统风险；而新产品开发失败、诉讼失败等则属于可以通过多元化投资来分散的非系统风险。因此，财务资源管理可以通过分散化经营，使企业整体风险低于单个项目风险。

◆**行为道德原则**：行为道德原则的含义是指做那些该做的事，如在金融业中处处存在道德困惑，一些违规的操作能够带来巨大的收益，但道德错误可能导致事业终结以及未来机会的丧失。

9.3 新创企业危机管理

在一项针对《财富》杂志排名前500强的大企业董事长和CEO所做的专项调查中，80%的被调查者认为现代企业面对危机，就如同人们必然面对死亡一样不可避免；其中有14%的人承认，曾经受到严重危机的挑战。可见危机在企业经营过程中如影随形，大学生创业者必须学习如何应对危机。

9.3.1 企业危机与危机管理

危机意味着有危险或祸害即将降临，可以说危机时时存在于企业经营发展过程中，前文所述的“危机式”管理，其基本理念就是企业时时处于危机之中。企业无法避免危机，因此，只能选择应对危机，也就是进行危机管理。

1. 企业危机的特征

对企业而言，危机事项是指企业面临的与社会大众或消费者有密切关系且后果严重的重大事故。而危机管理则是指应对危机的有关机制，是为了应对危机的出现在企业内预先建立的防范和处理这些重大事故的体制和措施，其目的是避免、减少危机产生的危害。

企业危机通常具有以下特征。

◆**突发性**：危机往往不期而至，是在企业毫无准备的情况下突然发生的，令企业措手不及，给企业带来混乱和惊恐，甚至无法维持正常的秩序。

◆**破坏性**：危机发生后可能会给整个企业带来严重的物质损失和负面影响，甚至将整个企业毁于一旦。

◆**不确定性**：危机事件爆发前的征兆通常不明显，企业难以对其做出预测。而危机出现与否与出现的时机更是无法完全确定。

◆**急迫性**：企业对危机做出的反应和处理十分紧迫，任何延迟都会带来更大的损失。

◆**资源紧缺性**：危机突然降临，决策者必须快速做出决策，但由于时间紧迫以及混乱和惊恐的心理，决策者在资源调度上面临巨大的困难；此时信息也纷繁复杂，决策者很难在众多的信息中发现准确的信息。

◆**舆论关注性**：危机的迅速发生会引起各大媒体以及社会大众对于危机事件的关注，而且企业越是束手无策，危机事件越会增添神秘色彩引起各方的关注。

2. 企业危机的类型

企业危机的成因复杂，可以粗略地将其划分为以下8个类别，对于不同类型的企业危机，有不同的解决思路与方法，了解企业危机的类型有助于大学生创业者对症下药，有针对性地应对危机。

◆**信誉危机**：企业在长期的生产经营过程中，公众对其产品和服务会产生整体性的印象和评价。而之后企业如果因没有履行合同或没有履行对消费者的承诺而产生一系列纠纷，甚至给合作伙伴及消费者造成重大损失或伤害，就会造成企业信誉下降，失去公众的信任和支持。如帕萨特汽车在中保研碰撞测试中表现不佳，其在大众心目中“安全可靠”的信誉就受到了损害。

◆**决策危机**：其是指企业经营决策失误造成的危机。企业的经营策略如果发生严重错误，自然无法适应环境条件的变化，从而蒙受巨大的损失。如牛仔裤品牌李维斯在21世纪初因为品牌老化和新品牌的冲击而濒临破产，在新任CEO进行大刀阔斧的改革后才重现辉煌。

◆**经营管理危机**：其是指企业管理不善而导致的危机，具体包括产品质量危机、环境污染危机和关系纠纷危机。产品质量危机是指企业产品质量出现问题，引起消费者愤怒、恐慌以及追责；环境污染危机是指企业造成环境危害，使周边居民不满和环保部门介入引起的危机；关系纠纷危机是指企业与消费者、合作方等产生关系纠纷而引起的危机，如虚假宣传、态度恶劣等。

◆**灾难危机**：其是指由于企业无法预测和人力不可抗拒的强制力量，如地震、台风、洪水等自然灾害，以及战争、重大工伤事故、经济危机、交通事故等，造成巨大损失的危机。

◆**财务危机**：其是指由于企业投资决策失误、资金周转不灵、股票市场波动、贷款利率和汇率的调整等因素使企业资金出现暂时断流，导致企业难以正常运转。

◆**法律危机**：其是指企业在生产、销售等过程中触犯了法律法规，事件暴露后，企业陷入危机，如偷税漏税、违反广告法等。

◆**人才危机**：其是指人才频繁流失所造成的危机。如核心成员离职导致项目无法开展、领导者突发疾病导致无法进行决策等，都会导致岗位无人，使企业陷入危机。

◆**媒体危机**：由于客观事物和环境的复杂性与多变性，以及报道人员观察问题的立场角度有所不同，媒体的报道可能会出现失误，如对企业的报道不全面或失实、曲解事实，报道会对舆论产生影响，引起企业的危机。

3．企业危机管理的内容

对于企业危机，新创企业应该把握其规律，根据可获取的相关知识来进行危机管理。危机管理主要分为危机前的预防与管理、危机中的应急处理和危机的善后总结3项内容。

◆**危机前的预防与管理**：预防危机是危机管理的重点，几乎每次危机的发生都有其预兆，因此，只要对可能面临的危机进行预测，及时做好预警工作，并采取有效的防范措施，就完全可以避免危机发生或把危机造成的损害和影响减小。

◆**危机中的应急处理**：危机的处理具有很高的难度，对于大学生创业者的心理素质和管理能力都是极大的考验。大学生创业者应该沉着冷静，按照之前预定的危机处理方案进行迅速的应变。危机的处理不求结果最好，但一定要通过果断的决策尽可能地减少损失。

◆**危机的善后总结**：危机总结是整个危机管理的最后环节，也是下一轮危机预防的起点，对强化后续的危机管理具有重要意义。其具体包括对危机成因的调查、对实际应对工作的评估以及针对相关问题的整改。

9.3.2 企业危机管理方法

危机公关5S原则

在了解了企业危机与危机管理的内容之后，大学生创业者还需要学习企业危机管理的方法。

1. 做好危机预防工作

防患于未然是应对企业危机的最佳手段。危机虽然具有突发性和不确定性，但只要有敏锐的洞察力，大学生创业者也能够根据日常收集到的各方面信息察觉危机显现的征兆，从而得以进行有效预防。具体的预防工作如下。

◆**树立危机意识**：居安思危、未雨绸缪是危机管理理念之所在。危机管理并非只是一种临时性措施和权宜之计，而应该渗透到企业生产经营中。企业应该树立一种危机理念，营造危机氛围，教育员工预防危机有赖于全体员工的共同努力，以此提高全员的危机意识，提高企业抵御危机的能力，有效地预防危机。

◆**建立危机预警系统**：信息监测是预警的核心，只有随时收集各方面的信息，及时加以分析和处理，才能把隐患消灭在萌芽状态。企业必须建立高度灵敏、准确的预警系统，以随时收集公众对产品的反馈信息，掌握行业信息，研究竞争对手的现状。在此基础上对监测到的信息进行鉴别、分类和分析，预测可能发生的危机类型及其危害程度。

◆**专人负责危机管理**：成立危机管理小组或机构是企业顺利处理危机，协调各方面关系的组织保障。应尽可能选择熟知企业和本行业内外部环境、有较高职位的公关、生产、人事、销售等部门的管理人员和专业人士参加，根据危机发生的可能性制订出防范和处理危机的计划。

◆**进行模拟训练**：企业应根据危机应变计划进行定期的模拟训练，包括心理训练、危机处理知识培训和危机处理基本功演练等，以提高危机管理小组的快速反应能力，强化危机管理意识，并检测预先拟定的危机应变计划是否切实可行。

◆**多元化的信息渠道**：大学生创业者可以广结善缘、广交朋友，丰富自己的信息来源渠道，同时运用公关手段来建设和维系与公众间的关系，获得更多支持者。这样能够得到更多的信息，更好地预判外部环境变化，预防危机。

2．掌握危机中的应对策略

在出现危机征兆时，危机管理人员需要尽快确认危机的类型，为后面的应对工作争取时间。在确认了危机到来后，企业就需要做好应对，每次危机都有各自的特点，没有一套普适的应对方法。但总结起来，企业应对危机可以采用以下策略。

- **危机中止策略：**企业应该根据危机发展的趋势，审时度势，主动中止承担某种危机损失。例如，关闭亏损的工厂、部门、项目，停止生产滞销产品等。
- **危机隔离策略：**危机的发生往往具有关联效应，即一种危机处理不当就会引发另一种危机。因此，当某一危机产生之后，企业应迅速采取措施，切断危机同企业其他经营领域的联系，及时将已爆发的危机隔离起来，防止危机扩散。
- **危机利用策略：**在综合考虑危机的危害程度之后，造成有利于企业某方面利益的结果。例如，在市场疲软的情况下，企业可以不忙着推销、降价，而是利用危机造成的危机感，发动职工提合理化建议，搞技术革新，降低生产成本，开发新产品，以危机倒逼进步。
- **危机排除策略：**采取措施消除危机，具体包括工程物理法和员工行为法。工程物理法是以物质措施排除危机，如通过投资建新工厂、购置新设备来改变生产经营方向，提高生产效益等；员工行为法则是通过企业文化、行为规范来提高士气，激发员工的创造性，从而渡过危机。
- **危机分担策略：**将危机承受主体由企业单一承受变为由多个主体共同承受，提高企业对危机的损失承受力。例如，采用合资经营、合作经营、发行股票等办法，由合作者和股东来分担企业危机。
- **避强就弱策略：**危机损害程度强弱有别，故而在危机一时不能根除的情况下，企业要选择危机损害小的策略。

3．做好危机的善后工作

企业对危机的应对不可能尽善尽美，会出现诸如企业形象受损等问题，危机的善后工作主要是消除危机处理后遗留的问题和影响，具体包括以下3点。

- **进行危机总结、评估：**对企业的危机管理工作进行全面的评价，包括对预警系统的组织和工作程序、危机处理计划、危机决策等各方面的评价，要详尽地列出危机管理工作中存在的各种问题。
- **对问题进行整顿：**多数危机的爆发是因企业管理不善所引发的，对于这些诱发危机的“内因”，企业需要通过总结评估提出改正措施，责成有关部门逐项落实，完善危机管理内容。
- **寻找商机：**危机也正是企业的机会，危机给企业制造了另外一种环境，大学生创业者要利用危机，钻研探索经营的新路子，将危机转化为商机。

总之，危机并不等同于企业失败，危机之中往往蕴含转机，一个企业在危机管理上的成败能够显示出其整体素质和综合实力。成功的企业不仅能够妥善处理危机，甚至能够化危机为商机。

情景模拟

小明开设了一家快餐店，生意还不错。

这一天，正是饭点，小明在后厨忙得不可开交。店里来了一个客人，这个客人点了餐，但是没一会儿，他就一把拉住了服务员大声嚷嚷，说食物里面有苍蝇。一时间快餐店里炸开了锅，其他客人的目光都被纷纷吸引了过来，吃饭的也停下了，进来想点餐的、吃完准备付账的也停下了……

服务员猛然被人拽住，下意识地想挣脱，那个叫嚷着的客人一下子摔在了地上，并叫嚷着："服务员打人了……"这时小明才发觉不对劲，从后厨走出来。

在这种情况下，你认为小明的以下哪些做法是恰当的？并说明原因。

（1）认定这个客人是来闹事的，上去和他理论，大声地呵斥他，同时向其他客人宣布："这个人是来找茬的，大家不要信。"

（2）向这个客人诚恳地道歉，承认自己的菜品有问题，愿意承担相应的损失，同时批评服务员失职，争取快点把客人打发走。

（3）安抚服务员，同时不卑不亢地让客人冷静下来，就事论事地解决问题。同时疏散其他客人，维持店里的正常秩序。

（4）让其他客人先走，同时暂停营业，专门来处理这个"闹事"的客人。

点评：以上4种做法，第3种最为恰当。如果采取第1种做法，是与"闹事"客人激烈对立，其他客人会对小明产生不好的印象，对"闹事"客人施以同情，这时食物是否真有问题已经不是重点，这种处理事端的态度就会让店铺的形象大受影响。如果采取第2种做法，是承认了食物有问题，会造成巨大的损失，而且服务员也会很委屈，容易产生内部危机，造成危机扩散。如果采取第4种做法，其他客人可能会想看热闹，不会离去，而且事情没有明确的答案，这等于"默认"了食物有问题，这种模糊的事件甚至会越传越可怕，使事情失去控制。第3种做法可以分辨出食物是否真有问题，"闹事"客人如果坚持大喊大叫，不肯回答问题，那么其他客人就会站在小明这边，如果"闹事"客人愿意解决问题，那么无论如何问题也能控制在一定的范围内。

课堂讨论

魏文王问扁鹊

魏文王问名医扁鹊："你们家兄弟3人，都精于医术，到底哪一位最好呢？"扁鹊答："长兄最好，二哥次之，我最差。"魏文王又问："那么，为什么是你最出名呢？"扁鹊答："我长兄治病，是治病于病情发作之前。由于一般人不知道他事先能铲除病因，所以他的名气无法传出去，只有我们家的人才知道。我二哥治病，是治病于病情初起之时。一般人以为他只能治轻微的小病，所以他的名气只及于本乡里。而我扁鹊治病，是治病于病情严重之时。一般人们看到的是我在经脉上穿针放血、在皮肤上敷药等手术，所以以为我的医术高明，名气因此响遍全国。"

魏文王问扁鹊是我国古代的经典故事，如果将故事中的扁鹊兄弟3人视为企业的管理者，那么他们在管理上都有哪些特点？分别适合哪种企业？

活动说明：以故事中扁鹊3兄弟的治病方法为基础进行讨论，分析每一种治病方法对应的管理理念。

活动人数：分小组进行讨论，4~6人为一组，共4个小组。

讨论方式：每个小组首先内部讨论，看看能从扁鹊3兄弟的治病方法中获得哪些管理方面的感悟，然后各小组交流自己的讨论结果，并分析扁鹊3兄弟分别适合管理什么样的企业。

课后思考

1. 企业管理的基本原理是管理理论的核心，其具体包括（　　）。

A. 人文原理、层级原理、整分合原理、反馈原理、能量原理、刚性原理

B. 人本原理、层级原理、整分合原理、反应原理、能级原理、刚性原理

C. 人文原理、系统原理、整分合原理、反应原理、能量原理、弹性原理

D. 人本原理、系统原理、整分合原理、反馈原理、能级原理、弹性原理

参考答案

2. 下面关于PDCA循环的说法中，不正确的一项是（　　）。

A. PDCA循环的基本思想是所有的管理活动按照策划、实施、检查、处置的循环过程不断地重复进行

B. PDCA循环能够推动管理水平不断提高，因此可以一劳永逸地解决企业管理中的各种问题

C. 策划阶段（P阶段）包括选择课题、设定目标、提出各种方案并确定最佳方案、制订对策4个步骤

D. PDCA循环具有大小嵌套和螺旋上升两个突出的特点

3. 下列选项中，企业资源管理的内容与管理的部分对应正确的一项是（　　）。

A. 人力资源管理（人员招聘、人员选拔、绩效评估、员工培训、员工激励等）

B. 财务资源管理（资产管理、资金管理、投资管理、筹资管理、债权债务管理等）

C. 工作环境管理（场所、设备、能源、原材料、运输、通信等）

D. 基础设施管理（照明、通风、噪声、温度、湿度等）

4. 丰田公司副社长大野耐一有一句名言："在车间走直道的家伙干不成事。"他曾经还说过："绝不要提拔一个在车间走直道的人。"请分析这两句话对应了那种管理方式，什

么是“在车间走直道的人”？为什么这样的人不能提拔？

5. 阅读以下材料，说说可口可乐公司的危机管理中有何可取之处。

1999年6月9日，比利时120人(其中包括40名学生)在饮用可口可乐之后出现呕吐、头痛等中毒症状。紧接着，法国里尔也传来有80多人在喝完可口可乐后出现各种不适症状的消息，还有报道说一名5岁的儿童出现严重的溶血症。一周后，比利时政府颁布禁令，禁止本国销售可口可乐公司生产的各种品牌的饮料。

面对这一情况，可口可乐公司首席执行官依维斯特第一时间赶到比利时首都布鲁塞尔召开了记者招待会。记者招待会第二天，各大媒体都刊登了依维斯特致消费者的公开信，信中仔细解释了事故的原因，还做出种种保证，并提出要向比利时每户家庭赠送一瓶可口可乐，以表示可口可乐公司的歉意。

与此同时，可口可乐公司宣布，将比利时国内同期上市的可口可乐全部收回，尽快宣布调查化验结果，说明事故的影响范围，并向消费者进行赔偿，还表示要为所有中毒的消费者报销医疗费用。可口可乐公司其他地区的主管则宣布其产品与比利时事件无关，市场销售正常。

此外，可口可乐公司还设立了专线电话，并在互联网上为比利时的消费者开设了专门的网页，回答消费者提出的各种问题。1999年6月22日，可口可乐公司行政总裁艾华士直飞比利时接受专访，公开向消费者道歉。

1999年6月24日，比利时和法国取消对可口可乐的禁销令，不久比利时的一些居民陆续收到了可口可乐公司的赠券，中毒事件逐渐平息。

第10章

新创企业的发展和扩张

新创企业经过前期的建设，逐步走上正轨，内部组织结构、资源调度、业务开展、生产经营秩序都趋于稳定，其下一个目标就是发展和扩张。发展和扩张是企业的必然趋势，也是投资者的必然要求，只有通过发展和扩张，企业才能获得更多的资源，提高自身的抗风险能力，不断吸收高素质人才，最终做大做强。但是企业的发展和扩张也是一项风险活动，大学生创业者应该了解相关知识。

10.1 新创企业的发展

企业就像一个有生命的个体，其本身也必然会经历出生、成长、衰老和死亡的整个生命进程。新创企业就像是刚刚出生的婴儿，要想让这个新生儿成长为强壮的大人，企业不能只着眼于规模的扩大、体量的增大，这样只能得到一个“巨婴”。创业者要把握企业成长的规律，不断完善企业。

10.1.1 企业的生存与成长

生存是企业的第一要务，成长则是企业的必由之路，然而很多企业都在初生不久就宣告死亡。我国近几年掀起了一阵创业热潮，但是小微企业的平均存续时间只有3年左右。这显示出新创企业生存不易，想得到充分的成长则更难。

1. 新进入缺陷理论

新创企业死亡率高，相对于成熟企业更容易失败这一问题很早就得到了学界的重视，斯廷奇库姆就此提出了新进入缺陷（Liability of Newness）理论。新进入缺陷是指新创企业刚成立时自身存在各种功能缺陷，这些缺陷如初始资源缺乏、组织体系不完善等类似于刚出生的婴儿因发育不齐全而出现的功能障碍或缺陷。由于新进入缺陷，新创企业易夭折。

新进入缺陷产生的根源是由于新创企业缺乏稳定的内部过程且建立内部过程成本高企，具体表现在以下5个方面。

- **临时性的组织**：新创企业的组织往往是临时性的，其作用在于寻找一个可行的商业模式、产品市场组合。这就导致了组织内部常常有人员的调整，也会不断有新成员加入、老成员退出，产生较稳定组织更大的风险。
- **高昂的学习成本**：新创企业的一切都是新的，包括新角色、新岗位等，而在新角色到位和任务的执行期间，新创企业较易犯大错误，同时也没有现成的样板以供参考，因而需要付出较为高昂的学习成本。
- **高昂的交易成本**：新创企业的成员主要由新人组成，成员之间的信任基础较为薄弱，这样在和外界环境中的其他组织打交道时，可能缺乏一个双方都接受的认知模式和信息结构，导致新创企业交易成本非常高昂。
- **不稳定的内部过程**：为了获得尽可能好的绩效，新创企业需要界定企业的新角色、建立内外部关系、制订薪酬体系。这些工作不仅需要花费大量时间和精力，而且会出现冲突和暂时无效率的问题，这会影响到新创企业绩效表现的稳定性。
- **薄弱的社会联系**：新创企业刚开始运作时，往往还没有与消费者、支持者、供货商确立稳定的联系，不易与已拥有固定资源关系的既有企业展开竞争。

2. 新进入缺陷的克服

所有的新创企业身上都会或多或少地体现出新进入缺陷，新进入缺陷是新创企业的天然劣势，而如何克服新进入缺陷就成了新创企业维系生存以及进一步发展的重要因素。克服新进入缺陷应该从以下3方面着手。

◆**注重关系渠道的培养和维护**：从外部环境角度出发，新创企业要注重关系渠道的培养和维护。这些关系包括消费者、供应商、投资者等利益相关者，他们是新创企业从外部获取资源的重要渠道。在创业之初，他们由于对创业信息和企业情况了解较少，往往会用与成熟企业交往的思维模式去衡量和判断新创企业的可信度和可靠度，因此对新创企业的认可度较低。因此，新创企业要特别重视开发、管理、维护这些关系，提升他们对自己的信任度和认可度，促使这些资源持有者愿意与新创企业交换资源。

◆**注重员工的培养**：从内部管理角度出发，新创企业要注重组织学习，尽快形成科学的管理模式。设立清晰的企业愿景和目标可以增加员工的工作积极性和归属感，减少人员流失；工作制度化、职能化和流程化能够提高员工的工作效率和责任意识。

◆**注重资源的开发与管理**：从资源角度出发，新创企业需要在其薄弱的初始资源用完之前，开发出新资源，并且积累获得资源的渠道与经验。新创企业只有克服资源可获得性、资源获取路径和资源供给等方面的障碍，才能提高其生存与发展的概率。

10.1.2 企业成长模型

20世纪50年代的研究者发现，大部分企业的发展与成长显示出明显的动态轨迹，总是按照发展、成长、成熟、衰退几个阶段来进行，研究者就此开创了企业生命周期理论，试图为处于不同阶段的企业找到能够与其特点相适应的特定组织结构形式。

1. 钱氏模型

战略管理领域的奠基者之一艾尔弗雷德·钱德勒（Alfred Chandler）通过对杜邦公司、通用汽车公司、新泽西标准石油公司和西尔斯公司等知名企业成长过程的研究，提出了“钱氏模型”，“钱氏模型”将企业的生命周期分为以下5个阶段。

◆**创业阶段**：企业在创业阶段规模较小，一般由掌握整个企业命运的创业者和创业者信任的个别人管理企业的全部大小事务，此时企业还没有专门化的企业管理活动。

◆**横向合并阶段**：随着企业规模的扩大和市场趋于饱和，市场明显供过于求，价格下降，企业便会通过同行业间的企业合并来限制竞争。合并既便于通过标准化的程序和标准化的原材料采购来提高企业的规模经济性，又可以通过集中生产、研发和销售的方式减少单位成本。但是合并后的大规模企业协调成本上升，企业必须建立起强有力的集权管理模式，形成职业化的管理层。

◆**纵向一体化阶段**：随着工厂产能提升以及销售设施的扩大，固定成本将很快增长，这部分成本只能通过连续的高产出来摊薄。此时完全依靠外部的代理商和经销商难以满足持续高产出的需求，企业只能选择纵向一体化，自己建立销售网络或生产关键零部件。于是组织结构会变得更为复杂，对于管理的要求进一步提高。

◆**对外扩张阶段**：当企业进一步发展，产品远销国外时，企业会建立广泛的国外销售组织；而为了降低高昂的运输成本、利用廉价的劳动力或者贴近市场等，企业会接着在国外设立工厂；紧接着原材料、半成品加工等相继落地，于是在当地设立子公司变得顺理成章，对外扩张给企业管理提出了新的挑战。

◆**多元化阶段**：最终，企业会进入更多的领域，走向拥有多种产品线的模式。而这会大大增大企业家决策的范围、数量和复杂程度，企业只能谋求进一步改革。

"钱氏模型"揭示了企业的发展阶段和其自身的组织管理间的相互影响，企业发展战略会引导组织管理能力，组织管理能力也会约束发展战略的选择。

2．爱迪思的企业生命周期模型

管理学家伊查克·爱迪思（Ichak Adizes）是企业生命周期理论的创立者。他提出的企业生命周期模型将企业从诞生到死亡的整个过程分为两大阶段10个时期，该模型在学界和创业实践中具有广泛的影响，如图10-1所示。

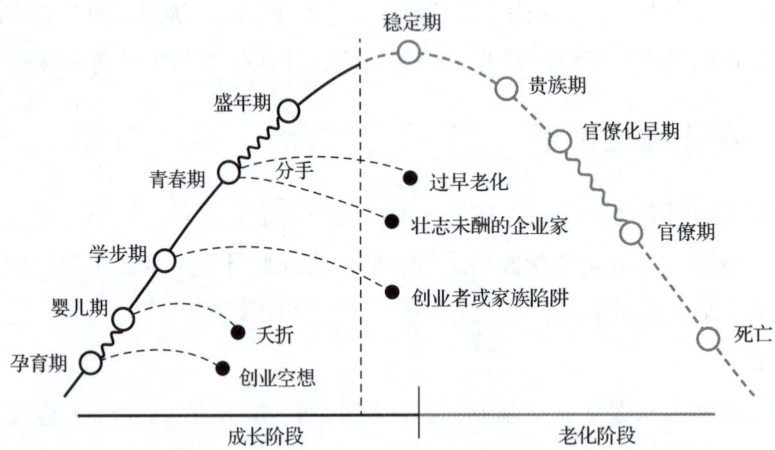

图 10-1　企业生命周期模型

通过对既往理论的总结和自己长期的管理顾问经验，伊查克·爱迪思提出成功的企业的成长从孕育期开始，历经婴儿期、学步期、青春期和盛年期，到达稳定期；之后则不可避免地进入老化阶段，历经贵族期、官僚化早期、官僚期，最终死亡。这些不同的时期都具有不同的特点，下面分别进行介绍。

◆**孕育期**：孕育期也就是创业准备期，此时企业还未诞生，创始人的心思集中在构思创业规划和未来的可能性上。当然这种创业的欲望也可能沦为空想。

◆**婴儿期**：婴儿期是企业初创的时期，此时企业极为渴望养分——营业额，企业表现出行为导向、机会驱动的特质。但是这一阶段企业缺乏规章制度和经验方针，因此，企业经营状态波动大，易受挫折而夭折。在管理上，此时创业者表现出"独角戏"式的管理，不存在授权。

◆**学步期**：学步期是一个迅速成长的阶段，企业可能已经缓解了现金流不足的困境，销售额节节攀升。但是企业仍是机会优先，存在被动的销售导向，规划缺乏连续性和重点。此时企业融资陷入“创业者陷阱”或“家族陷阱”，“创业者陷阱”是指这一时期创业者需要有效授权，而部分创业者无法有效授权，要么分权过度，要么揽权不放，影响企业的正常运营；“家族陷阱”由“创业者陷阱”演变而来，是指家族成员加入企业管理（凭借血缘而非能力），而无法有效管理企业或形成家族统治腐败。授权是企业发展过程中必经的考验，大学生创业者要掌握授权的时机与对策。

◆**青春期**：青春期的企业摆脱了创业者的“一言堂”，通过授予职权、改变领导风格等方式得以重生。但是企业中老员工与新员工、创业者与企业、集体目标与个人目标的冲突丛生，创业者可能因无法掌控企业而壮志未酬，或者企业在内部消耗中走向衰亡。

◆**盛年期**：盛年期的企业走上了正轨，企业的规章制度和组织结构能够充分发挥作用，企业注重成果，能够满足消费者需求，销量和利润都很强劲。同时，企业可能也扩展了新的业务甚至分化出了新的婴儿期企业。

◆**稳定期**：企业的销量和利润依然很强劲，但是企业组织已经开始丧失灵活性。企业对新技术、新市场、新需求的触觉不再灵敏，甚至不再表现出强烈的增长欲望，对于构筑远景失去兴趣。大量的时间和精力被用于人际关系的再组织上，而不再用于冒险或创新。

◆**贵族期**：在贵族期，企业大量的资金投入了内部控制系统、福利系统和一般设备上，管理者强调做事的方式超过做事的效果、内容和原因。企业内部缺乏创新，但是由于资金充裕，企业仍能通过兼并其他企业来获取新的产品和市场，但其实企业这时已经沦为了被并购对象。

◆**官僚化早期**：官僚化是企业的“绝症”，官僚化早期，企业在出现问题后，管理者关心的是谁造成了问题，而不去关注如何处理问题，以及采取什么补救措施。同期，企业内部的冲突和内讧白热化，管理机构臃肿、行事僵化推诿。人们忙于内部争斗、钻营而忽视了消费者。

◆**官僚期**：企业中制度林立，但是都无法得到有效的实施，也没有什么效果。组织目标早已被抛诸脑后，每个人都只考虑自己的利益。企业权力被集中到一些富有政治手腕的人手中，而实干者、创新者们则因厚厚的规程手册、大量的文书工作、规则、政策等而窒息，企业已无可救药。

◆**死亡**：企业的死亡可能突然到来，或者持续数年。当企业无法产生所需的现金，支出榨干收入时，企业将最终崩溃。

伊查克·爱迪思认为企业的成长与老化同生物体一样，主要是通过灵活性与可控性这两大因素之间的关系来表现的，企业的发展过程就是可控性逐渐加强的过程，成长阶段充满灵活性但可控性差；老化阶段可控性增加，灵活性却减少了，而平衡点则在稳定期。

企业成长模型

除此之外，还有很多学者提出了自己的企业成长模型，其中较知名的有格雷纳的企业成长模型、弗拉姆豪茨与兰德尔的企业成长7阶段模型、杨杜的企业成长“三性模型”、施炜与苗兆光的企业成长5阶段模型等，这些模型从不同角度对企业成长进行了细致的研究，对大学生创业者有一定的参考价值。

10.2 新创企业发展战略

企业要想发展，首先就需要有明确的发展战略，企业发展战略是关于企业如何发展的理论体系，是一定时期内对企业发展方向、发展速度与质量、发展点及发展能力的重大选择、规划及策略。一个明确的、恰当的企业发展战略可以为企业指引长远发展方向，明确发展目标，指明发展点，最终实现企业快速、健康、持续发展。

对新创企业而言，制订企业发展战略更是将企业从行为导向、机会驱动转向战略导向、目标驱动的必要工作。新创企业在制订发展战略时，通常有3个不同的方向，分别是专业化发展战略、多元化发展战略和一体化发展战略。这3种不同的发展战略具有不同的要求、特点。企业的发展战略选择在相当程度上决定了今后企业的发展情况，需要大学生创业者仔细把握。

10.2.1 专业化发展战略

专业化发展战略是企业最早采用、最直接、最常用的发展战略。早在企业概念诞生之前，专业化发展的理念就已盛行，如始于明朝嘉靖九年一直经营酱腌菜及调味品的六必居、坚持制造螺栓的日本企业哈德洛克等。可以说专业化发展战略既具有悠久的历史，也适用于现在和未来。

1. 专业化发展战略概述

专业化发展战略是指集中企业所有资源和能力于自己所擅长的核心业务，通过专注于某一点带动企业的成长。其中核心业务是指在企业从事的所有经营领域中占据主导地位的业务，核心业务构成了企业的基本骨架。

专业化发展战略的“专业”有两层意思。

- **行业专业化：**企业专注于某一个行业内经营。
- **业务专业化：**企业专注于行业价值链中某一环节的业务。

专业化发展战略具有4项显著的优势。

- **资源配置集中：**企业可集中各种资源优势于最熟悉的业务领域，从而开发培育出具有竞争力的产品。很多新创企业都是什么赚钱干什么，能赚一票是一票，这样的经营模式是不可持续的，只要拥有了自己的核心产品，保证了该产品的核心竞争力，企业才能有稳定的订单和收入。
- **便于内部整合：**专业化发展战略便于企业整合战略的运作，实现规模化生产，取得行业内的成本优势。因为专注于核心业务，企业可以节省很多开支，同时核心业务的成本也更易控制。
- **有助于打响品牌：**专业化发展战略能够打造出一款具有竞争力和辨识度的产品，这款产品能够与企业的品牌很好地结合起来，通过优秀的产品提升品牌影响力，增加品牌价值，获得更好的品牌溢价。

◆**有助于取得竞争优势**：从竞争的角度看，企业实行专业化能够以更高的效率、更好的效果为某一狭窄的战略对象服务，从而在较广阔的竞争范围内超过对手。

2. 专业化发展战略的实施

彼得·德鲁克有言："系统地把注意力集中在生产率上的公司，几乎肯定可以取得竞争优势，并且会很快获取市场优势。"专业化发展战略的实施方法就是企业只做自己最擅长、最赚钱、最有价值的核心业务，而把那些谁都能做、低附加值、非核心的业务委托给外部的协作企业去做。基于此，实施专业化发展战略的重点在于分辩"核心业务"，企业的业务繁多，不同的业务对企业的价值有很大的差异，一般说来，企业的业务活动可以分为以下4类。

◆**核心性业务**：其是指只有自己可以做，或者必须自己做，并且通过它们使企业区别于竞争对手的业务。这类业务是企业存在的根本，是企业竞争力的主要载体，没有这些业务企业根本就没有存在的必要。如英伟达的显卡开发、三星的数码业务等，这些业务在某种程度上已经成了企业的代名词。

◆**必要性业务**：其是指非得企业自己做，别人无法替代，但难于与竞争对手区别开来的业务，即做得不好就直接给企业造成负面影响，做好了也不大可能在消费者心目中留下深刻印象的业务。如食品行业的安全与卫生保障业务、交通客运行业的安全保障业务等。当然，这些业务做得比竞争者更好也会给消费者带来好印象。

◆**支持性业务**：其是指可以形成企业的竞争力，同时别人做比自己做更有优势的业务。这类业务通常并非企业的核心业务和主营业务，但它对核心业务或主营业务有较大的支持作用。支持性业务质量不佳会影响核心业务的运营，因此，大学生创业者要仔细筛选并管理好提供这类服务的合作伙伴。

◆**辅助性业务**：其是指专业企业更有优势，同时对本企业的核心业务及竞争优势无关痛痒的业务。例如，员工餐服务、员工上下班班车服务等。

对于不同的业务，企业也应该采取不同的做法，要想开展专业化发展战略，企业应牢牢抓住核心性业务，加强核心业务领域的竞争力；认真管理好必要性业务，使其充分发挥对核心业务的支持作用，或形成的竞争优势；将支持性业务和辅助性业务外包给专业的企业，减少企业的人员和资源投入。

3. 专业化发展战略的弊端

很多知名企业，如丰田、高露洁等都采用了专业化发展战略，但专业化发展战略也有一定的弊端，需要大学生创业者仔细考虑。

◆**技术要求较高**：专业化发展战略的开展要求企业本身具有一定的技术优势或储备，否则难以开拓出优势项目。技术难度过低的核心业务很容易被竞争者模仿，这样就无法获得足够的利润，无法支撑起企业经营与发展的需求，专业化发展战略也就无以为继。

◆**企业风险集中，不易分散**：企业面对单一的市场，只生产单一产品或少数几种产品时，如果出现市场风险或企业特有风险。如产业链上下游变迁时，企业就无法通过其他渠道来分散所面临的风险。

- **造成企业资源闲置：** 企业采用专业化发展战略有可能出现生产过程中各个阶段的资源配置不均衡的问题，因为各个阶段最经济的生产批量或生产能力有可能大不相同，从而导致有些阶段资源不足而有些阶段资源过剩，达不到资源配置合理的要求，造成资源的浪费。

10.2.2 多元化发展战略

伊戈尔·安索夫（Igor Ansoff）于1957年发表了《多角化战略》一文，拉开了多元化发展战略的研究序幕。学界主流观点认为现实世界中没有万能的管理理论，企业应在对复杂多变的环境进行分析的基础上，在不同的情况下运用不同的办法以变应变，才能提高管理效率，适应环境，从而谋求发展。多元化发展战略就是企业不断自我调整，积极适应环境，谋求风险分散，最终实现目标的体现。

1. 多元化发展战略概述

多元化发展战略亦称多角化增长战略、多元化经营战略，是指企业为了更多地占领市场和开拓新市场，或规避经营单一事业的风险，而选择性地进入新的事业领域的战略，是企业在现有经营状态下增加市场或行业差异性的产品或产业的一种经营战略和成长方式。

多元化发展战略是企业成长到一定阶段的必然产物，它具有以下优势。

- **分散风险，提高经营安全性：** 商业循环的起伏、市场行情的变化、竞争局势的演变，都直接影响企业的生存和发展。企业通过多元化发展可以分散风险，增强适应外部环境的应变能力。
- **有利于企业向前景好的新兴行业转移：** 随着科技成果的井喷，高附加值、低竞争度的新兴行业不断出现，而企业在原基础上向新兴产业扩展，一可减轻原市场的竞争压力，二可逐步从增长较慢、收益率低的行业向收益率高的行业转移。
- **有利于促进企业原业务的发展：** 不少行业有互相促进的作用。企业通过多元化经营，扩展服务项目，往往可以达到促进原业务发展的作用。
- **充分利用企业资源：** 充分利用过剩资源以提高经济效益，是企业开展多元化经营的诱发动机之一。当企业拥有的资金超过原经营业务的需要时，便可以向市场前景好的新兴产业投资，使废弃资源再生或闲置资源得到利用，合理配置资源，提高资源的利用效率。

2. 多元化发展战略的类型

专业化发展战略只需要企业专注于核心业务，而多元化发展战略则要复杂得多，企业多元化经营的形式多种多样，主要可归纳为以下4种类型。

- **同心多元化经营战略：** 其也称集中化多元化经营战略，是指企业以一种主要产品为圆心，然后充分利用该产品在技术和市场上的优势与特长，不断向外扩散，生产多种相关的产品，充实产品系列结构的战略。其特点是新产品与原产品的基本用途不同，但有较强的技术关联性，如餐具制造商新生产茶具、陶瓷工艺品等。

- **水平多元化经营战略**：其也称横向多元化经营战略，是指企业利用原有的市场，采用不同的技术来发展新产品，增加产品种类以满足原市场消费者的新需求。其特点是新产品与原产品的基本用途不同，但具有密切的销售关联性，如农作物种子提供商生产肥料、农具、农药等。
- **垂直多元化经营战略**：其也称纵向多元化经营战略，是指企业在现有生产阶段的基础上向前或向后延伸，开发新产品、新技术和新市场的战略。其又分为前向一体化多元经营和后向一体化多元经营，前向一体化多元经营是指原料工业向加工工业发展，如木材厂造家具；后向一体化多元经营指加工工业向原料工业或零部件、元器件工业发展，如电动车公司制造新型电池。
- **整体多元化经营战略**：其也称混合式多元化经营战略，是指企业向与原产品、技术、市场无关的经营范围扩展，是实力雄厚的大企业集团采用的一种经营战略，通常通过收购、兼并其他行业的企业或者在其他行业投资来实现。

3．多元化发展战略的弊端

无论是哪种类型的多元化发展战略，都会带来一定的风险，这也是多元化发展战略的固有弊端。这些弊端主要有以下3点，大学生创业者应该加以了解。

- **财务风险**：新创企业本身就面临比较大的财务压力，即使发展良好，也普遍没有充裕的资金储备。多元化发展战略需要企业拓展新的业务和市场，这需要巨大的资金投入，而这些新业务需要一定的时间成长，因此还需要进行持续的资金投入，这会对企业造成巨大的财务压力。如果把有限的资金分散在多个经营项目上，结果可能是每一个项目都达不到规模经济，产生经营亏损。
- **决策失误**：俗话说“隔行如隔山”，多元化发展战略会使企业进入未知的领域，而随着多样化程度的提高，企业业务增加，信息量也会增加，企业管理人员不可能掌握企业不同业务的全面情况。信息的不充分有可能使企业高层管理人员在分配资源时做出错误的决策。
- **管理质量下降**：多元化发展战略的实施会使企业管理的难度大大增加，管理负荷大大加重，尤其是当多个经营单位共享生产技术、设施、营销渠道等资源时，协调和控制更加复杂，这会不可避免地导致企业的管理质量下降。

10.2.3 一体化发展战略

除了专业化发展战略和多元化发展战略，一体化发展战略也是企业可以选择的发展方向。一体化发展战略可谓介于前二者之间，既有专业聚焦的方面，又有延伸发散的方面，适合于大部分中小企业。

1. 一体化发展战略概述

一体化发展战略是指企业充分利用自己在产品、技术、市场上的优势，根据物资的流动方向，使企业不断向深度和广度发展的一种战略。企业一体化的过程就是企业有目的地将互相联系密切的经营活动纳入企业体系之中，将若干关联单位组合在一起形成的经营联合体的过程。

一体化发展战略可以细分为纵向一体化战略和横向一体化战略两种形式，这两种战略具有不同的适应条件和特点。

- **纵向一体化战略**：其又叫垂直一体化战略，指企业将产业链上的环节（如生产与原料供应、生产与产品销售等）联合在一起的战略形式。其又可具体按物质流动的方向划分为前向一体化和后向一体化。前向一体化是指企业通过对自身产品进行深加工、资源综合利用、建立自己的销售组织来销售本公司的产品或服务等方式来发展，如塑料厂家自行生产塑料制品；后向一体化是指企业通过自己供应生产现有产品或服务所需要的全部或部分原材料或半成品来发展，如服装厂自己纺织布料。
- **横向一体化战略**：其也叫水平一体化战略，是指与处于相同行业、生产同类产品或工艺相近的企业进行联合，这实际上是资本在同一产业和部门内的集中，如面对经营危机，德国4家企业霍希、奥迪、步行者和DKW合并为了汽车联盟，汽车联盟使用4个圈的标志来代表4家企业，汽车联盟发展成了现在的奥迪，4个圈也成了经典的汽车标志。

2. 纵向一体化战略

企业的纵向一体化就是沿产业链占据若干环节的业务布局，纵向一体化战略也就是将企业的经营活动向后扩展到原材料供应或向前扩展到销售终端，即将经营领域向深度发展的战略。企业采用纵向一体化战略是为了加强对原材料供应、产品制造、分销和销售等过程的控制，使企业在市场竞争中掌握主动，从而达到增加各个业务活动阶段的利润。

（1）纵向一体化战略的优势

纵向一体化战略的根本优势是能够建立起强大的规模生产能力，并能够通过销售终端获得市场上各种信息的直接反馈；强大的规模生产能力能够带来更低的成本，充分的信息能够促进产品不断改进，最终使企业获得竞争优势。从微观上，采取纵向一体化战略具有以下8大优势。

- **经济性**：纵向一体化战略能为企业带来更好的经济性，纵向一体化战略实质上是企业将外部市场活动内部化，能够降低内部控制和协调的成本及信息获取的成本，同时节约交易成本，稳定企业内部关系。
- **开拓技术**：纵向一体化为企业提供了进一步熟悉上游或下游经营相关技术的机会，这种技术信息对基础经营技术的开拓与发展非常重要，有助于企业开拓新技术。
- **确保供给和需求**：企业完成纵向一体化能减少上下游企业随意中止交易的不确定性，从而能够确保企业在原材料、零部件供应紧缺时得到充足的供应，在市场需求低迷时也能有一个畅通的产品输出渠道。

- **定价权优势**：由于控制了较为完整的产业链，完成纵向一体化的企业能削弱供应商或客户的价格谈判能力，掌握定价权优势。后向一体化能够帮助企业降低采购成本，前向一体化能够帮助企业提高销售价格。
- **提高差异化能力**：纵向一体化的企业可以通过提供一系列额外价值来获得区别于其他企业的差异化能力。如葡萄酒庄就能够通过建立专门的葡萄产地，精心培育葡萄，来获得独特的口感。
- **提高进入壁垒**：纵向一体化的企业可以使该行业的关键资源和销售渠道控制在自己的手中，从而提高其他企业进入该行业的门槛，限制所在行业的竞争程度，从而保护自己的市场和利润。
- **进入高回报产业**：一条产业链的各个环节回报不同，企业通过纵向一体化战略可以进入回报丰厚的产业环节，提高自身的总资产回报率。
- **防止被排斥**：如果行业内的竞争者都是纵向一体化企业，那么这些竞争者会占据许多供应资源或拥有优质的客户及零售机会，此时纵向一体化战略就具有防御意义，能够防止企业被排斥出局。

（2）纵向一体化战略的局限

纵向一体化战略也具有一定的局限性，主要体现在以下6个方面。

- **较高的全面退出障碍，会带来风险**：纵向一体化战略会使企业在该行业中越陷越深，提高了从行业中退出的障碍，增加了商业风险。在市场低迷时，企业难以将资源调往更有价值的地方。
- **代价昂贵**：纵向一体化的企业依赖于自己的内部供应而不是外部的供应源，而随着时间的推移，内部供应会变得比外部供应还昂贵。这种情况产生的原因是企业通过固定关系来进行购买和销售，无形中切断了来自供应商及客户的技术流动，同时内部供应由于不再参与激烈的市场竞争，同时没有议价空间，所以其降低成本、改进技术的驱动性很弱，最终成本会高于市场上的外部供应源。
- **价值链各个阶段生产能力的平衡问题**：纵向一体化的企业必然面临价值链的各个阶段生产能力的平衡问题。由于价值链上各个活动最有效的生产运作规模不可能完全实现，所以理想中的完全一体化不能达到。即供需不可能完全平衡，当某环节产能不足，就需要企业外购不足的资源，而产能过大也需要在市场上出售剩余部分。
- **管理难度大**：在完成纵向一体化后，企业的管理层次与管理幅度都大大加大，企业管理所需的生产、营销、服务、企业文化的融合等各种职能都更加复杂，这些职能需要不同的技能和管理能力，对企业管理者的管理素质和管理技巧提出了很高要求。
- **延长产品上市时间，降低企业的经营灵活性**：企业的纵向一体化进程会导致产品设计方面的局限性，如对厂房和原材料来源的巨额投资常常妨碍新产品设计或材料品种的完善，延长企业将新产品推向市场的时间；进入零配件的生产领域后发现必须经常改模和重新改进设计等。

◆**弱化激励效应**：企业通过固定的关系在内部进行购买与销售，上游环节的经营激励可能会因为是在内部销售而不是在市场上竞争而有所减弱，下游环节同样也会由于从企业内部买产品，而不会像从外部购买时那样进行议价。因此，激励效应被减弱，最终会降低企业运作的效率。

3．横向一体化战略

横向一体化战略是指同一行业的企业之间进行联合，其目的在于扩大生产规模、降低产品成本、巩固企业的市场地位、提高企业竞争优势、增强企业实力。

（1）横向一体化战略的优势

横向一体化战略具有以下优势。

◆**获取规模经济**：横向一体化战略通过合并企业达到规模扩张，可以获得充分的规模经济，大大降低成本，进而取得竞争优势。同时，合并后企业往往可以获取其他企业的技术专利、品牌等无形资产。

◆**减少竞争对手**：所谓“同行是冤家”，通过横向一体化战略，企业可以减少直接竞争对手的数量，降低行业内企业间相互竞争的激烈度，为企业的进一步发展创造一个良好的产业环境。

◆**扩张生产能力**：横向一体化是企业生产能力扩张的一种形式。通过合并或联合企业可以迅速提高企业的生产能力与规模，与企业自身的内部扩张相比较，这种扩张形式更为迅速、简单。

（2）横向一体化战略的局限

横向一体化战略也有自身的局限，主要包括以下3点。

◆**技术扩散风险**：实施横向一体化战略，企业可以通过合并获取其他企业的技术专利，但是，自身的技术同时也面临扩散的风险。而合并后企业往往要进行人员的精简和组织的重构，人员流动较大，加剧了技术流失与扩散的风险。

◆**组织障碍**：横向一体化战略下联合的企业，往往在历史背景、人员组成、业务风格、企业文化和管理体制等方面存在差异，因而难以进行广泛的沟通和合作，更遑论全面的协调，因此在组织上存在一定的障碍。

◆**政策监管风险**：横向一体化容易造成产业内垄断结构的产生，因此，各国法律都对此做出了限制。

专业化发展战略、多元化发展战略和一体化发展战略各有其优势，也都有其局限，大学生创业者需要根据企业自身的实际情况、行业的属性来决定选用何种战略。

10.3 新创企业并购与重组

企业间的并购与重组活动是否活跃，与资本市场的成熟程度成正相关关系，在发达经济体中，企业并购、重组活动非常频繁。随着我国经济的发展，我国企业的并购与重组活动发展迅速，因此，未来的新创企业很可能会遇到并购和重组方面的事务，大学生创业者应该了解企业并购和重组的相关知识。

10.3.1 认识企业并购

企业并购是一种常见的商业活动，自19世纪下半叶以来，全球已经发生过5次并购浪潮，在可以预计的未来，并购还将得到继续发展。企业并购是企业快速发展壮大的必要手段，是对自主扩张的必要补充。

1. 企业并购概述

并购是指两个或两个以上的企业按照某种协议联合组成一个企业的产权交易行为，其内涵非常广泛，一般是指兼并和收购。

- **兼并**：兼并又称吸收合并，指多家企业合并组成一家企业，通常由一家占优势的企业吸收其他企业。
- **收购**：收购是指一家企业用现金或者有价证券购买另一家企业的股票或者资产，从而获得对目标企业的全部资产或者某项资产的所有权，或获得对目标企业的控制权。

从本质上来讲，并购是在企业控制权运动过程中，各权利主体依据企业产权做出的制度安排而进行的一种权利让渡行为，企业并购的过程实质上是企业权利主体不断变换的过程。企业并购是一项复杂性与技术性并存的专业投资活动，其中涉及很多知识面，在西方被称为“财力与智力的高级结合”。

阅读

被收购也能成功创业

2006年，拳头游戏（Riot Games）在洛杉矶只是一家有两个员工、一间公寓的小工作室。2007年，拳头游戏参加了在旧金山举办的游戏开发者大会，将自己开发的游戏向不同发行商展示，但是效果并不理想。

拳头游戏的团队回到洛杉矶继续开发，他们不再寻找发行商，转而专注于寻求风险投资。2008年，拳头游戏推出了《英雄联盟：命运之战》的Pre-Alpha版本，并与腾讯达成合作，腾讯负责该游戏在中国的运营。2009年10月，这款游戏正式以《英雄联盟》的名称发布，取得了巨大的成功，并于2018年作为表演赛事加入了亚运会。

在拳头游戏发展的背后，其实腾讯早期便投资了拳头游戏，在2011年更是斥资2.31亿美元收购了拳头游戏。但同时，拳头游戏仍然由原创始人及管理团队全权负责，不受腾讯干涉。正是凭借腾讯的财力支持，拳头游戏才能够安心开展游戏的开发制作工作，打造出了《英雄联盟》这一款现象级的游戏，获取了巨大的收益。

启示：被并购并不意味着创业活动的失败，相反，这可能是企业发展的巨大机遇。拳头游戏正是在被腾讯收购后获得大量资源，并保留了很大程度的自主权，才取得最后成功的。

在近几年，腾讯、阿里巴巴、百度等大企业都有规模非常庞大的并购活动，而被收购的企业许多都取得了新的发展。

2．企业并购的动机

企业开展并购活动的动机很多，其中最基本的动机就是利用协同效应来促进企业的发展，一般包括扩大生产经营规模、提高市场份额、高效低价地获取生产原料和人力资源、实施品牌经营战略、获得资源和减少跨入新行业的障碍，下面分别进行介绍。

- **扩大生产经营规模：**通过并购，企业得以扩大规模，由此形成更有效的规模效应。而规模效应能够使资源得到更充分的利用和整合，降低管理、原料、生产等各个环节的成本，从而降低总成本。
- **提高市场份额：**规模大的企业，伴随生产力的提高和销售网络的完善，其市场份额将会有比较大的提高，从而确立在行业中的战略领导地位。
- **高效低价地获取生产原料和人力资源：**企业通过并购实现规模扩大，会成为原材料供应商的主要客户，这能够大大增强企业的选择面和谈判能力，从而为企业获得廉价的生产资料提供可能。同时高效的管理、人力资源的充分利用和企业的知名度都有助于企业降低人力资源成本。
- **实施品牌经营战略：**并购有助于提高企业的知名度，塑造企业的品牌形象，而品牌能够带来更高的溢价，提高企业产品的附加值，获得更多的利润。
- **获得资源：**并购活动使企业获得了目标企业的人力资源、管理资源、技术资源、销售资源等。这些资源都有助于在根本上提高企业整体竞争力，从而促进公司发展战略的实现。
- **减少跨入新行业的障碍：**随着行业竞争的加剧，企业通过对其他行业成熟企业的并购，能有效扩充企业的经营范围，获取更广泛的市场和利润，也能够降低直接进入新行业、新市场的风险。因此，并购也是企业开展多元化发展战略和一体化发展战略的重要手段。

除此之外，企业进行并购活动还可能是企业出于财务方面的考虑，包括筹资、投机、企业增值和财务预期效应等因素。无论如何，并购都是企业实现扩张和增长的一种有效方式。

3．企业并购的类型

企业并购是一项复杂性极高的工作，可以按照并购企业与目标企业的行业关系、并购活动的动机、并购出资方式等标准划分为不同的类型，不同类型的并购活动在对企业的影响和实际操作上有巨大的差异。

（1）按照并购企业与目标企业的行业关系划分

按并购企业与目标企业的行业关系，可以将并购活动划分为横向并购、纵向并购和混合并购。

- **横向并购：**横向并购是指目标企业与并购企业是生产同类产品的企业，或二者属于生产工艺相近的企业，也即是竞争对手之间的合并。这也是企业横向一体化战略的主要手段，功能与横向一体化相似。

◆**纵向并购**：纵向并购是指目标企业是并购企业的供应商或客户，也就是同一产业链上的并购。纵向并购是企业纵向一体化战略的主要手段，且与纵向一体化战略一样，也有前向并购和后向并购之分。

◆**混合并购**：混合并购是指目标企业与并购企业既非竞争对手又非现实中或潜在的客户或供应商的企业之间的并购。根据目标企业对并购企业的价值，混合并购又可分为产品扩张型并购、市场扩张型并购和纯粹的混合并购。

（2）按照并购活动的动机划分

按并购企业开展并购活动的动机，可以将并购活动划分为规模型并购、功能型并购和成就型并购。

◆**规模型并购**：规模型并购是指并购企业以扩大规模、减少生产成本和销售费用、提高市场占有率、扩大市场份额为目的进行的并购。

◆**功能型并购**：功能型并购是指并购企业以实现生产经营一体化、完善企业产业结构、扩大整体利润为目的进行的并购。

◆**成就型并购**：成就型并购是指并购企业为了满足某种成就，如通过收购知名企业来获得知名度而进行的并购。如四川腾中重工机械有限公司（以下简称腾中重工）曾意欲收购汽车品牌悍马，虽然最后并购未果，但是腾中重工借此一举成名。

（3）按照并购出资方式划分

按并购企业的出资方式，可以将并购活动划分为现金支付型并购、换股型并购和承债型并购。

◆**现金支付型并购**：即并购企业通过现有资金来购买目标企业全部或大部分资产，以实现对目标企业的控制的并购。并购所需款项通常较大，现金支付型并购要求企业拥有充裕的资金。

◆**换股型并购**：即并购企业直接向目标企业股东发行收购企业的股票，以交换目标企业的大部分股票，目标企业被终止或成为收购企业的子公司。换股型并购具体可分为增资换股、库存股换股和母公司与子公司交叉换股3种情况。

◆**承债型并购**：即在资产与债务等价的情况下，并购企业以承担目标企业的债务为条件接受其资产的并购方式。承债型并购可以实现零成本收购。

除此之外，还有一类特殊的杠杆型并购，即并购企业利用目标企业资产的经营收入，来支付并购价款或作为此种支付的担保进行并购活动，使用此方式并购企业不必拥有巨额资金，但一旦并购失败会蒙受较大的损失。

10.3.2 企业并购的基本流程

并购是两个企业合二为一的过程，活动时间长、涉及事项多、对企业的影响大，大学生创业者一定要谨慎地开展并购活动，严格按照流程进行并购活动。企业并购的流程包括并购战略决策、并购准备、并购实施和并购整合4个阶段。

1．并购战略决策

在并购之前，企业内部首先需要进行战略决策。在并购战略决策中，企业首先要明确并购目的和动机，然后根据并购目的和动机开展市场观察和调查。战略决策是并购中必不可少的步骤，没有战略领导的并购活动往往会产生不可控的结果。

- **明确并购目的和动机**：为何要进行并购？通过并购想达到什么目的？明确这两个问题是并购的起点。企业的并购动机一定要符合企业整体的发展战略，这样并购才能够起到“锦上添花”的效果。同时还需要明确企业在并购活动中的最高支付成本和支付方式等限制条件。
- **市场观察和调查**：以企业的并购动机为依据，对相关市场进行关注和调查，了解类似产品的销售情况、竞争对手，筛选出可供并购的对象。如果市场上没有可供并购的对象，那么并购就无从谈起。

2．并购准备

在做好了战略决策后，企业就可以积极地进行并购准备，具体包括确定并购目标、设计并购方案、成立内部并购小组和签订并购意向书等活动。

- **确定并购目标**：比较本企业和待并购对象的优劣势，考虑双方资源配置的互补程度和优化方法，最终比较各个待并购对象，锁定并购目标。之后还要进一步了解目标企业的经营、盈利、出售动机等情况，以及竞购形势和竞购对手的情况。
- **设计并购方案**：根据目标企业评价结果、支付方式、最高收购成本等进行深入分析和统筹考虑，设计出包括并购范围（资产、债务、契约、客户等）、并购程序、支付成本、支付方式、融资方式、税务安排、会计处理等要素的并购方案。
- **成立内部并购小组**：并购是企业重要的商业活动，在组织结构上应予以高度重视。内部并购小组应由企业领导挂帅，由各有关部门领导组成，保持对外联络畅通，能够快速完成应变和决策。同时聘请并购投资顾问和法律顾问、税务顾问等专业人员，让他们在并购活动中提供专业知识。
- **签订并购意向书**：意向书内容包括并购意向、非正式报价、保密义务和排他性等条款。意向书除保密条款外，其他内容一般不具法律效力，仅表示缔结协议的意向。保密条款要求参与人员恪守商业机密，维护双方企业的利益。

3．并购实施

之后就进入了并购实施阶段，此时并购活动已经公开和披露。并购实施是并购活动的主体部分，具体包括收购项目初步评估、开展尽职调查、提出最终评估报告、谈判签约以及资产移交等程序。

- **收购项目初步评估**：其是指对收购项目进行初步评估，包括行业市场、目标企业的经营状况、收购后的设想和预期值、并购资金来源和并购程序等方面。在初步评估后即可初步确定并购定价。
- **开展尽职调查**：尽职调查又称谨慎性调查，是并购企业自行或委托第三方专业机构对目标企业进行的详尽调查，其目的是确定该项兼并业务是否恰当、减少兼并可能带来的风险以及为协商交易条件和确定价格提供参考。其内容详尽，具体内容可通过扫描右侧二维码查看。

尽职调查内容

- **提出最终评估报告：** 将尽职调查结果加入最终评估报告，制订关于目标企业被并购后的业务计划书，包括目标企业被并购后的股权结构、投资规模、经营方针、融资方式、人员安排、批准手续等内容，同时需要提出最终收购报价。
- **谈判签约：** 双方就并购合同进行谈判，达成一致后即可签署合同。如果涉及外国公司，签署后的合同还将根据我国和外国的相关法律进行公证或审批，有些收购项目还需经过外国或国际组织反垄断机构的审批。
- **资产移交：** 资产移交是并购活动的核心步骤，并购合同中应对资产移交手续有明确的规定。并购企业一般先将合同款项汇入监管账户，待全部资产和文件清点和核准无误后，再通知监管机构付款，同时将资产转移到企业名下。至此，并购手续正式完结。

4．并购整合

取得目标企业的控制权，只是完成了并购目标的一半。在并购完成后，企业必须对目标企业进行整合，使其与企业真正融为一体，具体包括战略整合、业务整合、制度整合、组织人事整合和企业文化整合。

- **战略整合：** 只有在并购后对目标企业的战略进行整合，使其符合企业的发展战略，才能使两家企业相互配合，发挥出比以前更大的效应。因此，在并购以后，企业需要规划目标企业在企业战略实现过程中的地位与作用，然后对目标企业的战略进行调整，使整个企业中的各个业务单位之间形成一个相互关联、互相配合的战略体系。
- **业务整合：** 其是指根据目标企业在企业整体中的作用及其与其他部分的关系，重新设置其经营业务，剥离掉与本企业战略不符的业务，添加一些企业需要的业务，使其能够适应企业的运作体系，与其他部门分工配合，发挥规模效应和协作优势。同时重新配置其资产，以适应业务整合后生产经营的需要。
- **制度整合：** 如果目标企业原有的管理制度比较良好，企业可不必加以修改，甚至可以将目标企业的管理制度引进本企业中。如果目标企业的管理制度与企业的要求不一致，则企业需要将自身的优良制度引进目标企业中。总之，要使目标企业和本企业的制度相整合。
- **组织人事整合：** 目标企业的组织和人事应该进行整合。企业需要根据并购后对目标企业职能的要求，设置相应的部门，安排适当的人员，以使整个企业的运作系统互相配合，实现资源共享，发挥规模优势，降低成本费用。
- **企业文化整合：** 企业文化是企业最基本、最核心的部分，只有企业与目标企业在文化上达成整合，双方才能真正实现融合。企业应深入了解分析目标企业的文化，分析其与本企业文化融合的可能性，积极吸收双方文化的优点，最终形成一种优秀的、有利于企业战略实现的文化。

10.3.3 认识企业重组

除了并购，大学生创业者还应该了解企业重组的相关知识。很多大学生创业者视企业重组为洪水猛兽，但其实企业重组并非对企业判处死刑，而是能够改善企业经营管理状况、推动企业创新的积极过程。

1．企业重组概述

企业可以视作各种生产要素的有机组合，只有在各种各样的生产要素进行最佳组合、实现资源的优化配置和充分利用的情况下，企业功能才能得到最大限度的发挥。而企业重组，正是对企业内部各种生产要素和资源进行重新配置的过程。

对于企业重组，在定义上有广义和狭义之分。广义的企业重组包括企业的所有权、资产、负债、人员、业务等所有要素的重新组合和配置；而狭义上的企业重组仅仅是指企业以资本保值增值为目标，优化企业资产结构、负债结构和产权结构，以充分利用现有资源，实现资源优化配置。

企业重组的方式多种多样，除了之前讲的收购和兼并，还有合并、接管或接收、标购、剥离、售卖、分立和破产。

- ◆**合并**：合并指两个或更多企业组合在一起，原有所有企业都不以法律实体形式存在，而是建立一个新的公司。但是我国规定“吸收合并”这一方式基本等同于兼并，因此，广义上的合并也包括兼并。
- ◆**接管或接收**：接管或接收是指某企业原具有控股地位的股东由于自身股权持有量减少或者被他人超过而控股地位旁落的情况。
- ◆**标购**：标购是指企业为控制另一企业，直接向该企业的股东提出购买其所持有的该企业股份的要约的行为。标购只适用于上市公司。
- ◆**剥离**：剥离是指企业根据资本经营的要求，将企业的部分资产、子公司、生产线等，以出售或分立的方式，与企业分离的过程。
- ◆**售卖**：售卖实质上是剥离的一种方式，是指企业将部分闲置的不良资产、无利可图的资产或产品生产线、子公司或部门等出售给其他企业以获得现金或有价证券。
- ◆**分立**：分立是指公司将其在子公司中拥有的全部股份按比例分配给子公司的股东，从而形成两家相互独立的股权结构相同的公司。
- ◆**破产**：破产指企业因无力偿付到期债务而宣告失败。破产是企业财务失败的极端形式。破产后企业的全部资产都归于债权方，而债务人免除企业不能清偿的其他债务。

2．企业重组的类型

企业可以通过很多不同的模式进行重组，按照企业重组的具体项目，可以分为股权重组、债务重组和资产重组。

- ◆**股权重组**：股权重组是指股份制企业中，企业股东或股东持有的股份发生变更的重组活动，是现实经济生活中最常发生的重组事项。股权重组涉及企业股本数量、资本结构、股权分布的变化，具体有股票回购、换股、参股和上市收购等形式。

- **债务重组**：债务重组是指在不改变交易对手方的情况下，经债权人和债务人协定或法院裁定，就清偿债务的时间、金额或方式等重新达成协议的企业重组。其形式可以是以资产清偿债务、债务转为资本、修改其他债务条件以及三者间的任意组合。
- **资产重组**：资产重组是指企业资产的拥有者或控制者与企业外部的经济主体进行的，对企业资产分布状态的重新组合、调整、配置，或对建立在企业资产上的权利进行重新配置的过程，其特点是在重组活动中企业资产发生了变动。

除此之外，一些学者将业务重组、人员重组、管理体制重组等活动也划入了企业重组的范畴，但是企业重组的主要类型仍然是股权重组、债务重组和资产重组。

3．企业重组的流程

不同的重组方式具有不同的重组流程，但是概括地讲，企业重组的流程主要分为3个阶段，即项目初始阶段、分析及设计阶段以及实施和改革阶段。

- **项目初始阶段**：在这一阶段，企业需要明确项目的内涵及意义，并组成项目团队。同时明确重组流程的起点与终点，以及改造完后的理想状态（即重组活动的目标）。项目团队应由管理层和各相关部门成员构成，必要时应取得外部专家支持。
- **分析及设计阶段**：对现有流程进行分析，找出并解决流程中存在的问题，据此设计出流程的各个步骤及衡量的标准，最终设计出完备的重组计划。
- **实施和改革阶段**：企业根据既定的计划开展重组活动，建立起实施重组的组织结构，根据计划调度企业资源，之后才能实施重组计划。重组对企业的股权结构、债券结构、组织架构、生产经营方式等都可能产生重大影响，因此，企业必须做好风险分析与防控。在重组完成后，企业还要进一步进行深化改革，以适应重组后的新格局、新环境，重组的幅度越大，改革的要求越高。

课堂讨论

企业发展战略选择

无论是专业化发展战略、多元化发展战略还是一体化发展战略，只要运用得当，都能够使企业得到良好的发展。但是在生活中也不乏反例，如执着于专业化战略的伊士曼柯达公司（以下简称柯达公司）。柯达公司曾在胶卷行业一家独大，但是后来受到数码相机的冲击，因胶卷需求减少而破产。

德隆集团的业务曾遍及制造业、流通业、服务业、金融业和旅游业等十几个行业，但是在实施并购过程中，由于规模过于扩张，最终导致资金链断裂，并陷入财务危机。2004年，德隆集团的数只股票在一周之内彻底崩盘，德隆集团很快式微。

这些企业都有自己的发展战略，也很彻底地执行了发展战略并一度取得了非常辉煌的成果，但是最终都没能逃过失败的命运。这些企业曾经引以为傲的发展模式最后却阻碍了其经营和发展。自行搜集相关实例，讨论这类情况为什么会发生、大学生创业者应该怎样避免这样的情况发生及企业应该如何选择发展战略。

活动说明：以本章中介绍的企业发展战略相关知识为基础，结合搜集到的相关实例进行讨论，讨论企业战略的选择和调整方法。

活动人数：分小组进行讨论，4~6人为一组，共4个小组。

讨论方式：各小组自行搜集相关的真实案例，然后讨论这些企业为什么失败、企业应该如何避免发展战略的负面影响、企业应该如何选择并调整自身的发展战略，4个小组分别就本小组列举的内容进行发言，然后互相交流讨论结果。

课后思考

参考答案

1．新进入缺陷产生的根源是（　　）。

A．新创企业往往与消费者、支持者、供货商没有确立稳定的联系

B．新创企业缺乏稳定的内部过程且建立内部过程成本高企

C．新创企业没有现成的样板以供参考，需要付出较为高昂的学习成本

D．新创企业成员之间的信任基础较为薄弱，导致交易成本非常高昂

2．下列关于新创企业发展战略的说法中，不正确的一项是（　　）。

A．专业化发展战略是指集中企业所有资源和能力于自己所擅长的核心业务

B．多元化发展战略下企业会增加市场或行业差异性的产品或产业

C．垂直多元化经营战略是指企业将产业链上的环节联合在一起

D．一体化发展战略可以分为纵向一体化战略和横向一体化战略两种形式

3．下列关于企业并购与重组的说法中，正确的一项是（　　）。

A．并购的本质是企业间的一种权利让渡行为

B．并购最基本的动机是提高市场份额

C．混合并购包括扩张型并购、市场扩张型并购和纯粹的混合并购

D．开展尽职调查是企业并购的核心环节

4．阅读以下材料，判断其中的企业采用的发展战略。

① 大众汽车与保时捷股份有限公司合并。

② 海尔集团推出固态薄膜制冷技术替代传统压缩机制冷。

③ 武汉钢铁（集团）公司在海外收购8座矿山。

④ 德国制药与农化巨头拜耳公司收购生物技术公司孟山都。

⑤ 中国铁建股份有限公司进入房地产开发行业。

5．扫描右侧二维码，阅读其中的材料，说说你对福特汽车发展历程的感受。

阅读材料